全国中青年学者
文旅经济研讨会
论文集

QUANGUO ZHONG-QINGNIAN XUEZHE
WEN-LÜ JINGJI YANTAOHUI
LUNWENJI

第一卷

图书在版编目(CIP)数据

全国中青年学者文旅经济研讨会论文集. 第一卷 / 范周主编. —北京：知识产权出版社，2025.1.
ISBN 978-7-5130-9591-4
Ⅰ. F592.3-53
中国国家版本馆 CIP 数据核字第 2024WA1716 号

内容提要

本书汇集了领域内众多专家学者的前沿研究成果，从理论与实践两个维度深入探讨了文旅经济的最新发展趋势，详细剖析了当前文旅行业面临的各种挑战与机遇，并结合实际案例提供了具有可操作性的应用策略与解决方案。此外，本书不仅系统总结了文旅行业的现状，还对现存的关键性问题进行了深入分析，提出了富有前瞻性的对策建议，为推动文旅经济的持续健康发展提供了重要的理论指导与实践经验。

本书适合文旅经济的研究人员、从业者及高等院校相关专业的师生阅读。

责任编辑：李石华　　　　责任印制：孙婷婷

全国中青年学者文旅经济研讨会论文集（第一卷）
QUANGUO ZHONG-QINGNIAN XUEZHE WEN-LÜ JINGJI YANTAOHUI LUNWENJI（DI-YI JUAN）

范　周　主编

出版发行：知识产权出版社有限责任公司	网　址：http://www.ipph.cn
电　话：010-82004826	http://www.laichushu.com
社　址：北京市海淀区气象路50号院	邮　编：100081
责编电话：010-82000860转8072	责编邮箱：laichushu@cnipr.com
发行电话：010-82000860转8101	发行传真：010-82000893
印　刷：北京中献拓方科技发展有限公司	经　销：新华书店、各大网上书店及相关专业书店
开　本：787mm×1092mm　1/16	印　张：18.75
版　次：2025年1月第1版	印　次：2025年1月第1次印刷
字　数：280千字	定　价：98.00元

ISBN 978-7-5130-9591-4

出版权专有　侵权必究
如有印装质量问题，本社负责调换。

序　言

文旅经济以其独特的文化魅力和经济活力，日益成为推动社会进步和文化繁荣发展的重要引擎。2023年，习近平文化思想的正式提出，明确了在新的起点上继续推动文化繁荣、建设文化强国和中华民族现代文明的文化使命。这一重要思想也对文旅学界和业界同人提出了新的任务和要求。

首届全国中青年学者文旅经济研讨会邀请了国内文化和旅游领域的著名专家学者、2023年度文旅热点案例的主理人，以及通过会议论文筛选受邀参会的论文代表，共同探讨文旅经济的高质量发展之路。会议主题的重点放在中青年群体上，希望汇聚中青年智慧，激发学术创新，进一步推动文旅经济的深入研究和实践探索。会议筹备组自会议通知发出以来，收到了200余份来自全国各地的论文投稿，展现出中青年学者对文旅经济研究的极大热情，也反映了该领域研究的广泛性和深入性。经过严格的评审和筛选，最终确定了55位中青年学者与会交流，他们中有的来自高校与研究机构，也有的来自企业，既为会议增添了活力，也为文旅经济的研究带来了新的视角和思考。全国中青年学者文旅经济研讨会是北京京和文旅发展研究院与中央文化和旅游管理干部学院联合有关单位共同主办的学术品牌，旨在为中青年学者搭建与产业界交流对话的平台。我们相信，中青年学者，特别是新时代的青年研究者，他们的创新思维和活力是文旅经济研究和发展不可或缺的动力。

在首届会议的闭幕式上，作为一个从事文旅研究近30年的老兵，我向各位朋友发出了几个倡议共勉。

一是希望始终保持旺盛的学术热情，这是每一个研究者的初心和使命。在这次研讨会上，我们看到了青年学者对知识的渴望、对学术的热爱。他们以饱满的热情，深入探讨文旅经济的各个方面，展现了新时代学者的风采。

二是始终明确所属学科与社会经济同频共振的方向。当前，是融合发展的大时代，我们应该不断鼓励越来越多的中青年学者将学术研究与国家发展紧密结合，以实际问题为导向，推动学科交叉融合，为社会经济的发展贡献智慧和力量。

三是始终坚持"破五唯"的平常心态，在学术研究中，不分资历，只论观点，我们倡导超越传统的评价体系，鼓励创新思维，尊重多元价值，以开放的心态接纳不同的声音，促进学术的自由发展。

四是始终奉行将小我融入伟大时代的大我，因为个人的成长与时代的发展密不可分。我们号召广大中青年学者将个人的研究兴趣与国家的需求相结合，为实现中华民族伟大复兴的中国梦贡献青春力量。

五是始终保持谦虚，坚持和而不同的精神，在学术交流中，倡导尊重他人，倾听不同意见，通过对话和讨论寻求共识，促进知识的交流与思想的碰撞。

六是始终奉行交融交流的认知态度，我们相信，不同学科、不同领域的交流与合作能够激发新的思考、产生新的创意。我们鼓励青年学者拓宽视野，跨越学科边界，开展跨学科研究。

七是始终构造并完善中国式文旅经济理论体系，我们希望通过这次研讨会，进一步丰富和发展具有中国特色的文旅经济理论。

人才是文旅行业创新和发展的核心资源，是推动行业转型升级的关键力量。挖掘中青年文旅人才是研讨会矢志不渝的宗旨，当前，我国文化和旅游研究人才队伍建设仍需完善，高水平人才梯队仍需持续建设。伴随着文旅经济的快速发展，对具有国际视野、创新精神和专业能力的中青年人才的需求日益迫切。因此，全国中青年学者文旅经济研讨会将始终以探讨中国式现代化背景下中国文旅经济的新动向和新趋势为主要议题，以挖掘中青年人才、构建具有中国特色的文旅经济研究体系为宗旨，为从事文旅研究的研究者和实践一线的优质企业搭建共创共享的产学研平台；希望通过不断深耕平台建设，为文旅经济的长远发展提供坚实的人才支撑，让我们共同期待在2024年的研讨会上能够见证更多中青年学者的卓越表现，共同见证更多年度优秀案例的精彩分享。

2024年7月

目 录

理论研究

文旅研究者的时代责任……………………………………………… 刘玉珠 / 3
实施国家文化数字化战略的进展与突破…………………………… 高书生 / 5
未来城市与数字文明………………………………………………… 李凤亮 / 10
中国旅游发展趋势的预判与思考…………………………………… 保继刚 / 14
青年学者的时代担当………………………………………………… 李向民 / 18
展现"可信、可爱、可敬"形象，提高中华文化对外传播影响力
　　……………………………………………………… 范小春　余俊雯 / 20
中国式现代化进程中文博行业高质量发展的创新实践、挑战及建议
　　………………………………………………………………… 孔欣欣 / 22
文化共通感：沉浸式文化消费体验中的超越式感受与创造性理解
　　……………………………………………………… 张　铮　刘晨旭 / 36
云演艺价值创造机制的理论阐释………………… 朱　政　张振鹏 / 52
数字文化赋能青年文旅的消费特征与动因分析… 柳　陈　齐　骥 / 67
中国式人文经济学的逻辑指归……………………………………… 姜　凯 / 84
旅游产业政策内容组态及其绩效生产路径
　　——基于31份省级规划文本的fsQCA方法…………… 生延超 / 97
文化遗产数字化成果的版权确认与法律调适……………………… 宋朝丽 / 120
中国城市居民文化消费补贴政策历史沿革及影响因素研究……… 侯雪彤 / 133

国家文化公园建设导向下的黄河文化旅游发展研究………… 范　周　祁吟墨／155
博物馆观众服务的变化、基本特征及影响因素……………………… 李姝婧／167
数字经济时代下的文化产业高质量发展
　　——基于数据要素与其他要素间协同联动……………………… 常天恺／176

下篇

案例实践

产业融合与文化赋能：西部民族地区乡村特色文化产业生态体系构建
　　………………………………………………………… 柯尊清　陈雨果／191
数字化背景下古城旅游第三空间的构建逻辑
　　——基于喀什古城的扎根研究………………… 李　浩　俞晓鸣　李　林／205
进退维谷：小剧场产业的破局之路………………………… 杨　昆　李向民／222
文化基因视域下的城市文旅品牌构建与创新营销
　　——以"淄博现象"为例…………………………………………… 信　滢／231
共同富裕视域下的旅游减贫助力可持续发展实践研究
　　——以内蒙古阿尔山市为例………………………………………… 周永振／243
基于"公路品牌"视角的环湖带文旅融合一体化发展路径探究
　　——以"环太湖1号公路"为例……………………………………… 武文杰／253
商业银行助力文旅产业发展的实践及创新
　　——以华夏银行为例………………………………………………… 金睿奇／266
文旅融合背景下的青年产业人才培养探索
　　——基于广东文旅兴趣营的行动研究
　　………………………… 缪小清　周悦茵　何蕊希　邝瑞影　吴　丹／277

理论研究

LILUN YANJIU

文旅研究者的时代责任[*]

◎ 中国文物保护基金会　刘玉珠

作为一个在文化战线上工作了50年的老同志,我想谈一谈个人在文化工作中的经验、教训、体会,谈一谈我的心里话。

第一,要善于学习、独立思考、勤于动手、深入实际。

作为中青年文旅研究者、经营者,要从市场需求出发。文旅产业主要包括三类服务对象:**一是文旅消费者**。因受到感官与体验的影响,大部分旅游者首先考虑的是好看、好玩、好吃,以及交通和住宿。少数旅游者或高端旅游者因从事研究需要,会进行有选择性的旅游。**二是内容提供者或经营者**。内容提供者比经营者范畴更大,包括文化创意、设计、投资者、经营管理者等,这是从事研究工作的主体。再好的风景、项目和活动,如果缺乏独特性与创新性,也难以吸引受众。持久的推陈出新需要经营者和内容提供者合力共创。**三是政府**。政府需要综合考虑效益,包括人流、物流、现金流,以及价值导向,从而实现高质量发展。文化是意识形态的重要组成,社会效益是文旅发展的重心所在。人们在旅游当中能够体会到祖国的天蓝水清山绿,能够领会到人生的价值和意义,能够感悟到党和政府的伟业,这就是社会价值。

作为文旅学者,厘清以上三个服务对象,我们的研究才能够做到有的放矢。而要想拿出有分量、有针对性的研究成果,就必须深入实际去体验、去学习、去观察、去总结。"善于学习、独立思考、勤于动手"是成为一个研究者的必备条件。首先,古今中外的历史文化、前辈先贤的聪明才智、时代前沿的创新创造都值得我们学习研究。其次,要结合实际思考,并且要独立思考,而不能盲目跟风。最后,思考不能只限于思维活动之中。如今网络资讯发达、工作条件便利,要想写出一篇

---

[*] 本文根据2023年全国中青年学者文旅经济研讨会上,中国文物保护基金会理事长刘玉珠的现场发言整理而成。

华丽的文章、研究报告并不是什么难事，但要想拿出一份有针对性和实用性的研究成果，光靠电脑是没有办法完成的。只有深入一线、扎根一线、常驻一线，了解当地实际的经济发展、社会人文、消费能力，才能写出具有指导性价值的报告成果。

第二，要紧跟时代要求、紧扣市场主题、善用科技赋能、注重融合创新。

作为文旅学者，我们要把论文写在大地上，写在现实生活中。这不仅要求我们善于借鉴和总结，更要求我们利用科技赋能，注重融合创新，助推文旅项目和服务的更迭。

作为文旅学者，不管我们是理论研究者，还是实践者，从思维方式、研究方法、项目设计，到产品生产、服务营销，都要紧跟时代要求、紧扣市场主题。既要妥善利用已有资源，更要主动求新、求变、求特色。

第三，要关注社会力量，寻求政府与社会力量合作的文旅发展创新模式。

积极调动社会力量一要靠政策，二要靠市场。文化事业和文化产业都是社会主义文化强国的重要组成部分，两者既有联系，更有各自的属性，一个是公益性，另一个是产业性。政府要给社会明确的信号，明确文化产业的发展方向与路径。同时，更要突出对文化投资者、经营者的尊重、关心和关爱，倾听他们的声音，了解他们的需求，解决他们的顾虑。

中国文旅市场体量较大，政府发挥主导作用无可非议，社会力量也不可或缺。市场的主体，就是社会资本；文旅研究和项目推动所聚焦的对象，就是社会资源。例如，中国文物保护基金会作为公募性基金，多年来始终秉承文物保护社会参与、保护成果全民共享的理念，联合腾讯、字节跳动、长江三峡集团，共同推动长城、长江文化保护项目的实施。未来，将继续发挥公益组织作用，助力文化强国建设。

实施国家文化数字化战略的进展与突破*

◎ 中国公共关系协会文化大数据产业委员会　高书生

实施国家文化数字化战略是党中央、国务院的一项决策部署，并且已写入了党的二十大报告和中共中央、国务院关于数字中国整体布局规划。2022年3月，中共中央办公厅、国务院办公厅印发了《关于推进实施国家文化数字化战略的意见》（以下简称《意见》），明确提出了实施国家文化数字化战略的路线图和时间表。路线图包含在八项重点任务中，如关联形成中华文化数据库、夯实文化数字化基础设施、搭建文化数据服务平台等。时间表体现在两大主要目标当中：**一是近期目标**，到2025年，基本建成文化数字化基础设施和服务平台，形成线上线下融合互动、立体覆盖的文化服务供给体系；**二是长期目标**，到2035年建成国家文化大数据体系，文化数字化生产力快速发展，中华文化全景呈现，中华文化数字化成果全民共享、优秀创新成果享誉海内外。今天，我想从以下三个方面跟大家做分享。

第一，文化数字化要解决的三个问题。

一是供给短板问题。 疫情期间，虽然线下活动基本处于停滞状态，但是文化消费并没有减少，数字化文化消费呈现出井喷式增长。在这种情况下，供给和需求的矛盾，特别是总量矛盾和结构性矛盾尤为突出；供给不足甚至供给短缺，是矛盾的主要方面。2022年我国数字经济规模达到50.2万亿元，占GDP比重41.5%。其中，数字产业化占比18.3%，规模达到9.2万亿元；产业数字化占比81.7%，规模达到41万亿元。根据中国信息通讯研究院的阐释，数字产业化指的是信息通信产业，包括电子信息制造业、电信业、软件和信息技术服务业、互联网行业；产业数字化指的是传统产业应用数字技术所带来的产出增加和效率提升部分。所以在数字经济当中，占比80%以上还是产业数字化。

与产业数字化相对应的是文化新业态。2022年，全国规模以上文化企业6.9万

---

* 本文根据2023年全国中青年学者文旅经济研讨会上，中宣部文改办副主任、中国公共关系协会文化大数据产业委员会副主任高书生现场的发言整理而成。

家，实现营业收入超 12 万亿元，其中，文化新业态特征较为明显的 16 个行业小类实现营业收入 43860 亿元，比上年增长 5.3%，占比 36%。文化新业态可以看作用数字技术改造传统产业，与产业数字化相对应。然而，与产业数字化在数字经济中占比 81.7% 相比，文化新业态占比仅 36%。可见在供给方面，特别是在数字文化供给方面的差距仍然较大，供给短缺问题是推进数字化战略要解决的关键问题。

二是数据孤岛问题。近年来，为推动文化数字化建设，全国各地的公共文化机构，如图书馆、文化馆、博物馆、美术馆等都储备有较大的数据量。同时，全国地方志系统也拥有大量数据。例如陕西渭南的"两河一山"文化数字记忆项目，建设有重点文物保护单位数据库、古代书院数据库、历史文化名城名镇名村数据库等 10 个专题数据库，数据量较为庞大。此外，中央主要新闻单位的数据库也非常大。例如《人民日报》图文数据库收录人民日报 1946 年创刊至今 70 多年来的新闻报道，是一座大型的、纪实的、珍贵的资料库。新华社所属的中国照片档案馆是世界上最完整、最系统、最全面的中国历史照片总汇，馆藏照片涵盖了自 19 世纪下半叶以来各类中外珍贵历史资料图片 1500 余万张。中央电视台广播电视音像资料馆将早期的近 70 万盘磁带全部完成数字化转储，其中包括大量反映中国地理风光、生态植被、文化建筑的拍摄素材。尽管现有庞大的数据量，但大多是各单位自建自用，投入大、产出少，形成了一个个孤岛，无法体现数据的文化价值。所以，文化数字化战略要解决的关键问题在于如何把孤岛打通。

三是数字鸿沟问题。从年龄结构来说，老年人难以跨越数据鸿沟；从行业结构来说，基于互联网而生的文化新业态是当地居民，大量的文化机构则在鸿沟的另一侧。当下，所有的文化机构都想逾越数字鸿沟，越过去的是移民，过不去的就是"难民"。从 2015 年开始，报刊业的广告收入"断崖式"下滑；2016 年，有线电视网络用户开始流失；2019 年，电视台的广告收入持续下降；2020 年，受疫情影响，线下活动停摆，这都是现实。

第二，文化数字化的"四梁八柱"。

一是文化大数据的体系框架。文化大数据的体系框架可概括为"两侧四端"。"两侧"分别是供给侧和需求侧，"四端"是资源端、生产端、消费端和云端。"四端"在空间上并存（见图 1），时间上继起（见图 2），主要的三端通过云端连接。数据从资源端进入，到云端进行交易，之后进入生产端对数据资源进行解构和关联并形成素材,再进入云端交易。交易完成以后,购买素材的生产者在生产端进行二次创作,生产出产品,再次进入云端交易,交易完成后通过云端分发,最终进入消费端进行文化体验。在这个过程中,交易既扮演了资源和生产的中介,又扮演了生产和消费的中介。

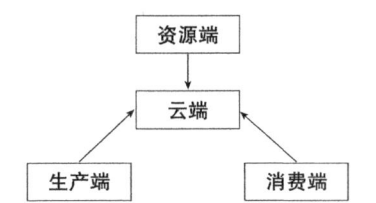

图1 文化大数据"四端"空间并存示意

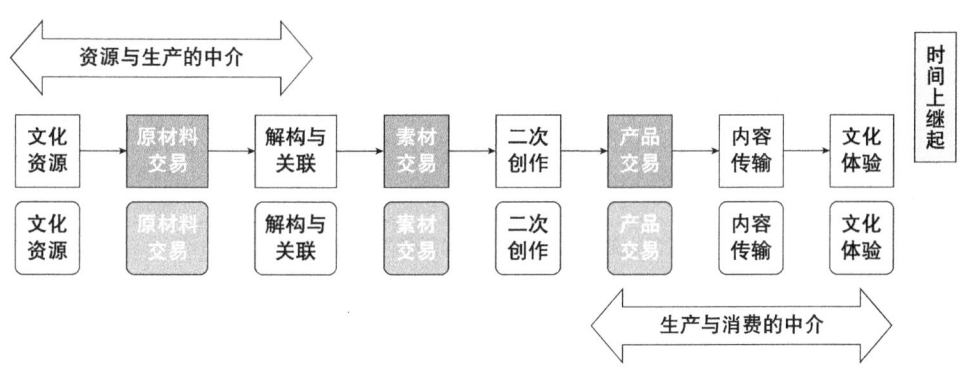

图2 文化大数据"四端"时间上继起示意

基于"两侧四端"体系框架,可以通过绘制成表来呈现《意见》提出的重点任务(见图3)。供给侧根据现有数据,形成中华文化数据库;需求侧通过线上和线下结合,打造数字化文化消费新场景。

资源端	云端		生产端	云端	生产端	云端		消费端		
	文化数据服务中心	文化数据服务平台		文化数据服务平台		文化数据服务平台	文化数据服务中心			
时间上继起 中华文化数据库	文物、古籍、美术、地方戏曲剧种、民族民间文艺、农耕文明遗址等数据资源	按照"物理分布、逻辑关联"原则，贯通数据中心	法人机构和公民个人开设"数据超市"，依法合规开展数据交易	解构关联形成文化资源数据	数据超市交易	重构形成文化数字内容	数据超市交易	多网多终端分发	线上	大屏	电视机	数字化文化消费新场景 需求侧
	红色基因库数据									小屏	手机	
	思想理论、文化旅游、文物、新闻出版、电影、广播电视、网络文化文艺等不同领域的文化专题数据库								线下		新时代文明实践中心	
											学校	
											公共图书馆	
											文化馆	
											博物馆	
											美术馆	
											影剧院	
											新华书店	
											农家书屋	
											旅游服务场所	
											社区	
											购物中心	
											城市广场	
											商业街区	
											机场车站	

图3 文化大数据"两侧四端"体系框架

二是文化数字化的技术路线。技术路线包括两个方面：国家文化专网和标识解析体系。国家文化专网是依托现有的有线电视网络设施、广电5G网络和互联互通平台形成的。近年来，国家在广电网络上的投入较大，净资产在2000亿元左右，与电信网、互联网并列。各级广电网络公司把各类文化机构都接入国家文化专网，在一个闭环系统汇集、加工文化资源数据。考虑到数据安全问题，国家文化专网在生产上闭环、消费上开环。生产闭环是为了安全，消费开环是为了可以跟互联网对接，可以多网多终端分发内容。

国际标准化组织公布的关于信息与文献标识符国际标准一共有12项，其中第11项是我国主导创建的，就是国际标准关联标识符（International Standard Link Identifier, ISLI）。它既具有标识功能，又具有解析、关联、鉴权功能，这是其他标准所不具备的。标识解析体系在国家文化专网部署提供标识编码的注册登记和解析服务的技术系统，在各文化机构数据中心部署底层关联服务引擎和应用业务软件。

数据确权需要标识，发现数据需要标识，数据互联互通也需要标识。互联网有域名解析，用户只要输入网址，就会转化为 IP 地址。而标识解析比域名解析更详细、更具体，用户要想找到一个数据，只需要键入关键词就可以找到它。所以，标识解析功能让每个数据都拥有了唯一的身份证。

第三，已落地的举措与突破。

中央主导、地方主责、行业联动的以数字化为宣传思想工作赋能的机制已经形成；中央相关部门协同推进，地方党委政府积极响应，行业内外对标对表联动；截至 2023 年年底，全国 23 个省份出台文化数字化战略实施方案或行动计划；文化数字化标准编制体系已形成。**首先**，由中国公共关系协会文化大数据产业委员会牵头制定团体标准，规划 87 项，现已编制并发布 33 项，基本涵盖了"两侧四端"的主要部分。**其次**，从 2023 年开始，全国信息技术标准化技术委员会专门成立了文化大数据工作组，开始将团体标准转化为国家标准。**最后**，全国已建成国家文化大数据体系 11 个省域中心和 6 个区域中心。

江苏有线和华为研制出国家文化大数据一体化机柜，只需要接通电源、接通有线电视网络，就可以进入国家文化专网。此外，针对版权保护问题的举措主要是两方面：一是采取技术手段，为每个数据赋码；二是采取行政力量，推广由政府主管部门主导的可信版权链、由行政部门签发的数字版权证书，打通可信版权链和北京互联网法院建立的区块链电子存证平台，形成法院、公证处、司法鉴定所、国家文化专网、互联网平台共同参与的数据治理生态，为文化数据提供版权登记、确权、存证、变更、维权等基础服务。

全国文化大数据交易体系建设成效显著。2022 年 8 月，由深圳文化产权交易所承建的全国文化大数据交易中心上线试运行。2023 年 11 月 4 日，国家文化大数据华东区域中心交易平台暨江苏省文化大数据交易平台上线。2024 年 1 月，"数据资源入表"正式实施。数据资源入表意味着企业可以将数据资源确认为企业资产负债表中的"资产"一项。数据资源入表在盘活数据资源价值的同时，为企业依据数据资源开展投融资等业务提供依据。文化机构固定资产量较小，尽管相关部门出台了《文化企业的无形资产评估办法》，但文化企业特别是小微企业融资难、融资贵的问题依旧没有解决。"数据入表"可以激活文化资源数据存量，壮大文化企业实力，从而推动文化产业进一步发展壮大。

未来城市与数字文明*

◎ 南方科技大学全球城市文明典范研究院　李凤亮

文化是旅游的内核,旅游是文化的载体,但无论文化还是旅游,都离不开文化数字化与数字经济的发展,而城市无疑是未来数字经济、数字文旅发展的重要平台。德清作为一个县级市,在数字化方面排在浙江省总分第一位,连续两年荣获全国县域数字农业农村发展水平先进县称号。文化振兴、产业振兴特别重视数字赋能,因此,今天我要就这个问题向各位领导展开汇报。

杭州亚运会呈现出中国的数字化力量,无论是开幕式上国风雅韵的水墨入画,还是代表了全国1亿数字网民的火炬接力,以及低碳环保的数字烟花,都与习近平生态文明思想一脉契合,充分展示出数字文明的力量。城市与文明作为人类独特的创造物,有着天然的连接。2022年,中共中央政治局就深化中华文明探源工程进行第三十九次集体学习。长期以来,西方形成了一套文明理论,西方人把文字、冶金术和城市作为文明的标志,我们要颠覆这个标志,将文明史再向前推进。例如拥有5300多年历史的良渚古城,就是我们最早的城市之一。尽管中国和西方对文明的定义不一样,但城市是其共同的内核,这也为我们探讨城市与文明的关系奠定了良好的基础。

第一,数字文明是未来城市的重要路向。一是数字文明体现了当下文明生产力的数字跃迁。2022年,我国数字经济规模达到50.2万亿元,占GDP比重41.5%,相当于整个第二产业的总量,数字化、智能化已成为国家创新非常重要的驱动力。张笑宇先生在《技术与文明》一书中谈到,人类文明的每一次变迁都伴随着技术的进步。中国人口总数从明朝的8000万人发展到清朝的4亿人,与农耕技术的发展、土豆的引进有着巨大关联,若没有农耕技术的发展,就不会有中国人口的巨大增

---

* 本文根据2023年全国中青年学者文旅经济研讨会上,华南农业大学党委书记、二级教授,南方科技大学全球城市文明典范研究院院长、中国文联特约研究员李凤亮的现场发言整理而成。

长，到了今天的数字社会更是如此。**二是数字技术创新为城市文明进阶提供了新的契机。**从农耕文明、城邦文明到工商业的大航海时代，走向未来的就是数字文明。今天很多的世界顶流城市，包括两个超一流城市纽约和伦敦，都已经邀请数百位历史学者、设计师、政治学者、哲学家规划面向未来100年城市的智慧化方案。数字化不只是数字文化产业、数字经济发展的问题，还代表了一个城市或者人类未来进阶的方向。**三是数字文明是满足人们美好生活需要的重要手段。**近两年受疫情影响，线下文旅实体的消费大幅度下降，但是线上互联网新产业却取得了增长。数字文明的发展建立在对工业文明的现代性反思之上，也给德清莫干山之类的乡村提供了良好的启示。例如，浙江省文化和旅游厅推出的线上应用"品质文化惠享"的服务端——"浙里文化圈"，它着眼于构建"24小时不打烊"的在线文化空间，以"15分钟品质文化生活圈"为依托，按照"看书、观展、演出、艺培、文脉、雅集、知礼"七大场景，提供省、市、县、乡、村五级联动的一体化、模块化服务，并通过用户精准画像，实时推送文化展览、图书借阅、文艺演出、艺术培训、志愿服务等清单。

第二，**数字文明城市的多重发展形态。**数字化极大地推动了城市的发展，特别是像深圳这样的新兴城市，不仅发展了自己的特色产业，而且加强了城市传播，发展起新文旅经济。**一是数字生产力驱动下的城市文明形态转换。**数字城市文明是一个大文明的概念，不是一个文化、文旅的概念。数字化创意作为一种驱动力，可以推动经济、政治、社会、文化、生态全方位数字化。深圳市龙华区将数字化作为立区的主导战略，提出打造数字产业，同时发展数字文化，进行数字社区构建，推进数字治理。深圳的南山、龙岗、福田、龙华都各有自己的数字化"高招"。"基建狂魔"迪拜出台元宇宙战略，计划将这座城市转化为世界上最智能的枢纽之一，它们已经开始行动。**二是城市数字文化是数字文明城市的灵魂。**"文化是一个国家、一个民族的灵魂"，城市是文化的最高体现，具有"文化熔炉"作用。数字文旅所带动的数字新业态，在三个方面的表现非常突出。第一表现在响应中央的号召，推动城市和乡村优秀的传统文化通过城市数字化实现创造性转化、创新性发展。例如，腾讯携手北京文物局共同开启的"数字中轴"项目，既是政府部门、文化科技企业与北京中轴线申遗项目的一场美丽邂逅，也是科技与文化融合的又一创新范例。第二表现在城市现代文化生产。现代数字人产业巨大，有预测称，过不了几年每个公

司都将拥有自己的数字人。2022年年底，南方科技大学与深圳大学共同创作表演了科幻戏剧《云身》，接下来还要形成科幻戏剧三部曲，这也是一种新兴的数字业态。第三表现在城市数字文化场景与生态。例如，深圳主创的舞剧《咏春》，不仅将"咏春拳"与"香云纱"两个国家级非物质文化遗产创新融合，而且通过数字化推动了咏春的传播与发展。如今，此类虚实相生、数实融合的数字文化场景在城市里广泛出现。**三是数字文明城市各形态的系统化、科学化互动**。数字化推进是一个系统工程，需要统筹推进城市各要素的系统性、综合性和科学性互动，全面提升数字文明城市发展能级。例如2009年成立的阿姆斯特丹智慧城市平台，至今实施了近百项智慧城市专题项目，是荷兰针对智慧城市发展最大的平台之一。在该平台上探讨的智慧城市方案涉及领域包括基础设施与技术、交通、循环城市、管理与教育、市民与生活等。参与的机构已涵盖政府部门、科研机构、科技公司、非政府组织以及公众等多个层面。正是因为这些，阿姆斯特丹在一些全球性的数字城市评比中走在前列。

第三，构建未来城市的数字文明逻辑。我们谈未来城市、数字文明的时候，应该遵从以下五个逻辑。**一是根本价值逻辑——以人为本：美好生活及其现代性超越**。城市是承载人民美好生活向往的空间载体，数字化如果侵害了人的权益、让人不舒服、在便捷的同时不美观，这就违背了数字的基本逻辑。因此，以人为本既是美好生活的追求，也是数字化带来的现代性超越。在这个方面，《经济学人》杂志社在《数字城市指数2022》中已通过四大指标——连通性、服务、文化和可持续性，对全球30座城市进行了排名，哥本哈根、阿姆斯特丹、北京、伦敦和首尔排名前五位。**二是传承创新逻辑——守正创新：历史传统和现实实践融新**。传承发展城市优秀文化传统，是城市发展的合法性来源之一。应在现实城市文化实践中创造属于我们这个时代的新城市文明，形塑城市认同与自信。建设中华民族现代文明，视线在"未来"，立足在"传统"，创造在"当下"。我在南京做专访的时候，给南京市文化和旅游局提出了一些建议，我认为南京应该向重庆、武汉、长沙等长江沿线城市学习，加强数字化赋能，让新业态为南京的新文旅经济再助一把力。**三是品牌定位逻辑——融会贯通：地方特性和全球共性并存**。新一轮的全球文明格局变动，以城市文明的对话和竞争为具体表现。因此要掌握历史主动，为全球城市文明建设提供兼具普遍性和特殊性的未来道路。例如，很多地区都有烧烤，为什么只有淄博烧烤可以做起来？其中是一个融会贯通的问题，体现出将地方性融入全球性的一种智慧努力。**四是全面发展逻辑——安身立命：灵妙化和物质化现实统一**。美国城市学家刘易斯·芒福德提出城市的两条道路："灵妙化"和"物质化"。未来城市建设是主客体生命意义的统一，是数字文明城市物质稳定性和精神创造性的统一。例如，腾讯深圳大铲湾企鹅岛遵循"网络城市"理念，致力于打造中国首个以人性生活为本、互联互通的有机大都会生态系统，通过人工智能、智慧城市和其他高端科技，让人们放慢生活节奏，享受生命中最重要的时刻。它的未来值得期待。**五是风险应对逻辑——转危为机：城市风险及其韧性化道路**。城市在文明风险中首当其冲，快速起步的数字文明城市本身即有不确定性。德国社会学家乌尔里希·贝克提出，我们"生活在文明的火山上"，数字文化虽然带给我们便捷，但风险也无处不在。人工智能、数字孪生、量子科技、数字确权、科技伦理等都值得我们警惕与反思。因此，未来城市建设应"摸着石头过河"，提升自身韧性。

第四，谈回到深圳。2023年6月8日，深圳出台了《数字孪生先锋城市建设行动计划（2023）》，计划打造一个先锋底座，构建一个数据平台，发展一批新兴科技，推动一批数字应用，建设"数实融合、同生共长、实时交互、秒级响应"的数字孪生先锋城市。可见，数字文明的发展正在路上，就在我们的身边。

中国旅游发展趋势的预判与思考*

◎ 中山大学旅游学院　保继刚

文化有事业、有产业，但旅游一定是产业，是市场经济。旅游作为产业有研究标准，并且具有较重要的研究意义。因此，今天我想就以下七个问题进行简要探讨。

第一，入境旅游——重回巅峰不容易。

现在，国家十分重视入境旅游，这样考虑既有经济层面的原因，也是出于与国外民间开展外交的需要。但入境游面临的难点有以下几个方面。

一是入境旅游的类别不同。到中国的游客主要是观光和商务游客。观光游客在中国于20世纪80年代刚刚改革开放的时候，出于对东方大国的好奇来华旅游。尽管当时我们的服务设施落后，但我们真心欢迎他们的到来，所以就出现了阳朔西街、洋人街等现象。而今天，中国城市的旅游价格已经直逼东京、纽约等发达城市。此外，受社交媒体准入的影响，移动支付对于外国人来说非常不方便。例如我们去国外若无法使用微信，不仅不方便，还会与亲人失联。商务游客注重投资、外贸与国际交流，如果外资减少，那么商务游客的数量势必随之下降。

二是双边开放问题。新的地缘政治会对跨境旅游产生影响。俄乌冲突导致美国的航班不能经由俄罗斯上空飞到中国，而要从欧洲绕道。我国国际航班数量至今还未恢复到2019年的同期水平。

三是成本问题与游客心理问题。如果头等舱、商务舱入座率低，那么经济舱的价格就会上涨，大众游客数量也会随之下降。此外，游客的心理问题也十分关键。美国主流媒体长期贬低中国，而美国民众对中国的了解远比中国民众对美国的了解要少，所以美国民众就会对中国形象产生曲解。

---

* 本文根据2023年全国中青年学者文旅经济研讨会上，中山大学旅游学院教授、中山大学经济与管理学部副主任、中山大学旅游发展与规划研究中心主任保继刚的现场发言整理而成。

第二，出境旅游——重视浪潮的中年精英群体。

我对出境旅游持乐观态度。在外汇不管制的前提条件下，出境旅游人数，特别是中年精英群体人数将不断攀升。中国的出境旅游浪潮共有三次，其中，第三次浪潮指的是1955—1975年出生的人。中年精英一代的成长伴随着中国经济的快速发展，自从1995年公共住房私有化以来，中年精英群体通过家庭收入增长、拥有福利性住房、投资型购房、参与金融市场积累了大量财富。同时，中年精英群体也是受独生子女政策影响的第一代人，他们在资助子女出国留学之后，依然有足够多的自由支配时间以及资金为自己的出境活动提供支持。此外，中年精英群体在他们的黄金岁月（18~38岁）里见证了社会价值观和生活方式的快速变化，他们对新的方法和流程持更开放的态度，也更重视"自我发展"。

第三，旅游投资异化——要尊重旅游业的发展规律。

世界旅游组织的专家在为海南做规划时，把海南的湿地沙滩都划作保护区。而海南省政府则认为规划太过保守，并未实施。目前，海南东海岸的沙滩都在发展房地产。这种投资计划还表现在"地产＋主题公园"，包括上海迪士尼、北京环球影城等国际主题公园。例如，上海市迪士尼投资约350亿元人民币，按照测算，本金难以收回，而美方却每年都能从中获利。因此上海市政府想通过炒作周边地块，以溢价获得收益。北京的环球影城具有同样的问题。"地产＋主题公园"是一个异化现象，会影响中国的主题公园建设。"地产＋酒店"则是通过发展房地产，赚回基建投资。旅游是市场经济，不该由政府去投资竞争性领域的服务性设施。

第四，消费税——破解旅游富民不富政府的怪圈。

以阳朔为例，阳朔的旅游企业占所有工商注册企业的44%，在7345家旅游企业里面，注册资金在3万元以下的有6278家，占比85.47%，可见大部分是小微企业。阳朔的城镇人均可支配收入高出广西5000元，位居桂林第二位；农村人均可支配收入高出广西4000元，位居桂林第五位；城乡可支配收入比为2.33，低于广西（2.69）和桂林（2.44）。可见阳朔富民，但并不富政府。

旅游发展能够带动地区生产总值和居民储蓄存款增长，但对财政的影响有限。据我们研究团队测算，阳朔每增加1元旅游收入可带动其生产总值增长0.25元，但低于第三产业0.46~0.56的增加值率；每增加1元旅游收入可带动金融机构储蓄存款增加0.176元，100元旅游收入中有34.5元能够转变为居民的可支配收入；每增加 1 元旅游收入导致财政收入减少 0.017 元，财政对发展旅游的支持大于旅游对财政的贡献。

按现行的税收办法，旅游微小企业基本不需要纳税。像阳朔这样的旅游目的地，富民不富政府，当土地财政支撑不了发展时，发展工业一定是必然选择。诚信纳税和不漏征税很重要，电子支付的普及为不漏征税提供了技术条件，同时要研究修改现行消费税的可能性，像一些发达国家一样征收销售税。只有保证税收，像桂林、西双版纳、张家界、黄山、敦煌这样的以旅游业为主的地方才能实现可持续发展。

第五，"+旅游"——回归旅游常识，发展乡村旅游。

一是要重新认识旅游业的脆弱性。在对脆弱性和恢复能力的认知下，我们应该考虑不同的旅游企业其承受能力是不一样的。应从实践上回归最早提出的"旅游业投资少、见效快、效益高"的灵活模式，回到替代性发展、包容性发展的思路上，而不是一味追求投资额。

二是"+旅游"而不是"旅游+"。从产业的发展来看，要调整旅游供给体系建设的基本思路，以"+旅游"而不是"旅游+"的方式推进旅游供给体系的建设。我们的团队提出"阿者科"旅游减贫计划，政府出资 300 万元占 30% 的股份，村民的古村落、梯田占 70% 的股份。活态遗产的保护主体是政府，保护的责任人却是农民。我们通过旅游让农民分红，让农民承诺保护。到现在，我们进行了 8 次分红，共分了 143 万元，这既是旅游产业发展的过程，也是乡村振兴的过程。

第六，实现碳达峰、碳中和——酒店要行动。

实现碳达峰、碳中和目标，是中国向国际社会作出的郑重承诺。旅游并不是一个减碳的产业，我们通过调查发现，广州平均每家设有 400 多间客房的酒店，每年用电量超过 1000 万千瓦时。全国住宿业的设施总数为 482 603 家，客房总规模 18 164 158 间。其中客房数 15 间以上的酒店类住宿业设施 344 313 家，客房总数 16 858 721 间，需要消耗大量的电能。

节能不仅要减少一次性用品的使用，而且要减少二氧化碳的排放。例如，广东省首家碳中和酒店已安全、稳定、可靠、可持续运行了 24 个月，实际系统运行状况良好且运行能效稳定，持续处于超高能效 5.5~6.0 区间（改造之前 3.0 左右）。

第七，引入地理尺度统计游客量——挤掉泡沫，精准决策。

根据原国家旅游局公布的数据，2016年和2017年国内旅游人数分别达44.40亿人次和50.10亿人次；而对各省级行政单位公布的数据进行收集加总，发现各地总计旅游人数达到了111.29亿人次和130.75亿人次，均是原国家旅游局公布国内旅游人数的2.5倍左右。数据悬殊的原因在于统计口径的不一致。

因此，我们要构建"省—市—县"的国内旅游数据层次体系。**一是**省际国内旅游人数。以省界为边界，统计该省级行政区以外其他省份的国内游客人数。例如广东省的国内旅游人数，指的是除广东省以外其他30个省级行政区的国内旅游人数。**二是**市际国内旅游人数。以市界为边界，包括该市级行政区以外的省内游客人数，以及省外游客人数。例如广州市的国内旅游人数，包括省内除广州市以外其他20个地级市的旅游人数和广东省外的国内旅游人数。**三是**县际国内旅游人数。以县界为边界，统计该县级行政区以外的市内游客人数、所属市以外的省内游客人数、省外游客人数。例如广州市海珠区的国内旅游人数，包括广州市内除海珠区以外其他10个区的旅游人数、广东省内除广州市以外其他20个地级市的旅游人数及广东省外的国内旅游人数。

同时，在大数据中要把过路游客去掉；有两部手机，有两个卡、三个卡的人要去掉；有智能终端、汽车自动收费卡的人要去掉；日常行动跨行政边界的人去掉。把这些杂乱数据清理之后，再与银联系统打通，才能相对精确地估算旅游流动消费到底有多少。

以上七点问题分别又是一个个专题，需要我们冷静思考、慎重决策。

青年学者的时代担当*

◎ 南京艺术学院　李向民

首先，我觉得北京京和文旅发展研究院举办的这次全国中青年学者文旅经济研讨会非常有必要，而且非常及时。在莫干山召开会议，本身是一个非常重要的标志性符号。1984年的莫干山会议和1985年的巴山轮会议，都对中国的经济体制改革起到了历史性推进的作用，更重要的是这两次重要会议都涌现出一大批后来对中国经济改革和政策制定发挥重要作用的中青年骨干。尤其是莫干山会议，涌现了莫干山"四君子"及其他一大批重要的国家经济管理者、决策者和研究者，他们都曾经在莫干山上发表过精彩的观点和演讲。所以，我觉得在莫干山讨论文旅产业，同时也是中青年学者的会议，具有非常好的寓意。希望通过这次会议，能够为中国的文旅产业发展提供更多的真知灼见，能够涌现出一批将来对中国文旅产业发展有重要影响和贡献的青年才俊。

北京京和文旅发展研究院主办这次活动，得到了各方面的支持。作为中国文化产业管理专业委员会的会长，也作为协办方之一，我支持这次会议。在此之前我看了同志们的论文，觉得很多论文写得非常好，思想比较敏锐，而且关注当下，所以这也引发我思考一个问题：在当前，我们召开文旅界的莫干山会议，对今后意味着什么？经过20多年的持续发展，国家的政策推动，包括学术上的各种建树，再加上当今文化旅游产业本身面临着重要的转折，确实也需要对原有的政策和今后的方向进行思考和反思，所以，此时召开这个会议非常及时、非常必要。

在这里，我谈三点意见。

第一，要加强时代性。我们所有的理论研究，尤其是后来的实证研究，最终都是服务于这个时代。每个时代都有自己独特的条件、独特的问题及解决问题的各种路径。在当前，尤其在党的二十大之后，我们要开始建设中国式现代化，这个过程

---

* 本文根据2023年全国中青年学者文旅经济研讨会上，南京艺术学院党委副书记、教授，紫金文创研究院院长、中国文化产业管理专业委员会会长李向民的现场发言整理而成。

中，文旅产业如何发挥作用就非常值得思考。2023年7月6日习近平总书记到苏州视察的时候，提出了要研究"人文经济学"。一方面我们要推动经济的高质量发展；另一方面也要推动文化和各种要素的注入，使经济和文化能够交融共生，共同为人的全面发展做出贡献。40年前，我提出过与人文经济学相近的概念"精神经济学"，后来转向文化产业研究。人文经济学与文化产业领域的关系非常密切，今天研究文化产业或者文旅产业的学者，尤其是年轻学者，生逢其时，正好可以发挥更大的作用。所以，在这个时代认真学习贯彻习近平新时代中国特色社会主义思想，围绕中心服务大局，开展文旅产业研究非常重要。只有深入研究之后，才能提高理论自觉、理论自信，同时也能够为政府的决策提供重要的学术支持。

第二，要深入产业中去。今天的很多年轻学者，身在象牙塔，对于文旅产业的了解主要来自书本和间接经验。要想对产业本身发表独到的和真正有用的真知灼见，就必须去了解这个行业，与这个行业的人交朋友，深入了解他们。只有了解这个过程以后，才知道哪些事情是我们在书本上看不到的、想不到的，而实际上在火热的一线已经开始推进了。最近我去企业调研的时候，发现在一线的文旅产业发展中，企业为了解决自身的经济问题和经营问题，探索出很多新的处理问题的方法，同时也给文旅产业的发展提供了新的思考。我觉得只有进入行业本身，才有可能触摸到行业的脉搏，才不会陷入空谈。所以，要重视进入产业一线进行调查研究。毛主席讲过，"没有调查就没有发言权"，对这个新兴行业来说尤其是这样的。

第三，要贴近科技前沿。文化业态其实不是由文化内容决定的，是由科学技术决定的，是由表现手段决定的。今天已经进入数字化时代。在数字时代，根据摩尔定律，数字技术的进步日新月异。在这种形势下，由于数字技术的推动，文化业态也在发生剧烈的变化，很多过去不可想象的一些事物在我们面前正在逐步展开，尤其是大数据、人工智能及各种虚拟成像技术等，这些出现以后，使原来文旅产业的样貌发生了很多变化。尽管现在仍然归在文旅产业里面，但是这种变化正在对整个行业产生颠覆性的影响。因此，我们从事文旅产业研究的学者虽然大多是文科出身，但也要学点科学技术，要懂得理工科的知识和常识。只有这样我们才有可能在讨论这些问题的时候，不至于自大、不至于自以为是。所以与技术的结合是今后文化产业和文旅经济发展的一个非常重要的支撑。作为青年学者，要有这样的担当，要超过中老年学者，在跨学科的领域、在交叉发展的领域能够有自己的贡献。

展现"可信、可爱、可敬"形象，提高中华文化对外传播影响力

◎ 杭州师范大学文化创意与传媒学院　范小春　余俊雯

努力塑造"可信、可爱、可敬"的中国形象。2022年10月16日，党的二十大报告中再度强调："讲好中国故事、传播好中国声音，展现可信、可爱、可敬的中国形象，推动中华文化更好走向世界。"究竟如何塑造"可信、可爱、可敬"的中国形象？这背后又蕴藏着什么内涵？

"可信"意味着可被信赖，是将"真"贯穿到底的思想路线和行动路径，代表真实性、公信力，是建设可爱、可敬的中国形象的坚实基础。中华民族历来拥有诚实朴素的美好品质，中国共产党始终坚持实事求是的思想路线，一切从实际出发，理论联系实际。作为国家软实力的重要构成部分，文艺作品的创作应当更加紧密联系社会现实，以事实为依据，以真实的案例为文本，以真诚的态度为基石，对外呈现让世界各国人民看得懂、听得明白，觉得有意义、有意思的，具有信任力的国家形象。

"可爱"是对"可信"的情感升级，强调传播的方式方法与手段。我们不仅要对外传播"可信"的中国形象，还要构建"人格化""魅力化"的中国形象，以传播吸引力获得国际关注。2022北京冬奥会开幕式上的二十四节气倒计时获得国内外一致赞誉。二十四节气是中国特有的传统文化，被运用于奥运会倒计时创意，孕育出新的文化内涵和审美韵味。一方面，利用自身具有的数字功能巧妙完成了倒计时的规定性动作；另一方面，以中国式的浪漫美学色彩赋予了晚会新的生命力。主要体现出三层审美意境：**第一层**，重现了中国古老的科学智慧，二十四节气是中国古代劳动人民从日常劳作经验中对节气变化规律的总结，并运用于农耕生活，被列入联合国教科文组织人类非物质文化遗产代表作名录，是对世界天文历法研究发展应用领域的创举和贡献；**第二层**，为全世界理解中国文化提供了一条重要路径，二十四节气反映了中国"天人合一"的传统哲学理念；**第三层**，彰显了中国人特有

的浪漫与仪式感，以诗意化的解读为中国人民的日常生活增添了审美趣味。这是一次融合了诗词、音乐、科技、美术、影像、民俗等多元艺术形态和表达方式的创新，通过对日历文本经验的"变形"，跳脱了以往从10开始的倒计时方法，创造了一条连接国内国外、传统现代的传播思路，以中国特色的文化创意实现了对外中国形象的传播。

"可敬"是从更深层次、更广领域、更全方位帮助大家理解中国制度、中国方法、中国美学、中国文化的维度，是对"可信中国"与"可爱中国"的凝聚式再创造，强调以理服人、以情动人，达到跨时空传播、跨世代传播共情。"敬"包含着崇高意味，而崇高恰是中华优秀传统文化的典型审美范式。近年来，中央广播电视总台推出的一系列优秀文化节目《典籍里的中国》《国家宝藏》等，文化价值内涵更加厚重，对于中国形象的传播从可信、可爱逐步向可敬迈进。

总之，要坚守中华文化立场，讲好中国故事、传播好中国声音，展现可信、可爱、可敬的中国形象，增强中华文明传播力、影响力。

中国式现代化进程中文博行业高质量发展的创新实践、挑战及建议

◎ 中国国家博物馆　孔欣欣

一、引言

习近平总书记指出，统筹推进"五位一体"总体布局、协调推进"四个全面"战略布局，文化是重要内容；推动高质量发展，文化是重要支点；满足人民日益增长的美好生活需要，文化是重要因素；战胜前进道路上各种风险挑战，文化是重要力量源泉。文物博物馆行业依托馆藏文物藏品资源，研究、收藏、保护、阐释和展示物质与非物质文化遗产，留存民族记忆，传承文化基因，推动文明互鉴，在中国式现代化进程中发挥着不可或缺和不可替代的作用。新时代以来，党中央高度重视文博工作，出台了《关于培育和践行社会主义核心价值观的意见》《关于实施中华优秀传统文化传承发展工程的意见》《关于加强文物保护利用改革的若干意见》《关于实施革命文物保护利用工程（2018—2022年）的意见》《"十四五"文化发展规划》《关于推进博物馆改革发展的指导意见》等百余项政策举措，文博行业规模迅速扩大、创新发展不断深入。2012年以来十年间，年度举办展览数量增长144%，接待观众数量增长119%（见图1）。2022年全国备案博物馆数量达6565家，排名全球前列。全年举办线下展览3.4万场、教育活动近23万场，接待观众5.78亿人次，推出线上展览近万场、教育活动4万余场，网络浏览量近10亿人次，新媒体浏览量超过100亿人次。基本形成类型丰富、主体多元、普惠均等的现代博物馆体系，博物馆成为文化旅游深度融合的重要载体，参观博物馆成为人民美好生活的重要组成部分，科技创新与文化双向赋能加速博物馆融入大众生活和城市品质提升，"跟着博物馆去旅行""为一座博物馆赴一座城"成为更多游客青睐的出游形式，节假日期间博物馆参观预约常常"秒光"，许多精品展览和社教文化活动一票难求。购物车

里"考古"、电商平台上"博物"成为生活质量和文化品质的新时尚。社会大众对博物馆的需求日益提升的同时,文博行业体验、深思、教育、评价功能日益彰显,对经济社会的影响持续深入扩大。

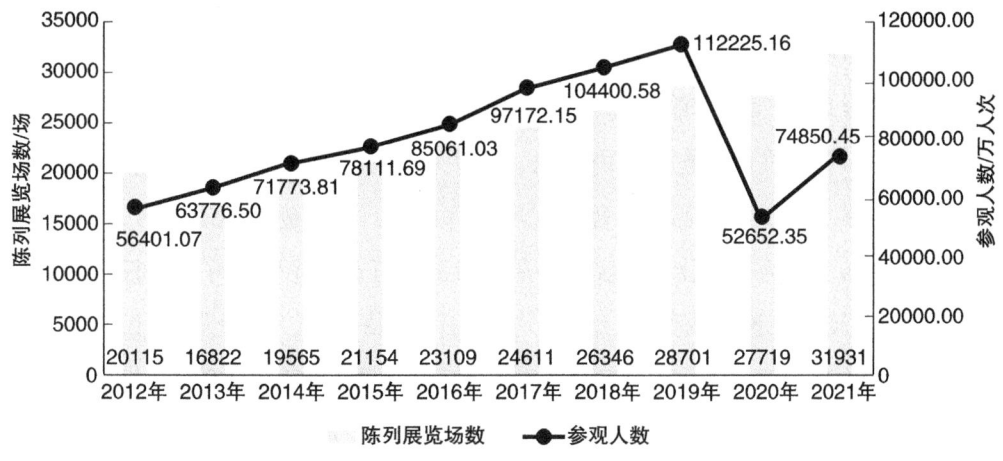

图 1 全国博物馆陈列展览场数和参观人数

伴随着博物馆规模的快速扩张,高质量发展越来越成为文博行业乃至全社会关注的重要主题。关于高质量发展,史丹(2019)认为我国经济已由高速增长阶段转向高质量发展阶段,现阶段更加强调通过技术创新、产业结构调整、生产效率提升以及资源配置优化等途径来实现更高质量的发展。[1] 以新时代的"五大发展理念"——创新、协调、绿色、开放、共享为指引,构建经济高质量发展综合评价指标体系,对我国的经济发展质量进行评价。王一鸣(2020)认为,我国已转向高质量发展阶段,主要特征是从"数量追赶"转向"质量追赶",从"规模扩张"转向"结构升级",从"要素驱动"转向"创新驱动",从"分配失衡"转向"共同富裕",从"高碳增长"转向"绿色发展"。[2] 具体到博物馆行业高质量发展,李耀申(2021)认为,博物馆事业高质量发展的基本特征是:从注重机构数量、行业规模的快速增长,转向更加注重增长的结果和增长的效益;从关注事业总盘子增长的单一维度,转向关注事业发展、社会贡献、公众获益等多个维度;从单方面强调机构数、观众量的高增长,转向全面关注涵盖藏品、研究、展览、服务等在内的协同发

---

[1] 史丹.中国工业70年发展与战略演进[N].经济日报,2019-10-09(012).
[2] 王一鸣.更好推动经济转向高质量发展轨道[J].支部建设,2020(2):12-15.

展，直至构建适应公共文化需求、文化强国建设目标要求的高品质博物馆体系；从关注博物馆增长的资源要素投入，转向关注资源的优化配置和效率提升等。[1]从社会需求的宏观层面看，博物馆的高质量发展应指行业整体上持续稳定增长，人均拥有博物馆的数量和服务趋于均衡，让博物馆发展成果更多更公平地惠及全体人民。从博物馆行业自身看，高质量发展要求博物馆治理体系、治理能力迈向现代化，布局优化、结构合理，不断实现品质提升和服务升级，显著提高行业发展效益。从博物馆个体看，高质量发展应包括国内领先、世界一流的竞争力，资源配置、资金来源的社会化、多渠道，专业品质保障和优质品牌优势，以及创新驱动与活力迸发等。安来顺（2019）认为，博物馆要实现高质量发展，行业首先要更好地践行博物馆的社会使命。[2]博物馆扮演四种社会角色："基因库""黏合剂""催化器""民间使者"。其次是专业化和专业伦理，避免资源的社会化使用对博物馆的学术和文化公信力造成任何实在或潜在的减损。龚良、张蕾（2019）认为，博物馆的高质量发展应注重博物馆的品质、效能与评估。[3]建设高品质的博物馆，应有差异性的个性化发展定位、反映地域文明的标志性的建筑外观、舒适宜人的博物馆文化空间，以及适应公众需求的服务空间。博物馆要发挥包括原创展览、教育服务项目、文创衍生商品在内的博物馆文化产品的作用，提供公众认可的、投入与产出之比合理的公共文化服务，要扩大传播能力，真正实现博物馆的宗旨。王春法（2022）认为，推动博物馆高质量发展要坚持改革创新，以文物藏品标准化体系建设、文物数字化标准、博物馆评价指标体系等当前制约博物馆高质量发展的问题入手，推进博物馆宏观管理政策建设，完善现代化博物馆治理体系，激发博物馆发展活力；深化学术研究。[4]加强对出土文物和遗址的整理研究，梳理中华文明演进脉络，把中国文明历史研究引向深入，为人类文明新形态提供有力支撑；讲好中国故事。积极运用新技术手段提升文物活化利用水平，不断提升展览展示和服务水平，精心推出一批叫得响、看得

---

[1] 李耀申.关于博物馆高质量发展的几点思考［EB/OL］.（2021-2-23）［2023-10-30］. https://www.163.com/dy/article/G3H0MGTB0514E1IF.html

[2] 安来顺.文化的中枢：博物馆［J］.中国政协，2019（11）：70-71.

[3] 龚良，张蕾.博物馆高质量发展：品质、效能与评估［J］.东南文化，2019（2）：100-106.

[4] 博物馆事业如何高质量发展？国家博物馆馆长提出这三点［EB/OL］.（2022-10-14）［2023-10-30］. https://www.thepaper.cn/newsDetail_forward_20293371.

懂、传得开的文化精品。黄隽（2022）认为，博物馆建设是国家软实力的重要组成部分。[1]经济的持续发展从需求与供给双向推动了我国博物馆行业的繁荣。博物馆的功能和价值边界不断拓展，内涵和功能日益丰富。博物馆从以"文物"为中心转向以"观众"为中心，对社会经济赋能的价值提升远远超过其本身。应创新社会力量参与的路径和模式，通过税收等机制，形成支持博物馆发展的持久动力。宋向光（2023）认为，目前我国博物馆事业进入到快速发展、规模扩张时期，但从世界博物馆发展境况来看，仍处于劣势地位。[2]现阶段博物馆发展在质与量方面仍面临诸多问题，应通过增强质量意识、提升专业能力、创新服务项目、创造博物馆品牌、加强博物馆质量基础建设和品质建设、妥善管理博物馆质量预期、科学评价博物馆质量状态等多方面提升质量。

在关于高质量发展研究的相关文献中，创新始终居于关键地位。在评价体系中突出体现创新的基本要求，2020年国家文物局颁布的最新修订的《博物馆定级评估办法》，强调遵循创新、协调、绿色、开放、共享的新发展理念，围绕博物馆收藏、保护、研究、展示、教育、传播等核心职能，着力提升博物馆评估定级工作的科学性、针对性、适用性，突出博物馆运营管理专业化、标准化、公益化要求，新增馆舍建筑节能降耗、智慧博物馆建设、学术影响力、新媒体传播、馆际交流协作、公共文化服务均等化便捷化等一批代表行业发展方向的考察指标，提升标准的整体"含金量"。不再依传统将馆舍面积、员工构成、藏品和展览数量作为评估的主要依据，而是立足博物馆公共文化服务的质量和水平，来评价什么是好的博物馆。着力避免"千馆一面"，增设学术研究、高清资源开放共享、博物馆资源进校园、馆际交流合作等方面的加分项目，鼓励优秀博物馆发挥各自的特点和优势，通过改革创新，实现高品质、特色化、差异化发展。

中国博物馆协会自2012年开始开展最具创新力博物馆的评选工作，其评奖标准主要有：在博物馆主要业务功能的基础和应用研究中具有重大突破或取得原创性研究成果，在国内外博物馆界得到一致认同，且具有全国性推广价值；在博物馆业务活动项目的策划理念、组织实施方法上有重要突破，并经实践验证为代表新理

---

[1] 黄隽.经济发展、守正创新与博物馆建设[J].人民论坛·学术前沿，2022（1）：87-93.

[2] 宋向光.博物馆知识增殖与知识利用辩证关系析[J].博物院，2023（4）：7-12.

念、新技术或新方法，可为其他博物馆借鉴和采纳；在博物馆吸引社会力量参与的程度和质量上有创新举措，可对中国博物馆的外向型合作起到示范作用，在社会公众中产生重要影响；在以提高博物馆服务社会质量为目的的文化创意产业发展中做出创新性贡献，其产品或服务已取得良好品牌效益；满足不同观众需求，取得优异的综合性社会效益。截至目前，已累计评选出 30 家最具创新力博物馆。

本文尝试围绕创新是引领发展的第一动力考察中国文博行业近年来高质量发展实践，从理念、行动和资源要素条件三个维度出发观察文博行业创新实践，研究构建文博行业创新分析框架，通过文献研究和统计分析，梳理文博行业创新实践，基于论文、商标、专利等指标绘制文博行业创新地图，总结文博行业高质量发展的创新路径、趋势特征，以期对进一步推进创新发展有所启示。

二、衡量博物馆高质量发展的分析框架

本文认为，从行业主体出发，在中国式现代化进程中文博行业高质量发展可以从理念、行动、资源要素条件三个维度衡量（见图 2）。

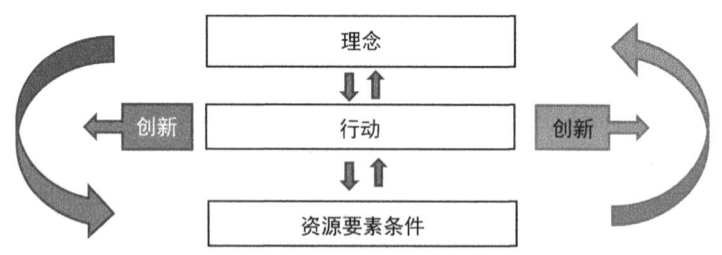

图 2　衡量博物馆高质量发展的分析框架

在理念层面，坚持使命导向，新发展理念的创新、协调、绿色、开放、共享既是文博行业发展的宏观理论指导和基本遵循，也是评价标准。使命导向有三个层次的含义。**一**是作为一般意义的博物馆是为社会服务的非营利性常设机构，它研究、收藏、保护、阐释和展示物质与非物质文化遗产。它向公众开放，具有可及性和包容性，促进多样性和可持续性。博物馆以专业、道德的方式，在社区的参与下进行运营和交流，为教育、欣赏、深思和知识共享提供多种体验。**二**是作为中国博物馆肩负的基本任务——适应和满足中国式现代化建设的需要，收集、保藏文物和标本，进行科学研

究，举办各种陈列展览，提高整个中华民族的思想道德素质和科学文化素质，促进社会主义精神文明建设。三是作为个体的博物馆，机构承担的职责和使命。

在行动层面，博物馆要追求高质量发展，需要做到以下五点。**一**是坚守专业化，确保所有活动遵循学术理性，维护专业伦理，这不仅关系到博物馆的专业形象，也是其承担社会责任、发挥评价功能的基础。**二**是体现能力差异化和社会影响力，通过独特的内容和服务展示自身的特色，避免与其他文化机构或项目趋同。这样可以在更广泛的层面上满足社会需求，并形成良好的社会影响。**三**是创新驱动发展，从依赖要素驱动和投资驱动的传统模式转向依靠创新来引领发展的新路径。这意味着不断地探索新的展览形式、教育方法以及服务方式等。**四**是开放共享机制，最大限度地向公众开放藏品及相关信息，促进知识的传播。加强与其他博物馆之间的合作交流，实现资源的有效整合利用。通过"博物馆+"战略，推动跨行业合作，如旅游、科技等领域，共同开发更具吸引力的文化产品和服务。**五**是构建综合服务平台，设计并实施一个能够容纳多样化内容（如藏品展示、专题展览、社会教育活动等）的大平台，以此来增强用户体验，提升公共服务水平。

在资源要素条件层面，人、物、财、基础设施、组织架构等各类资源要素，对其有充分的认识、深入的研究和合理的运用。通过创造性地识别和运用机构的资源要素，依托机构拥有的内部条件和外部环境，以专业化的行动完成使命。

三、博物馆高质量发展的创新路径

从怎么看高质量发展到如何推动高质量发展，本文基于上述三个维度，以创新作为核心，研究构建文博行业分析框架，通过文献研究、大数据分析和统计计量，梳理文博行业创新实践和典型案例，基于论文、商标、专利等指标绘制文博行业创新地图。经典的熊彼特创新理论认为创新是实现资源、生产要素和生产条件的"新组合"，包括新的产品或新的质量、采用新的生产方法、开辟新的市场、获得原材料新来源、实行新的组织管理方法。此后不同经济社会发展阶段对于创新的认识不断拓展和深化，对资源要素的认识和理解不同，产生不同的创新形式，颠覆式创新、开放式创新、用户导向创新、全面创新等概念日益丰富，创新体系理论日趋成熟。梳理主要创新实践，文博行业高质量发展创新路径集中体现在六个方面。

（一）理论创新

文博行业守正创新，坚持以人民为中心，在向新博物馆学的转型过程中，中国特色的文博理论体系正在加速形成，从博物馆学相关文献发表情况看，活跃地区为上海、北京、湖南、广东、陕西等。以"博物馆"为作者单位关键词，在知网上检索2004年以来截至2023年10月的文博行业知识文献，涵盖博物馆研究、文物研究、考古研究、历史研究，以及相关学科、学术展示等领域，共90 775篇。

其中，从研究层次来看，基础研究占比为60.08%。发表数量排名前列的博物馆依次为中国国家博物馆、上海博物馆、首都博物馆、复旦大学、山东博物馆、陕西历史博物馆等。

进一步以"博物馆研究"为检索主题范围，该主题涵盖陈列展览、社会教育、藏品保管、博物馆文创、博物馆志愿者、观众调研、博物馆信息化建设、博物馆旅游、博物馆评估、博物馆建筑、博物馆营销、博物馆出版等领域研究，检索发表文献27 200篇，其中基础研究占比40.90%。

（二）理念创新

从博物馆互联网思维，到没有围墙的博物馆、无障碍博物馆等，关于云展览线上线下，从边缘到重点，从部分到体系，从模块到业务链延展，博物馆发展在立足自身资源的基础上，不断拓宽边界，越来越呈现出与经济社会发展深度融合的趋势。在中国知网数据库中，以博物馆为主要主题词的学术期刊上，2023年1月至11月5日有3448篇，480篇是数字技术应用、数字化建设、数字藏品、数字化展示相关主题，408篇是国际化、传播相关主题研究，396篇是城市、乡村、社区、科技与文化融合发展相关主题研究，325篇是博物馆之城、城市文化、空间叙事等博物馆与城市发展相关主题，255篇是博物馆旅游、研学相关主题研究，203篇是助力乡村振兴、乡村可持续发展相关主题研究。

（三）制度创新

自 2012 年以来，中央层面已累计出台了超过 100 项涉及文博领域的政策举措，这些政策涵盖了综合法律法规、历史文明研究、博物馆管理、文化遗产保护、非物质文化遗产传承、文物市场等多个方面。除了规范行业自身的建设和管理之外，还推出了一系列旨在推动文化产业发展、提升公共文化服务水平、促进博物馆改革创新及传承中华优秀传统文化的政策措施。

具体来说，近年来发布的重要文件包括《关于推动数字文化产业高质量发展的意见》（2020年）、《关于推动公共文化服务高质量发展的意见》（2021年）、《关于推进博物馆改革发展的指导意见》（2021年）、《关于实施中华优秀传统文化传承发展工程的意见》（2017年）、《关于推动文化文物单位文化创意产品开发的若干意见》（2016年）、《关于促进文物合理利用的若干意见》（2016年）、《博物馆馆藏资源著作权、商标权和品牌授权操作指引（试行）》（2019年）等。

这些文件不仅有助于释放体制和机制的活力，而且也鼓励了行业的创新发展。与此同时，全国各地也根据实际情况，制定了具有地方特色的政策措施，具体落实中央的各项改革和发展指导方针。

（四）科技创新

科技与文博双向赋能，从信息化、数字化到智慧化，科技创新在全方位赋能博物馆高质量发展，以中华优秀传统文化作为重要战略资源代表，文博行业正在以"+文化"的方式全方位赋能各行业发展，各博物馆专利与商标的申请量分别如表1、表2所示。2022年11月发布的博物馆运行评估标准将数字化发展趋势作为重要的创新考量指标，在二级指标"文化传播"下新增三级指标"数字传播"，着重考察博物馆在"云展览"等数字文化产品和服务领域的创新发展。

表 1 中国博物馆创新地图——专利

序号	博物馆	地点	专利数/个
1	成都许燎源现代设计艺术博物馆	四川	384

续表

序号	博物馆	地点	专利数/个
2	重庆中国三峡博物馆	重庆	64
3	南京博物院	江苏	62
4	上海博物馆	上海	59
5	中国丝绸博物馆	浙江	55
6	湖南省开元博物馆	湖南	55
7	故宫博物院	北京	45
8	大余钨都矿物晶体博物馆	江西	43
9	中国铁道博物馆	北京	39
10	北京自然博物馆	北京	32
11	郑州博物馆	河南	32
12	广西民族博物馆	广西	31
13	秦始皇帝陵博物院	陕西	30
14	中国地质博物馆	北京	27
15	中国国家博物馆	北京	26
16	首都博物馆	北京	26
17	河南省内乡县衙博物馆	河南	25
18	法门寺博物馆	陕西	25
19	河南博物院	河南	23
20	内乡县县衙博物馆	河南	22
21	重庆中国三峡博物馆（重庆博物馆）	重庆	22
22	天津可乐马古典家具博物馆	天津	18
23	湖北省博物馆	湖北	18
24	湖南省博物馆	湖南	18
25	中国园林博物馆北京筹备办公室	北京	17
26	内蒙古自然博物馆	内蒙古	17
27	浙江省博物馆	浙江	17
28	苏州博物馆	江苏	17
39	四川博物院	四川	16

数据来源：国家知识产权局官网，作者整理

表2 中国博物馆创新地图——商标

序号	博物馆	地点	商标数/个
1	西安大唐西市博物馆	陕西	700
2	中国国家博物馆	北京	699
3	陕西历史博物馆	陕西	555
4	河南博物院	河南	551
5	故宫博物院	北京	442
6	成都武侯祠博物馆	四川	312
7	敦煌研究院	甘肃	267
8	成都杜甫草堂博物馆	四川	247
9	成都金沙遗址博物馆	四川	236
10	山西博物院	山西	202
11	吉林省博物院	吉林	194
12	中国科学技术馆	北京	190
13	南京市博物总馆	江苏	188
14	中国人民革命军事博物馆	北京	157
15	上海博物馆	上海	150
16	重庆中国三峡博物馆	重庆	140
17	河北博物院	河北	134
18	西安半坡博物馆	陕西	125
19	武汉市中山舰博物馆	湖北	120
20	海南省博物馆	海南	115
21	浙江省博物馆	浙江	114
22	侵华日军南京大屠杀遇难同胞纪念馆	江苏	102
23	四川博物院	四川	96
24	上海科技馆	上海	94
25	湖南省博物馆	湖南	79
26	首都博物馆	北京	78
27	上海中国航海博物馆	上海	75
28	自贡恐龙博物馆	四川	73
29	广东省博物馆	广东	72
30	中国（海南）南海博物馆	海南	68

数据来源：国家知识产权局官网，作者整理

（五）组织创新

数字博物馆、考古博物馆等新型博物馆不断涌现，总分馆、联盟、平台等活跃；据不完全统计，我国内地已有194家博物馆拥有分馆或多个馆区。南京市博物馆、重庆中国三峡博物馆、青海省博物馆、中国地质博物馆、上海博物馆等国家一级博物馆都纷纷发挥辐射带动作用，先后启动了总分馆制模式建设。

近年来，各种类型的博物馆联盟也相继成立，这些联盟或按区域联合，如2019年黄河流域9省区45家博物馆组建了黄河流域博物馆联盟。上海大都市圈"1+8"博物馆联盟、青岛市博物馆联盟、金华市博物馆联盟、长三角科普场馆联盟、南通市博物馆联盟、东莞博物馆联盟、长春市博物馆联盟、杭州红色博物馆联盟、环杭州湾博物馆联盟、河南省博物馆联盟、川渝博物馆联盟、山东省博物馆联盟等；或根据行业领域，如全国纺织博物馆联盟、全国水利博物馆联盟、全国茶博物馆联盟、张骞垦牧之路博物馆发展联盟、大运河博物馆联盟、全国印刷博物馆展示联盟等；或根据主题，如红色文创联盟、长三角博物馆教育联盟、客家文化博物馆联盟、陕西省博物馆教育联盟、郑和文化场馆联盟等；还有中国在国际上牵头的若干重要博物馆联盟，如国际丝绸之路研究联盟、金砖国家博物馆联盟、丝绸之路国际博物馆联盟等。

通过创新行业发展模式，基层博物馆实现了与大型博物馆在藏品资源的共享、展览合作、人才培养、文创项目开发等方面的合作交流，极大地丰富了各地区博物馆文化产品的供给，提升了博物馆的总体发展水平。

（六）业务创新

业务创新包括收藏、研究、展览展示、研学活动、全矩阵传播、文创产品、管理等方面。其中，展览是博物馆最重要的公共文化产品，围绕展览的创新也是博物馆全业务链条创新的核心内容，包括原创展览、巡展、展览展示方式、数字展厅、虚拟展览等。国家博物馆近年来构建了以基本陈列为基础、专题展览为骨干、临时展览为支撑的立体化展览体系，成功打造"展览+"的文化产品供给模式。在展览筹划举办的同时，相关学术讲座、文创周边、线上传播、图录出版、地方巡展等一系列衍生产品紧随其后应运而生。依托馆藏文物，进行专项研究工作，将"学术研究语言"转化为便于观众理解和接受的"博物馆语言"，对文物进行全方位的解读，满足不同观众的观展需求。国家博物馆举办的"中国古代服饰文化展"以孙机先生等国博学者数十年学术研究成果为依托，按历史时期分为六个部分，展出文物近 130 件（套），类型涵盖玉石器、骨器、陶器、服装、金银配饰和书画作品等，系统展示中国古代服饰的衍变历程，深入阐释了服饰所承载的社会文化内涵。国家博物馆还精心承办"盛世修典——中国历代绘画大系"成果展，以独特视角呈现习近平总书记关心重视文化建设的历史印记，全面展现社会主义文化强国建设的崭新气象。展览展出面积 6000 平方米，展线 1700 米，分为"薪火相传 代代守护""千古丹青 寰宇共宝"和"创新转化 无界之境"三大板块，集中展示了 1750 件（套）历代绘画精品出版打样稿档案，以图像、文字、视频、新媒体等多元展示手法，完整呈现"大系"所反映的中国古代绘画的宏富成就，是国内藏品与流散在世界各地的中国绘画"国宝"的一次集合汇聚，更是中国美术发展历程的生动写照。展览是近年来少有的集历史、艺术、科学于一体的文化盛宴。此外，每年推动 7~8 个巡展，推动"根系中华——青少年爱国爱澳教育基地常设教育展""《红楼梦》文化展""志于道 游于艺——中国古代士大夫的理想、生活和审美""王者归来——中国古代青铜器巡礼""御苑妙笔——中国国家博物馆藏清代宫廷绘画""食味中华——中国古代饮食文化展""浮槎万里——中国古代陶瓷海上贸易展""人格的力量——中国共产党人的家国情怀"等多个巡展落地。除观众业已熟悉的博物馆零售、餐饮、直播之外，新业态在不断涌现，如中国文字博物馆、上海自然博物馆的影院，河南博物院、南京博物院、吴文化博物馆的演出，上海玻璃博物馆的公寓、租赁，建川博物馆的民宿、培训等。以博物馆的资源、文化为依托，为观众提供不一样、更多样的产品和服务。在全国博物馆十大陈列展览精品评选、全国博物馆研学旅行优秀课程及线路推介、全国文化创意产品推介展等重要活动中，创新已成为博物馆发展的基本要求。

四、小结和启示

当前和今后一段时间，我国正处于中国式现代化进程中的重要社会发展时期，伴随着社会需求的日益增长，文博行业将处于快速发展、规模扩张与质量效益同步提升的重要叠加时期。

（一）基本结论

我国博物馆肩负多元的社会责任，科学知识普及、文化传承、文化认同，文博行业应深刻认识和坚持守正创新。**一是**博物馆创新路径相互关联、相互促进，如科技创新应用比例高的往往在业务创新上也表现较好。当然也有潜在创新者。**二是**文博行业具有独特的资源优势，将通过独有的自主知识体系和知识创新，持续赋能科技创新及其他各类创新形式。关于创新的一个基本定义是"凡是能改变已有资源创造财富的潜力的行为就是创新行为"，中华文明所积淀的许多发明、创造乃至理念、创意，都有可能为全球创新发展做出新贡献。推动中华传统智慧转化成为当今及未来时代的价值和财富，是创新发展的一项重要任务。习近平总书记指出，要推动中华文明创造性转化、创新性发展，激活其生命力，让中华文明同各国人民创造的多彩文明一道，为人类提供正确的精神指引。文博行业以其特有的资源优势，正在全面赋能各行业创新，这是文博行业守正创新更深层的含义。**三是**文博行业创新发展越来越呈现出动态开放的趋势，可以预见还有越来越多的创新形态呈现出来。博物馆要强化质量意识，主动作为，提升专业素质，为观众提供适配的多种服务和体验。**四是**博物馆创新发展状况与经济社会发展水平密切相关，经济发展影响到博物馆的消费需求和利用者的市场。影响到博物馆收入的总量与结构、经营的策略、运营的机制与体制、发展的模式、相关的从业人员等。与此同时，博物馆也反作用于经济的发展，在经济发展中起着重要作用，如影响到投资功能、直接性经济效益、就业机会、直接采购、地方财政收入、旅游及附属产业等。**五是**博物馆越来越与经济社会发展全面融合，与城市、乡村、社区发展和文化建设融合，为博物馆创新发展提供更加广阔的空间。博物馆可以向更多的学生和民众提供参观和学习的机会，可以与学校课程结合，依照不同的需求与课程目标，为相关院校（包括大学、中小学）及其他成人教育项目提供多样化的学习选择。

（二）挑战

文博行业高质量创新发展还面临挑战，如何提供更高质量的公共文化服务满足日益增长的人民精神文化需求，2023年五一和十一假期均出现观众流高峰期间预约难的问题；文博行业创新投入艰难，可持续发展的人力、资金、安全运维、藏品征集和文物保护压力巨大；科技创新等如何与文博行业业务链有机融合形成创新发展生态；文博行业跨界融合开放共享机制有待进一步完善等；博物馆政策法规的完备性、针对性不足。

（三）启示和建议

立足中国式现代化进程总体目标，文博行业高质量创新发展应以理论创新为先导，着力在制度创新上寻求新的突破，坚持守正创新，盘活存量、做好增量、夯实基础、提升能力。

一是切实提高藏品的利用率和使用率，分类指导建立资源共享平台，解决藏品不平衡、利用不充分的问题。藏品只有在使用过程中才会得到真正的重视和保护，才能更好地传承。**二**是扎实提高研究创新能力，夯实学术研究基础，以需求导向提升创新能力，持续扩大优质公共文化服务供给。**三**是做好增量，进一步推动社会力量参与博物馆发展，大力推动"博学研用"有效结合，推动博物馆与经济社会全面融合发展。**四**是建立和完善、鼓励和保护博物馆创新的机制，特别是鼓励和保护原创的政策法规体系，推动博物馆立法。

文化共通感：沉浸式文化消费体验中的超越式感受与创造性理解*

◎ 清华大学新闻与传播学院　张　铮　刘晨旭

智能时代，技术更迭推动着文化的展示、传播与消费，使消费者能够更深入地了解和体验文化的魅力。VR 技术为文化消费搭建沉浸式体验场景，AR 技术提供更丰富的互动方式，MR 技术让消费者能在虚实结合的体验中感受"两栖"互动，人工智能和云计算技术为用户的体验式消费提供技术支持，让虚拟场景更加多元与个性化。在技术赋能下的体验经济环境中，文化消费也越来越趋向于追求"体验至上"。

"体验"是当一个人达到情绪、体力、智力甚至是精神的某一特定水平时，意识中所产生的美好感觉。[1]消费者在使用文化产品、感受文化氛围、享受文化服务的过程中所获得的心理感受和认识表现出体验式文化消费的核心价值。体验的内容建立在体验载体基础上，为旅游体验活动开展和增加精神享受而追加的价值要素，实质上是营造的氛围或情境以及开展的服务或活动。[2]消费者对文化的具身性体验追求不断提高，文化不断面向消费者进行可参观性生产。而可参观性生产的技术进步使可展示的文化范围从物质拓展到非物质，再到物质与非物质环境的整合，再到创造性文化。[3]"体验"具有连接消费者的物质消费需求和精神消费需求的功能，成为从

---

* 本文刊载于《同济大学学报》（社会科学版）2024 年第 3 期。

[1] 约瑟夫·派恩，詹姆斯·吉米摩.体验经济[M].夏业良，等译.北京：机械工业出版社，2002：37.

[2] 吴文智，庄志民.体验经济时代下旅游产品的设计与创新——以古村落旅游产品体验化开发为例[J].旅游学刊，2003（6）：66-70.

[3] 张朝枝，朱敏敏.文化和旅游融合：多层次关系内涵、挑战与践行路径[J].旅游学刊，2020，35（3）：62-71.

商品的物质使用价值到象征意义的实现路径。[1]在这种穿行在物质和非物质的具身性体验中，消费者的参与和互动得到凸显。特别是Z世代（特指1995—2009年出生的人）的文化消费者，更加看重购物体验、场景体验、观感体验、氛围体验和服务体验等。[2]

在这样的体验和互动中，文化消费者是在寻求一种情感上的满足和愉悦。在"机能价值"消费观日趋弱化和"情绪价值"消费观越发明显的背景下[3]，只有优质的消费体验才能让文化消费者感受到被尊重、被重视和被理解。在其中，理解文化内容、体验互动效果、感受尊重理解、获得情感愉悦需要一种能够生效的感官基础和能够理解判断的思维前提。

本文从"共通感"等理论资源中进行深入挖掘，借助审美哲学、消费者行为等视角，构建起新的概念——"文化共通感"，并试图解决两个核心问题：第一，深入探究体验式文化消费的作用机制，阐释其"何以可能"；第二，反思体验式文化消费在新的理论视域下"如何更好"。

一、概念溯源：从"共通感"到"文化共通感"

共通感的概念最早可追溯至古罗马斯多噶学派[4]，指的是"一种储存场所，人们观察到的景物、气味，尝过的味道和触感仿佛都被集中在大脑中的一个感官资料总储存地"[5]，作为"储存场所"，共通感"也是知识、幻想与梦的源处"[6]。

---

[1] 傅才武.论文化和旅游融合的内在逻辑[J].武汉大学学报（哲学社会科学版），2020，73（2）：89-100.

[2] 敖成兵.Z世代消费理念的多元特质、现实成因及亚文化意义[J].中国青年研究，2021（6）：100-106.

[3] 刘建新，孙明贵.顾客体验的形成机理与体验营销[J].财经论丛（浙江财经学院学报），2006（3）：95-101.

[4] 汉斯-格奥尔格·加达默尔.真理与方法——哲学诠释学的基本特征（上卷）[M].洪汉鼎，译.上海：上海译文出版社，1999：23-25.

[5] 李三达.审美即政治——论康德共通感理论的三种当代阐释[J].文艺理论研究，2018，38（2）：26-35.

[6] 阿尔维托·曼古埃尔.阅读史[M].吴昌杰，译.北京：商务印书馆，2002：37.

"共通感"的元点意义是五官六觉之共同官能（Faculty）。[1] 通常来说，对此概念的发展有着里程碑式意义的人是康德。在康德之前，不同流派从普遍知觉、常识等不同角度对共通感进行定义。[2] 直到康德将"共通感"的概念与判断力、趣味等概念联合起来形成系统，才开始指代一种使审美可能发生的基本官能。这一语境中的共通感是人与人之间理解"美"的前提。[3] 康德的理论强调"形式"的先验性，即先于具体认知对象而存在的一般性理性。他将"共通感"作为主体先验情感形式与知性客观概念形式的审美形式统一体，从而赋予其在审美中的基础性地位。此外，康德的审美共通感理论连接了主体内和主体间两个层面。在主体内层面，它涉及知性和想象力之间的和谐统一；在主体间层面，共通感表现为保证鉴赏判断的必然性和普遍性的规范性原则。[4]

在康德之后，共通感的概念演变从未间断，并呈现出曲折和分化的发展态势。阿伦特对共通感的阐释改变了讨论范畴，使之成为政治哲学概念。而布尔迪厄通过对康德"审美无利害"理论的批判，阐明了被康德美学思想所遮蔽的审美的社会性、结构性和区隔性。[5] 在布尔迪厄看来，康德美学的基本出发点就是为了服务于阶级秩序的再生产，因此根本不存在所谓的无功利的审美，在虚假的"神话"中，"共通感"意在维护一种虚假的平等。[6]

本文从"共通感"的本质出发，在其作为审美与艺术之间纯粹性概念这一内涵的基础上，构建更适合于表现文化消费新现象、反映文化领域感官基础与共识判断的"文化共通感"概念。并主要探讨文化共通感具有的不同层次如何成为消费者在体验式文化消费中的重要基础。

---

[1] 李河成. 审美共通感的公共诉求：寻求现代中国美学的心性秩序[J]. 东南学术, 2017（2）：200-209.

[2] 周黄正蜜. 康德共通感理论研究[M]. 北京：商务印书馆, 2018：9.

[3] 李三达. 审美即政治——论康德共通感理论的三种当代阐释[J]. 文艺理论研究, 2018, 38（2）：26-35.

[4] 陈帅, 林滨. 审美共通感的现代境遇及其历史哲学审视[J]. 东南大学学报（哲学社会科学版）, 2021, 23（4）：41-49.

[5] 谷鹏飞. 审美形式的公共性与现代性的身份认同[J]. 学术月刊, 2012, 44（4）：115-121.

[6] 李三达. 审美即政治——论康德共通感理论的三种当代阐释[J]. 文艺理论研究, 2018, 38（2）：26-35.

二、沉浸式载体："文化共通感"的形成条件

（一）作为沟通媒介的沉浸式场景

在技术语境下，"文化共通感"是一个不断创新、打破和延展的概念。当今，媒介已经成为人类感官的延伸，智能技术正在拓展人类感官的边界。技术驱动下，以沉浸式文旅和文化元宇宙为代表的体验式文化消费情景正在消除空间上的区隔，虚拟与现实之间的界限日趋模糊，形成海德格尔式的"同一的无距离"。

"沉浸"是近年来文化产业发展的核心词汇，营造沉浸体验、构建沉浸业态是面向消费者的文化产业各行业发展的共同追寻。[1]沉浸体验强调的是消费者在特定环境中受到影响的过程，是一种深度需求被挖掘与认知、人们全身心投入而产生愉悦的感觉。[2]在沉浸式场景中，身体不仅仅是观察者，也是参与者，沉浸体验的形成是身体与场景交互作用的结果。个体的身体感知不仅提供了对空间信息的原始理解，还塑造了他们对空间的理解和反应。这种理解在很大程度上是通过身体在空间中的移动、触摸、听觉、视觉等多种感官的共同体验来实现的，已经形成了沉浸的主体与客体的"文化共通"。

线下的沉浸式体验依赖于富含创意的空间营造。华特·迪士尼（Walt Disney）在创办乐园之初就在思考，如何让实体的乐园成为电影里的场景，从而让游客成为电影里的主角。沉浸式空间的营造与建筑、景观等的设计密不可分，与其文化内容也直接相关。这些客体需要与人的身体感知和反应紧密相连，以营造出更加深刻和丰富的体验效果。例如场景营造者往往需要一个相对封闭式的剧场或展厅，能通过运用不同光影、色彩、形状、材料的空间和设施，结合新技术创造出既有直观吸引力又有文化氛围的沉浸式场景。早在18世纪初，就有一批先锋艺术家在电影特效的启发下，将声音和光影应用于艺术创作中。[3]此后，沉浸式体验空间逐渐成为创作

---

[1] 张铮，刘钰潭."沉浸"的核心要义与文化逻辑[J].南京社会科学，2022（2）：165-172.

[2] CSIKSZENTMIHALYI M.Play and Intrinsic Rewards[J].Humanistic Psychology，1975，15（3）：41-63.

[3] 李港丽.交互设计的沉浸式体验探析——以Teamlab Borderless数字艺术博物馆为例[J].设计，2021，34（19）：120-122.

者与观众之间沟通的重要媒介。例如,日本数字艺术创作团队制作并在全球巡展的teamLab 就利用光影技术把大量自然界元素融入沉浸式空间中,并利用新媒体技术与观众产生交互,其中,观众通过直观感受和互动体验逐渐理解文化、理解科技、理解创作者,形成"文化共通感"。

线上沉浸空间存在的网络基础,是"泛在网"的形成,无限的网络连接点、无处不在的传感器,当消费者沉浸在泛在连接中,就具备了沉浸的基本条件。[1]在元宇宙空间中,信息的传播是以人为中心、以连接了所有媒介形态的人类大环境为媒介而实现的无时不在、无处不在、无所不能的传播。[2]"文化共通感"为文化元宇宙等沉浸式线上空间的信息传播提供了一个数字参照点。以此参照点为中介,创作者和参与者可以形成对话,营销者和消费者可以进行沟通。此外,"文化共通感"的另一个关键目标是消除表现为技术和文化两方面的"元宇宙鸿沟"。元宇宙虽然整合了多种先进技术,但也带来了新的技术使用鸿沟。"文化共通感"可以鼓励用户突破阻碍,利用通用的技术手段提高参与元宇宙的能力。此外,"文化共通感"有助于减少元宇宙空间中的文化隔阂,让不同背景的用户在共享的文化氛围中增进文化互动。这一举措契合康德提出的"在共通感的前提下进行审美判断"的理念,有助于实现更广泛的文化交流与融合。

(二)去标准化的沉浸式叙事

认知科学家尚克指出:"人类生来就理解故事,而不是逻辑。"[3]文化需要相应的叙事形式,不通过科学,也不通过事实,而是通过故事。[4]在博物馆的叙事中,叙事的主题与空间展示融为一体,共同构成"文化共通感"的客观载体。在博物馆的历史文化故事中,艺术创作者可以根据叙事性和符号学表述博物馆的"文化故事",

---

[1] 李沁.沉浸广告模式:大数据时代的逻辑颠覆与概念重构[J].当代传播,2017(5):90−96.

[2] 李沁.沉浸传播:第三媒介时代的传播范式[M].北京:清华大学出版社,2013:43.

[3] 丹尼尔·平克.全新思维[M].林娜,译.北京:北京师范大学出版社,2007:79.

[4] FALK J H. Identity and the museum visitor experience [M]. New York: Routledge, 2016: 197−203.

策划情节设计、行动动机、审美特性和角色人物性格，把握叙事性故事技巧层次。❶也可以将观众体验融入展览叙事，将观众可能会产生的"文化共通感"预设在文化体验中，是增强叙事吸引力的重要手段，这与康德思想中作为"理解美的前提"的共通感有着相似的内涵。

在沉浸式文化体验中，叙事不仅仅是一种单向的内容展现形式，更是一种互动的手段。叙事是沉浸式交互中的直观表现，它像一面镜子，反映出观众与空间、规则之间相互对应的结构性关系，是"文化共通感"形成的内容前提。同时，叙事也能够弥补沉浸式基础设施在观众体验方面的不足，让用户在可理解的情境、共通的意涵中完成体验。用户通过叙事来理解、体验和参与沉浸交互，并结合"先于具体认知对象而存在的一般性理性"产生各自的感受，完成"文化共通感"连接下的体验式文化消费。

"文化共通感"并非将艺术审美标准化、局限化，而是包容更广泛的理解层次。在智能媒体的驱动下，非线性叙事、跨媒介叙事成为沉浸式文化场景中内容的新趋势。计算机使创作者可以将所有同时发生的事件置于一个网格，允许交互者在它们之间以多种路径提供同时性的行动。❷这样的非线性叙事赋予了观众更多的主动权，不同的参与者能够创造出千差万别的体验效果。多舞台的叙事、多故事线的结构，唤起了观众的好奇，引诱他们从一个场景走入另一个场景。❸这是对传统审美方式、传统文化接受方式进行了深刻的重塑，让我们进入一个更加多元化、个性化的文化消费时代。

在线上虚拟空间中，非线性叙事与沉浸式互动应用于虚拟现实游戏中。玩家必须通过身体运动探索游戏空间，通过视觉和听觉接收游戏信息，并按照既定的动线设计操控游戏角色影响游戏结果，此处的叙事动线已经成为"文化共通感"的发展逻辑。在体验沉浸式游戏的过程中，玩家的身体与游戏空间之间形成了紧密的互动关系，身体既成为重要的交互界面、也成为整合的经验主体❹，玩家与游戏创作者在

---

❶ 王红，刘素仁. 沉浸与叙事：新媒体影像技术下的博物馆文化沉浸式体验设计研究［J］. 艺术百家，2018，34（4）：161-169.

❷ 柴秋霞. 数字媒体交互艺术的沉浸式体验［J］. 装饰，2012（2）：73-75.

❸ MURRAY J. Hamlet on the Holodeck［M］. New York：The Free Press，1997：157.

❹ 周逵. 沉浸式传播中的身体经验：以虚拟现实游戏的玩家研究为例［J］. 国际新闻界，2018，40（5）：6-26.

"文化共通感"之下共同创造了实际的游戏叙事。

跨媒介叙事也是摒除单一叙事的常见方法,广泛应用于沉浸式叙事中。詹金斯认为,跨媒体叙事是一种创造世界的艺术。[1]分散的叙事类似于不同块状的故事单元,在不同特征的媒介中呈现,而跨媒体叙事是一次整合多种媒介形态和多种表现方式来创造的综合叙事方式。例如许多IP的电影、漫画和游戏形式作为独立单元供用户体验,整体接受能使受众生成更为完整的空间想象,凝聚内涵更为深刻的"文化共通感"[2]。

三、自由愉悦与共振共鸣:"文化共通感"下的主体追求

(一)感官的"自由愉悦"

在与文化消费、文旅消费、体验式消费有关的各类学理阐释中,"感官愉悦"始终是概念的核心。数字技术通过构建文化消费新场景,推动实现了"拓展人类社会'自由王国'的疆域"[3]。"自由愉悦"(Free Pleasure)是审美活动的标志,这种愉悦是非功利性、无目的的,是我们心灵的组成部分,可以被自然、艺术直接激活,这一概念源于18世纪的审美非功利性,并在康德美学中得到理论奠基。[4]在日常审美中,即使不了解事物(如艺术品等)的具体属性或深层意义,仍能感受到"美"并产生愉悦。康德认为这样的审美不涉及概念、功利意识和是非价值,是惯常的审美体验过程。[5]在文化消费中,对文化的体验行为也是非功利性的,在不考虑重复体验的情况下,消费者并非必须达到何种预设目标。

---

[1] 亨利·詹金斯.融合文化:新媒体和旧媒体的冲突地带[M].杜永明,译.北京:商务印书馆,2012:53.

[2] 刘煜,张红军.遍在与重构:"跨媒体叙事"及其空间建构逻辑[J].新闻与传播研究,2019,26(9):26-37.

[3] 傅才武.数字技术作为文化高质量发展的方法论:一种技术内置路径变迁理论[J].人民论坛·学术前沿,2022(23):22-31.

[4] 刘旭光.自由愉悦:审美活动的标志[J].首都师范大学学报(社会科学版),2023(2):54-62.

[5] 刘旭光.自由游戏—自由愉悦:审美自律论的一种方案及其命运[J].学术月刊,2020,52(6):122-134.

"共通感"来源于五官六觉的共同官能,是主体先验情感形式与知性客观概念形式的审美形式统一体,所以体验式消费中对主客体互动中的感官即时愉悦有着举足轻重的作用。作为一种感官体验的集合,"文化共通感"是深化感官感受与认知共享的独特方式。"文化共通感"不要求创作者与消费者、消费者与消费者之间达到完全的审美同频,只要文化内容与形式让消费者在体验中感受到美,便是为"自由愉悦"创造了条件。值得注意的是,消费者对实体空间和空间氛围的感知与认同体现在对于新鲜感的追求上,在有着极强创新性的沉浸场景中,追求感官的"自由愉悦"成为作为消费主体的首要目标。

感官的快意不仅是官能反应,而是以感性的方式对精神性与情感性内涵的"体认",从而使感官感受具有精神化的内涵,其中最表层、最首要的是对客体"形式直观"的感受。[1] "形式直观"不仅是认知环节,也是文化体验的重要部分。通过"形式直观",可以对事物的外在形式、整体结构、局部要素、突出特征等进行理解和感悟。例如,在欣赏画作时,可以通过对色彩、线条、构图等要素的直观认识,理解画作的大致含义;在体验主题乐园时,可以通过路线设计、光影风格、建筑颜色等理解乐园的主题风格。这是"文化共通感"形成机制中首要且突出的部分。在进行沉浸式文化体验时,消费者全身心专注于某种沉浸场景中达到忘我的状态。消费者将身体置身文化消费情境中,这时的身体是非直接经验形成的重要组成部分。[2]

(二)情感的"共振共鸣"

文化体验是一种心理现象,是体验个体集中地以情感或情绪表现出来的愉悦感受。[3] 消费者感受到"形式直观"后,沉浸体验将更直接地作用在参与者的身体上进而引发"情感经验"的迸发。参与者由此提高了感知能力及反馈能力,身体

---

[1] 刘旭光. 论"审美"的运作机制[J]. 社会科学, 2023(1):79-92.
[2] 周逵. 沉浸式传播中的身体经验:以虚拟现实游戏的玩家研究为例[J]. 国际新闻界, 2018, 40(5):6-26.
[3] 谢晓如, 封丹, 朱竑. 对文化微空间的感知与认同研究——以广州太古汇方所文化书店为例[J]. 地理学报, 2014, 69(2):184-198.

和思维的惯性也被放大。[1] 在虚拟空间中，个体自我与虚拟世界直接产生交互，所创造的身体经验具有高度的个体化特征。[2] 此外，在"文化共通感"的作用下，消费者的个体感知和反馈能力的潜力得到了提升。参与者在全身心投入后感知文化细节，更容易产生情感反应，并更快速地做出反馈。这种体验的强度和直接性使参与者能够更深入地理解文化现象，并容易与之互动。消费者的身体和思维的惯性也被放大，这意味着一旦参与者进入沉浸状态，他们更容易保持其中，因为身体和思维都在同一文化情境中产生共鸣。这不同于康德共通感思想中的"先验"部分，是"文化共通感"在文化消费中"体验性"的显现，使沉浸式文化体验变得更为深刻和有效，超越了对"形式直观"本身的感受。

"文化体验"由"模式"和"影响"构成，"模式"是指在舞台、电影里面出现的生活中的某个具有代表性的方面，"影响"是指在"模式"之上被改造、被创造或被增强了的信仰或情感。[3] 对"影响"的体悟也是"文化共通感"的重要部分。

"假定性"是指艺术家和公众对某件事的"默契"，他们共同约定对艺术抱相信的态度。[4] 同时，这种假定不必以现实、真实为标准，只要遵守"相信"的默契，任何艺术的想象、夸张、虚拟都可以成立。[5] 艺术品作者在创作时会不经意地将观众的情感和认知能力纳入其中，画展、艺术作品展等文化体验场景内观众则在感官体验后构建起一种想象的与艺术家的沟通空间和情感共鸣空间，构建起一座基于"文化共通感"的桥，与艺术家进行一场超越时空的对话。在这场对话中，观众不仅能欣赏到艺术品所呈现的即时的视觉美感，更能感受到艺术家的情感与思想。观众将自己的感官体验、情感与认知融入艺术品的解读过程，使作品更具有生命力和灵动性，完成了文化消费后对体验内容的"再加工"，这种互动也使艺

---

[1] 段鹏，李芊芊. 叙事·主体·空间：虚拟现实技术下沉浸媒介传播机制与效果探究[J]. 现代传播（中国传媒大学学报），2019，41（4）：89-95.

[2] 张铮，吴福仲. 拟身链接：基于深度伪造技术的人机互动及其社会善用可能[J]. 苏州大学学报（哲学社会科学版），2022，43（2）：164-173.

[3] 迪恩·麦肯奈尔. 旅游者休闲阶层新论[M]. 张晓萍，等译. 桂林：广西师范大学出版社，2008：26.

[4] B·日丹. 影片的美学[M]. 于培才，译. 北京：中国电影出版社，1992：101-102.

[5] 陈旭光. 论互联网时代电影的"想象力消费"[J]. 当代电影，2020（1）：126-132.

品更具有多样性和开放性。此外，与媒体相关的研究大多表明，引导受众加入高强度的互动能带来更强的参与感，甚至更高的满意度。[1] 可见，互动是增强情感共鸣的关键桥梁。

"文化共通感"不仅局限于创作者和消费者之间，更存在于消费者之间。从现象学角度来说，主体间的交流是以体验为基础的，审美价值体验的共同感源自生命共同体或文化共同体对"普世价值"的基本追求。[2] 观众之间的共通感基于先验的判断力、品位和文化体验感受，从而构建起情感的"共鸣空间"。从这一视角来看，观众不仅仅是体验式文化的消费者，也是文化的传播者，甚至是沉浸式体验之后文化新内容的创造者。

四、判断力、想象力与认同力："文化共通感"下的文化理解

（一）解读判断

在文化体验的过程中，消费者会沉浸于视觉的享受、心情的舒畅、感官的舒适以及心灵的契合等。作为体验的主体，消费者从符号系统中汲取的满足感和愉悦感，更多的是来自体验过程中所经历的各种自身感受。这些感受在感官的直接愉悦外，还涵盖了对文化产品的品位与欣赏、对创作者的尊重与敬佩、对历史故事的敬畏与珍视，以及对文化价值的认同与肯定。因此，消费者在文化体验过程中的满足感和愉悦感是由富有魅力的文化产品符号系统和丰富多彩的主观心理体验共同构筑而成的。可见，与一般商品消费体验相比，文化体验对消费者存在一定门槛[3]，要求消费者具有一定的审美基础或判断能力。

体验式消费除了是一种理性消费行为外，也是一种"体验"的生活方式，具

---

[1] 刘晨旭，张洁，胡佳妮. 策划与互动之争：语体特征对文娱直播效果的影响研究[J]. 全球传媒学刊，2023，10（2）：178-195.

[2] 李咏吟. 主体间性理论与审美价值体验的共通感[J]. 吉首大学学报（社会科学版），2011，32（1）：21-26.

[3] 傅才武. 论文化和旅游融合的内在逻辑[J]. 武汉大学学报（哲学社会科学版），2020，73（2）：89-100.

有感性特征。[1]从工具视角来看,"审美共通感"包含鉴赏力或审美判断力的意味,是一种保障审美情感能够普遍传达的能力。[2]审美判断力比理性判断力更能冠以"共通感"之名。[3]这种感性判断力依托于消费者的解读能力和沉浸程度,体现在"文化共通感"中,并推动着文化体验过程的完成以及文化设施的价值实现。感受寓于个人的、内在的、直观的体验之中,是对表象力的深层次领悟与品评,感性判断是主观方式和客观条件共同作用的结果。康德有一个对判断力的抽象表述:"只是为了知觉到表象对于两种认识能力在其自由中的和谐的(主观合目的性)工作的适合性,也就是为了用愉快去感觉那种表象状态。"[4]可见,这种判断力主要是感性判断。

解读是判断的前提,影响着文化生产和文化消费之间的相互关系。葛兰西认为,文化消费主体并非完全被动地接受文化生产的产物,相对于文化商品本身而言,文化商品在消费主体的使用过程中被赋予的意义更为重要。[5]也有人认为,解读本身就是艺术创作的过程。文化研究学派的大卫·莫利从个体层面考察受众媒介消费、文化解读的过程。他认为,受众并非全然被动的,而是具有独立意识和创造性的。[6]虽然文化研究的语境是"受众对统治阶级意识形态传输的抵抗",但在分析受众的主体性时,也具有很强的启发性。受众不是单一的、均质的群体,而是多元的。具有不同的文化背景、社会地位、价值观和经验,也就意味着不同的受众在解读媒体信息时会有不同的理解和反应。不同受众解码的差异源于交流能力的不同,文化研究学派的斯图亚特·霍尔对受众的交流能力由何决定这一问题上未给出答案,但大卫·莫利将目光聚焦于"社会结构",认为社会化过程影响着并塑造人的

---

[1] 张少哲,周长城,曹亚娟.分享经济与消费行为变迁:网络社会背景下的体验式消费逻辑[J].广东社会科学,2018(2):184-192.

[2] 肖士英.布尔迪厄与康德关于审美共通感属性的歧见及其超越[J].陕西师范大学学报(哲学社会科学版),2020,49(6):117-129.

[3] 康德.判断力批判[M].邓晓芒,译.北京:人民出版社,2002:137.

[4] 康德.判断力批判[M].邓晓芒,译.北京:人民出版社,2002:52.

[5] 安东尼奥·葛兰西.狱中札记[M].葆煦,译.北京:人民出版社,1983:4-11.

[6] 常江,胡颖.大卫·莫利:新媒体带来新的排斥形式——社交媒体时代的霸权分析[J].新闻界,2018(11):8-16.

行为。[1]有着不同社会文化背景的消费者，参与了文化从体验感受到解构理解的过程，是一个积极主动解读的过程。观众如何解读、接受抑或重新创造，直接影响着消费者的感性判断。

（二）艺术想象

赫勒将理性和感性的对立统一融入审美现代性思想中[2]，而康德与赫勒的观点不同，他在"美的分析"中预设的共通感，为文学和艺术鉴赏建立了牢固的法则。只要基于个人判断的趣味是可以让人普遍周知并要求达成一致的，那么就可以判断一件作品是好是坏以确立经典的秩序。[3]康德在"共通感"中对"主体先验情感"和"知性客观概念"的审美形式统一以及对"主体内"和"主体间"层面的对应的关系进行过阐释。但与审美议题不同的是，当今智能传播背景下的文化体验也需要"共通感"作为基础。在技术的社会想象中，沉浸式文旅和文化元宇宙的体验过程是一个解构意义的过程，其传播是一种意义解码的过程，而在文化的共通意义空间中，感性与理性认识不足以完全概括消费者的文化体验过程，这就需要想象力的参与，从而使人们的身心感受与文化载体交织，甚至在新的文化起点上创造新的文化认识。

"文化共通感"中的想象层次需要一定的能力门槛，才能在文化想象中实现"主体的客体化"与"客体的主体化"之间的转化。《艺术与文化经济学手册》中对文化消费者的能力有这样的表达，"必须具备复杂生成规划的特定领域知识及自身的创造性，才能充分欣赏创造性产品"[4]。对于大众消费者来说，很难掌握与每次体验有关的文化背景知识，需要在具体情境中进行感性判断和想象。感觉、想象等意识

---

[1] 王琛元.文本解码、客厅战争和家园认同——大卫·莫利的受众民族志透视[J].新闻记者，2023（10）：45-56.

[2] 李慧文.现代美学及其悖论——阿格妮丝·赫勒的"共通感"理论研究[J].马克思主义美学研究，2017，20（2）：202-211.

[3] 李三达.审美即政治——论康德共通感理论的三种当代阐释[J].文艺理论研究，2018，38（2）：26-35.

[4] 维克托·金斯伯格，戴维·思罗斯比.艺术与文化经济学手册[M].王家新，等译.大连：东北财经大学出版社，2018：120.

行为都是审美知觉的重要构成。[1]在主体感受基础上结合思维想象的二次加工形成的过程，是"文化共通感"的中间层次。

对想象力的弘扬和创造，不仅为人们开拓了想象世界的无限空间，也是对"想象力消费"和"虚拟性消费"的心理需求的满足。[2]文化与科技融合时代下，文化消费者的想象能力已经得到了空前提升，往往热衷于领略超越既有现实文化的新鲜文化现象。思维方式上，当今的文化消费者也更有跳跃式思维和横向联想，显现出更强的创新性和更丰富的想象力，在文化体验中也很容易挣脱传统的逻辑推理和线性思维。作为与互联网新媒介世界同体的新时代消费者，在"文化共通感"的艺术想象方面能力不俗。因此，沉浸式文化场景的创作者也要在创作中考虑目标消费者的判断力与想象力，并以此作为依据进行设计。但不同的文化消费者有不同的"体验方式"或"观看方式"，受人们的世界观、态度、倾向性、信念等因素影响[3]，也受即时的沉浸式文化体验载体和沉浸感受效果的影响。先验根基是想象的重要依据，让我们能够更好地理解文化场景和体验感本身，更好地沉浸其中并进行思维拓展。

（三）文化认同

消费者追求文化体验的时候其实在寻找某种身份认同[4]，通过与文化内容的互动来获得独特的自我认知。消费者通常在数字自我意识的驱动下，拓展文化数字化生活方式，丰富文化精神世界。[5]消费者借助文化消费载体，体现自我特性，展示文化理解和体验能力，实现或追求"文化共通感"。参与文化体验在某种程度上是寻求

---

[1] 赵静蓉. 想象的文化记忆——论怀旧的审美心理［J］. 山西师范大学学报（社会科学版），2005（2）：54-57.

[2] 陈旭光. 论互联网时代电影的"想象力消费"［J］. 当代电影，2020（1）：126-132.

[3] LEFEBVRE H. The Production of Space［M］. Cambridge：Blackwell，1991：35-46.

[4] 张朝枝. 文化与旅游何以融合：基于身份认同的视角［J］. 南京社会科学，2018（12）：162-166.

[5] 张铮，刘晨旭. 建构数字自我意识："Z世代"青年数字形象消费中的新认同实践［J］. 福建论坛（人文社会科学版），2023（8）：30-39.

建立文化景观与个人身份之间联系的探索，而文化体验的过程是个体塑造自身身份甚至寻求文化身份认同的过程。在沉浸式文旅和文化元宇宙中，主体的价值实现都以"文化共通感"作为文化身份认同的基础。例如，消费者通过将方所文化书店空间的意义移植到一个整体的社会中，将空间中的群体与他者区分，同时获得自身观念与价值观的延续。[1]

寻找归属感和社会认同是体验式文化消费的价值动机[2]，这让社会的文化记忆与个体的文化身份构建紧密相连。体验式消费存在着群聚效应，为人们提供了一个从线上到线下、从虚拟空间到现实社会、从自我主观认同到群体认同的机会，并在这个过程中寻求集体归属感。[3]通过文化消费，个体在特定的文化和社会背景中塑造了自己的文化身份。这种身份认同不再仅仅是基于个体的自我认知，而是与社会集体的共同价值观念紧密相连。沉浸式博物馆的场景大多通过多种先进的科技和引人入胜的展示，让体验者感受时间的流转和文明的传承。三星堆博物馆打造的"三星堆奇妙夜"中，以古蜀王国IP内容为背景，以三星堆文物为线索，通过各种互动展示和表演，让消费者穿越时空，亲眼见证古代文明的辉煌，深刻理解中华文化的深厚底蕴。家国情怀、历史情感和民族记忆同时冲击着文化体验者，身处其中的体验者在"文化共通感"的指引下，感受着深切的身份认同和文化认同。

"文化共通感"能跨层次、跨身份、跨文化，让不同文化背景、语言、过往经历的人更好地体验其中。因此，对跨文化传播的发展也有理论指导价值。当消费者沉浸在跨文化的叙事情境时，将带着短暂的情感体验进入异文化场域自我摸索，与跨文化内容进行深层次互动，积累情感能量，形成文化的共识与认同。[4]这种深层次的互动可以促进人们对不同文化的理解和接受。此外，"文化共通感"之下，个体虽

---

[1] 朱竑，钱俊希，吕旭萍.城市空间变迁背景下的地方感知与身份认同研究——以广州小洲村为例[J].地理科学，2012，32（1）：18-24.
[2] 张少哲，周长城，曹亚娟.分享经济与消费行为变迁：网络社会背景下的体验式消费逻辑[J].广东社会科学，2018（2）：184-192.
[3] 雷切尔·博茨曼，路·罗杰斯.共享经济时代：互联网思维下的协同消费商业模式[M].唐朝文，译.上海：上海交通大学出版社，2015：92.
[4] 李鲤，石琪隆.从影像触达到文化认同：短视频跨文化传播的情感互动机制——基于互动仪式链的视角[J].传媒观察，2023（6）：97-103.

然仍有"文化敏感性",但却更容易理解和感知异域文化的风格,与异域文化产生情感共鸣,丰富情感体验。在求同存异之间,减少文化冲突和误解,领悟体验式文化的魅力。

基于此,本文将"文化共通感"的载体视为其形成条件,以主体感受与追求为表层感受力,以判断、想象和认同为深化机制,归纳"文化共通感"的内涵与作用逻辑如图1所示。

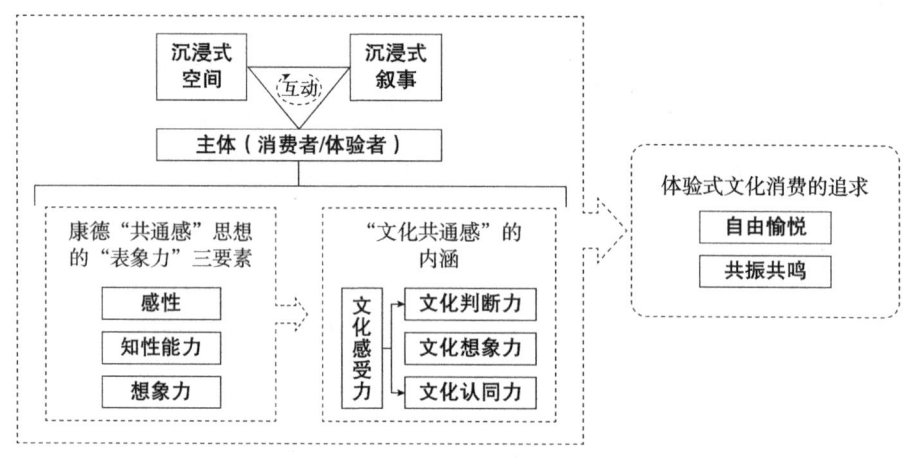

图1 "文化共通感"的内涵与作用逻辑

五、结语

本文结合"共通感"等审美哲学理论,在沉浸式文化体验的领域中,对构建的新的概念——"文化共通感"进行深入阐释。"文化共通感"的形成需要作为沟通媒介的沉浸式场景和去标准化的沉浸式叙事,在此基础上,文化消费者进行沉浸式体验,追求着感官的"自由愉悦"与情感的"共振共鸣"。在感受力的范畴之外,"文化共通感"还有三个深层机制,即通过判断力、想象力与认同力完成文化体验。在"文化共通感"的力量之下,文化理解、文化传播和文化创新有了更多共通空间,沉浸式文化也通过体验和互动赋予了个体更多权利。在文化与科技融合的大背景下,文化消费者的主体地位和切身感受得到真正凸显。

基于此,不难归纳出其概念内涵:"文化共通感"是在文化场景与叙事下,文化消费者追求感官愉悦与情感共鸣的依据,同时,也是文化判断力、文化想象力、文化认同力发挥的感觉基础。在此定义的基础上,文化共通感的具体层次怎样促进文化消费、文化共通感受哪些因素影响等问题亟待通过实证研究继续深入探索。

云演艺价值创造机制的理论阐释[*]

◎ 深圳大学文化产业研究院　朱　政　张振鹏

数字技术在文化产业领域的广泛应用,创造出诸多文化新供给和新业态,为人们带来了前所未有的新消费和新体验。国家文化数字化战略的实施,进一步推动了数字文化产业发展和文化产业数字化转型。云演艺是基于互联网音视频平台,运用5G、云计算、虚拟现实等数字技术,创新资源连接方式,打造网络空间剧场,重塑观演关系,提供沉浸式、互动式等体验的演艺新业态。由于突发的公共卫生事件,2020年年初开始,国家大剧院、北京人艺、保利剧院等演艺组织机构将多部经典舞台表演艺术作品和商业演出放在网络平台上供观众点播观看,更有相关机构尝试制作全新的云演艺作品。舞台表演艺术从剧场到云端的迁移,突破了传统演艺的生产、传播和消费方式,形成了全新的业务流程、演出场景、商业模式,重塑了演艺业的价值创造逻辑。目前,相关研究主要聚焦云演艺的案例介绍、现实问题及其产生的影响,研究者普遍认为云演艺难以获得持续的盈利保障,只能作为现场演艺活动的一种补充形式。但是,任何事物的发生都有其独特价值和内在逻辑。探明云演艺价值创造机制,方可明晰其功能定位及发展方向,也可为相关新业态的孕育成长提供经验参照。

一、理论回溯与分析框架

演艺产业是以演艺产品供给与精神消费需求关系的经济方式调节为核心,由产品供给者、消费者、管理部门、中介及相关组织等多个利益主体在一定环境中共同

---

[*] 基金项目:本文系国家社科基金重大项目"文化产业数字化战略实施路径与协同机制研究"(21ZDA082)、国家社科基金艺术学重大项目"科技赋能艺术生产与演出、演播研究"(21ZD05)、国家社科基金艺术学重点项目"数字文化产业商业模式创新及其生态治理研究"(22AH017)的阶段性成果。

创造价值的产业形式。[1] 演艺产品蕴含文化价值和经济价值，两者通过体验相互联系并在体验创造过程中实现。[2] 云演艺提供的是不同于传统演艺产品的体验方式，但其本质上依然属于艺术生产的范畴，并在其中完成价值创造。因此，探讨云演艺价值创造机制，需要结合艺术生产和价值创造理论的相关研究，构建其理论阐释框架。

艺术生产论是马克思主义学者根据马克思原创的"艺术生产"概念及其相关思想构建起来的一种文艺理论话语体系，阐释了艺术与生产的复杂关系。艺术生产作为一种特殊的生产形式，是社会性、实践性、审美性、个性化的精神生产。[3] 本雅明在《机械复制时代的艺术作品》指出，生产技术的变革直接影响并改变了艺术生产关系，也改变了人们的审美需求和欣赏习惯。[4] 科学技术不仅催生了新的艺术形式，还推动了艺术生产方式的变革。[5] 随着技术与文化融合的持续深化，数字技术全面赋能文化创造、生产、传播、交易、消费，使得文化产品形态更加多元、表现力更为丰富。[6] 数字技术对于舞台表演艺术，不仅促使其转向数字化和智能化，还突破了剧场的物理界限，催生了云剧场、线上演播等演艺形式。[7] 云演艺开辟了新的传播平台、观演方式，拓展了新的消费渠道，丰富了表演艺术的运营模式，超越了传统的视觉艺术传播方式，扩大了艺术创作的途径和手段。[8] 云演艺与传统演艺相比，不仅在观演关系、观看体验、消费促成因素、消费成本等方面存在较大的差别[9]，还改变了演艺生产模式、管理模式，推动演艺生态的演变。演艺产品的生产、传播和

---

[1] 张振鹏.生态学视角下的演艺产业——评《演艺产业生态学刍论》[J].山东社会科学，2019（4）：2.

[2] 关旭.文化产品的价值及价值实现方式探析——以演艺产品为例[J].山东社会科学，2018（7）：145-149.

[3] 李心峰.艺术生产论的视野与射程[M].北京：中国文联出版社，2019：19-28.

[4] 胡经之，张首映.西方二十世纪文论选[M].北京：中国社会科学出版社，1989：268.

[5] 蓝凡.技术对艺术的颠覆：艺术分类的新维度[J].艺术百家，2018，34（1）：28-33.

[6] 江小涓.数字时代的技术与文化[J].中国社会科学，2021（8）：4-34.

[7] 林凡军，赵艳喜.演艺业数字化发展的逻辑、机理与问题探析[J].东岳论丛，2022，43（4）：113-120.

[8] 刘玉娟，张弘驰.艺术"破圈"之思——中国歌剧舞剧院《舞上春》云演播项目深度剖析[J].当代舞蹈艺术研究，2021，6（3）：22-30.

[9] 黄忆南.走上云端的舞台艺术[J].艺术评论，2020（8）：130-142.

消费，就是演艺生产的价值创造过程[1]，而价值创造理论为观察云演艺提供了一种拓展性的视角。

价值创造理论是研究和理解社会经济秩序中如何有效地形成、改善并持续地创造价值的重要理论，它强调生产者必须以客户价值为中心，通过有效地管理和运用资源、技术和信息创造价值。价值创造是生产者根据客户对产品服务的需求而开展的系列业务活动，而产品服务被客户的接受程度和利用效果即为价值创造的表现。[2]价值创造理论的相关研究基本围绕价值创造主体、价值创造机制、价值创造实现三个维度展开。**首先**，价值创造主体包括生产者和客户，价值创造方式可分为生产者单独创造价值、生产者与客户价值共创、客户单独创造价值三种类型[3]，其中生产者与客户价值共创更加契合艺术生产的特征，即观众依托个人艺术素养、技能参与到艺术生产全流程中，观众对于艺术产品的态度和反馈会直接影响艺术机构的生存和发展。[4]**其次**，价值创造机制普遍强调遵循"价值主张—价值创造—价值传递—价值获取"的商业模式价值创造逻辑。[5]与之相关的价值网络理论纳入了利益相关者的概念，强调利益相关者需要构建价值互动网络关系，整合各方资源和能力，实现价值共创和价值共享[6]，利益相关者的深度业务协同能够有效应对内外环境的不断变动，实现价值生态体系的最大价值获取。[7]**最后**，价值创造实现是按照利益相关者间的价值关系，将其分为客户价值、伙伴价值和企业价值，认为客户价值是基础，伙伴价

---

[1] 毛崇杰.艺术生产、消费、价值之本体论整合——文艺多重本质之构造式关系研究（二）[J].艺术百家，2010，26（2）：35-42.

[2] BRANDENBURGER A M, STUART H W. Value-based business strategy [J]. Journal of Economics & Management Strategy, 1996. 5（1）：5-24.

[3] 李耀，王新新.价值的共同创造与单独创造及顾客主导逻辑下的价值创造研究评介[J].外国经济与管理，2011，33（9）：43-50.

[4] 韩飞雪.音乐表演艺术机构与观众参与下的价值共创机理研究[J].艺术管理（中英文），2019（4）：75-81.

[5] 朱明洋，李晨曦，曾国军.商业模式价值逻辑的要素、框架及演化研究：回顾与展望[J].科技进步与对策，2021，38（1）：149-160.

[6] ALLEE V. Value Network Analysis and Value Conversion of Tangible and Intangible Assets [J]. Journal of Intellectual Capital, 2008, 9（1）：5-24.

[7] 胡望斌，钟岚，焦康乐，等.二手电商平台商业模式演变机理——基于价值创造逻辑的单案例研究[J].管理评论，2019，31（7）：86-96.

值是支撑，而企业价值是目标[1]，其中客户价值可以细分为产品价值、体验价值、服务价值等[2]；宏观层面还包含经济价值、社会价值、生态价值的实现。[3]新一代数字技术的组合引发了价值创造各环节的改变，颠覆了传统的价值创造逻辑[4]，而对于数字技术催生的新业态的价值创造机制尚需学界进一步探明。

云演艺依托数字技术重构了艺术生产流程和价值创造逻辑，更加匹配文化消费生产平台化、消费推送精准化、消费体验场景化等数字文化消费特征。而从艺术生产和价值创造过程来看，云演艺价值创造主要关涉"主体—机制—成果"三个重点环节，每个环节分别对应价值"由谁创造？如何创造？创造什么？"三个核心问题，其分析框架如图1所示。

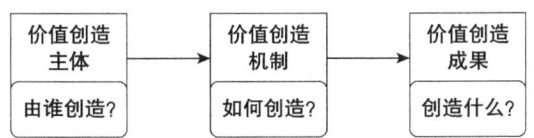

图 1　云演艺价值创造机制的分析框架

云演艺是多元主体的共同价值创造，厘清其主体构成和关系结构，解答价值"由谁创造"的核心问题是阐释云演艺价值创造机制的基础。价值创造机制是分析云演艺价值创造过程中的价值传递过程，阐释云演艺的价值创造机制，重点回答价值"如何创造"的问题。价值创造成果需要回答"创造什么"价值的问题，即剖析云演艺所带来的价值贡献。

二、云演艺价值创造主体的多重协作

演艺业关涉的主体包括演艺产品创作生产者、演艺院团、剧场、中介服务机构

---

[1]　原磊. 商业模式体系重构［J］. 中国工业经济，2007（6）：70-79.

[2]　刘锦英. 融合顾客价值理论的价值创新商业模式发展研究［J］. 河南大学学报（社会科学版），2021，61（1）：71-76.

[3]　LAASCH O. Beyond the Purely Commercial Business Model：Organizational Value Logics and the Heterogeneity of Sustainability Business Models［J］. Long Range Planning，2018，51（1）：158-183.

[4]　孙新波，张媛，王永霞，等. 数字价值创造：研究框架与展望［J］. 外国经济与管理，2021，43（10）：35-49.

（演出经纪机构、票务公司等）、媒体、相关行业组织、观众等[1]，这些主体之间基本是一种价值链式的线性关系。而云演艺的主体构成中演播平台替代了剧场的角色，参与了演艺产品生产、传播和消费，打造了网络空间剧场，重构了演艺生态。演播平台通常会要求与演艺产品供给方订立演艺产品唯一演播授权平台的协议，因其自身的互联网属性及演播授权的唯一性，演播平台成为连接云演艺各主体的中心，各主体互为利益相关者并结成价值网络关系，形成了价值流动的各个节点。

通过云演艺的案例，可以比较直观地认知其参与价值创造的主体及其关系。比如，国家京剧院将经典剧目《龙凤呈祥》与中国移动咪咕联合开发了云演艺产品，其中，科技类企业及艺术科技专业服务机构承接了满足线上演播需求的产品转化工作，腾讯、爱奇艺、优酷、哔哩哔哩、喜马拉雅、微博、微信、抖音等音视频平台及媒体承担了宣传推广的职责，一些企业通过赞助的方式参与了演艺活动，最终中国移动旗下的咪咕视频、咪咕音乐、咪咕海外平台、魔百和、5G FUN等平台向全球观众同步播出，推动了国粹艺术跨越剧场边界、突破时空限制，走向更广阔的舞台。

相比传统演艺活动，云演艺价值创造主体更容易归类，其构成主要包括六类：①演艺产品版权方，主要由演艺产品创作生产者、演艺院团、剧场等演艺产品版权拥有者构成；②演播平台，是指各大视频、音频网络平台；③推广机构，由媒体及网络社交平台等组成；④技术服务商，是为演艺产品满足线上演播而提供服务的科技类企业及艺术科技专业服务机构；⑤赞助商，是借助云演艺进行品牌及商品推广的服务商；⑥观众，是指演播平台的视听群体。云演艺的价值创造主体扮演不同角色，发挥各自的优势，参与不同的价值创造环节，共同推进云演艺的价值创造活动开展，最终实现价值共创和价值共享（见表1）。

---

[1] 林凡军，谢永珍．演艺产业生态系统及其运行机理探讨［J］．山东大学学报（哲学社会科学版），2017（1）：60-67．

表 1　云演艺价值创造主体

主体类型	主要构成	主要功能
版权方	演艺产品版权拥有者	供给演艺产品
演播平台	视频、音频网络平台	打造网络剧场
推广机构	媒体及网络社交平台	宣传推广服务
技术服务商	艺术科技专业服务机构	演艺辅助生产
赞助商	品牌及商品推广机构	赞助演艺活动
观众	演播平台的视听群体	演艺产品消费

在云演艺价值创造主体中，演播平台作为网络空间剧场连接演艺产品与观众，替代了传统演艺活动中的剧场、演出经纪、票务系统。演播平台也是云演艺的推广机构，而与其同样具有互联网属性的音视频直播平台、社交平台、短视频平台、软文平台、搜索引擎等成为云演艺的主要推广机构，突破了时空限制进行媒介传播[1]，形成了云演艺产品的网络营销推广矩阵。云演艺价值创造不可或缺的主体是包括科技类企业及艺术科技专业服务机构等在内的技术服务商，他们拥有的技术资源使演艺产品实现线上生产、传播、消费。观众是演艺产品的消费主体，是实现价值创造的关键环节，观众基于演播平台获得观赏体验，并通过多种参与方式把信息反馈给各利益相关者，以提升云演艺产品和服务质量。

在传统演艺活动中，剧场是剧目呈现的现场空间，是配置演艺资源的中心，是连接演艺产业价值链上下游的中间环节和关键要素，贯穿演艺产品生产、传播、消费的整个价值创造过程，演艺院团、演出经纪机构、票务公司、观众都是通过剧场连接到一起完成价值创造，这是"剧场中心"的演艺模式。与之不同，云演艺是"平台中心"的演艺模式，演播平台是演艺产品生产、传播、消费的载体，也是云演艺价值创造各利益相关者的连接中心，各主体围绕演播平台构建起了多重协作关系（见图 2）。

---

[1] 曾志华，孔亮. 中国演播艺术的创作、受众与媒介变迁 [J]. 现代传播（中国传媒大学学报），2022，44（1）：104-110.

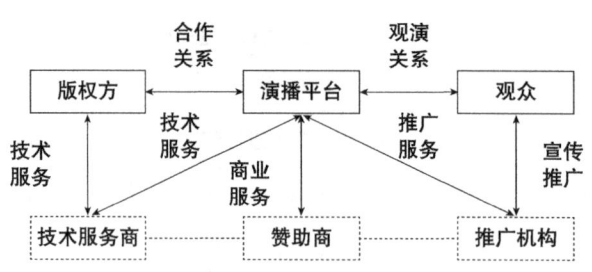

图 2　云演艺价值创造主体关系

云演艺的六类主体中，演艺产品版权方、演播平台、观众是核心主体，相关之间是合作关系、观演关系；技术服务商、赞助商、推广机构是辅助性主体，与核心主体之间构成服务关系，分别为云演艺提供技术服务、商业服务、推广服务。虽然辅助性主体之间没有直接关联，但都是云演艺价值创造的主体，他们之间是一种价值共创关系。

在云演艺场景中，演播平台是演艺产品和观众的连接者，演艺产品版权方通过演播平台将演艺产品传送给观众，演播平台依靠版权方提供演艺产品满足观众需求，演艺产品版权方与演播平台由此构成了互利共赢的合作关系。[1] 2021年，西城男孩、崔健、周杰伦、罗大佑分别与微信视频号合作举行线上演唱会，每场演唱会的在线观众均达到数千万人次，一方面为无法与观众"面对面"的明星带来了曝光量，另一方面拉动了微信视频号活跃用户数量和微信营业收入的增长。2022年，刘德华入驻抖音开线上演唱会，抖音作为演播平台为观众提供演艺产品和服务，促进了抖音从短视频平台向功能多样化转型。演艺产品版权方与演播平台的合作关系，是云演艺价值创造的起始点和核心点，是其他利益相关者关系构建的基础。

云演艺最为显著的特征是重构了演艺业的观演关系。表演艺术的独特魅力在于表演过程中身体在场[2]，剧本、演员、观众汇集在同一物理场景中，通过观演双方情绪和行为的互动共同完成艺术创作的体验，并且凭借身体的输出与接受而实现表演艺术的传播和内化，这是一种身体在场的观演关系。而云演艺从在场到虚拟在场，

---

[1] BLASCO-ARCAS L, ALEXANDER M, SRHAMMAR D, JONAS J M, CHEN T. Organizing Actor Engagement：A Platform Perspective [J]. Journal of Business Research, 2020（118）：74–85.

[2] 罗兰·巴特. 罗兰·巴特自述 [M]. 怀宇，译. 天津：百花文艺出版社，2002：51.

突破了身体的躯体边界，使得身体"知觉粘连的无处不在"[1]，由身体在场幻化为身体化在场，创作者、演员、观众突破物理空间局限，导、演、观在网络空间剧场实现线上观演的完整性，塑造了新型的观演关系。[2]云演艺让演员与观众之间的交流有了屏幕的间隔，观众在观看演艺产品时更为随意，观演状态更为自由和多样[3]，观众通过云包厢、云看戏、云互动等模式观看演出，参与到线上社交场景中，还可以自由选择观看的视野、角度、对象，观看的同时提供了实时陪伴、对话交流、自我表达的附带价值。对于演员来说，线上演出时无法直接面对观众，只能通过观众的留言、评论、打赏等方式接受观众的反馈，并且面对的观众群体更加复杂多样，这对演员和创作者的适应能力及表演内容与方式的转换都提出了新的要求。云演艺的这种新型观演关系，无疑改变了演艺行业的价值创造规则和逻辑。

技术服务商、赞助商、推广机构作为辅助性主体，与云演艺的核心主体，即版权方、演播平台、观众建立服务关系。技术服务商为版权方和演播平台提供技术服务，实现传统演艺产品数字化转换，如移动咪咕为国家京剧院和演播平台合作的京剧《龙凤呈祥》提供5G、4K等数字技术服务，将其转换为线上演播内容，为观众提供了更加生动的视听效果。赞助商与演播平台建立商业服务关系，既实现了品牌或商品营销，又为演播平台带来商业收入，如罗大佑微信视频号演唱会，为观众提供演艺产品的同时为冠名的汽车品牌带来曝光度，形成了线上演唱会直播商业模式。推广机构与演播平台共同对不同网络社群的观众进行宣传推广，吸引更多的关注，创造更多的话题讨论，将云演艺信息更加精准地传达给广大观众，并通过观众的信息转发和讨论形成信息扩散效应。值得关注的是，观众在云演艺场景中发挥了不同于传统演艺活动的作用，剧场里的观众与演员之间是一种被动的互动，其情绪状态需要演员调动，对演艺内容几乎没有决策参与权。而演播平台上的观众，不仅是演艺信息的传播者和话题讨论的参与者，也能影响演播平台对于线上演艺产品的选择，甚至影响到演艺内容创作及产品生产环节。

---

[1] 覃岚.身体与世界的知觉粘连：从在场到虚拟在场［J］.编辑之友，2020（11）：76-81.

[2] 史册，邵仁焱.身体、空间与"场"：戏剧的互联网再媒介化重塑［J］.东北师范大学学报（哲学社会科学版），2022（5）：70-77.

[3] 李炳辉，赵凤群.从舞台到荧屏：戏曲电视剧化后的观演转变［J］.当代电视，2023（9）：67-71.

云演艺价值创造的各个主体有不同的角色分工，相互依存、相互影响、相互成就，尽管有些主体之间没有直接关联，但是所有的主体都以演播平台为中心建立起了多重协作关系，共同参与云演艺价值创造，并实现各主体的自身价值。

三、云演艺价值创造机制的多向延展

云演艺价值创造机制不同于传统演艺，并实现了演艺产品数字化、商业模式创新、演艺生态重构的多向延展。在传统演艺活动中，创作者和演艺机构负责演艺产品的创作及生产，演出经纪、票务公司和媒体的职责是演艺产品营销及宣传推广，观众作为剧场中演艺产品的消费者，并未参与演艺产品生产经营过程，这是一种静态的、单向的价值创造机制。在云演艺场景中，演播平台是连接价值创造各利益相关者的中心，为观众提供了参与演艺价值创造的途径和方式，观众成为云演艺的价值共创者，演变出一种动态的、多向的价值创造机制。云演艺推动了演艺产品数字化，丰富了演艺产品的内容和形式，拓展了演艺产品的艺术价值。以演播平台为中心的利益相关者的连接，促进了演艺业的商业模式创新，创造了不同于传统认知的商业价值，最终重构了演艺生态，贡献了新的社会价值（见图3）。

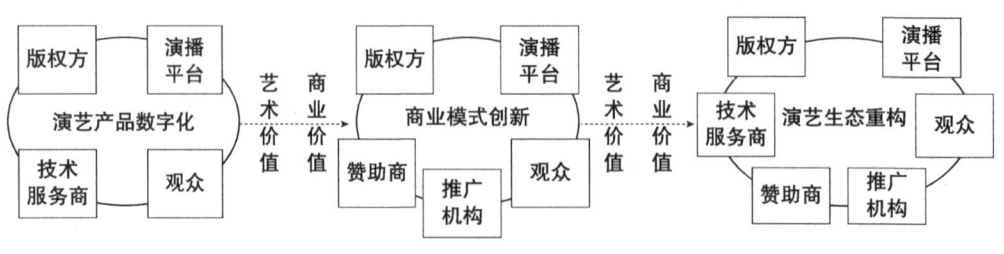

图3　云演艺价值创造过程

云演艺最为直接的价值创造是推动演艺产品数字化，通过演艺产品内容和形式的数字化呈现，为彰显艺术价值拓展了新的渠道。演艺产品数字化是版权方、技术服务商、演播平台、观众共同参与，通过演艺产品与数字技术的结合，以满足演播平台为观众提供在线视听需求的演艺产品转化，对演艺业的主要意义在于促进业态创新、丰富视听体验、激发创作活力。**首先，云演艺促进演艺业态创新。**云演艺的兴起，使得众多演艺组织机构借助技术服务商对演艺产品进行数字化转换，并与演播平台建立合作关系以实现演艺产品的多元化呈现。国家大剧院古典音乐频道呈递的"春天在线""声如夏花""华彩秋韵""冬日之约"线上系列演出和国家京剧院推出的《龙凤呈祥》演播项目，带动了国有文艺院团和剧场积极推出线上演播项目，让原本只有在剧场才能观赏到的优秀演出剧目，甚至一些尘封于历史记忆的经典演艺内容，通过线上演播展现、再现了艺术魅力，让艺术家和观众在"云端"相见，在创新演艺业态的同时提高了演艺组织机构和演艺产品的影响力，为艺术价值增添了显示度、覆盖面和纵深感。**其次，丰富演艺产品的视听体验。**数字技术在演艺产品中的应用，为观众营造出差异化、个性化的视听场景及体验，观众在演播平台上通过转发点赞、留言评论、礼物打赏等方式反馈个人感受，通过多种网络信息传播渠道参与云演艺产品的宣传推广。云演艺赋予观众更大的选择权，网络空间里的演艺产品价值判断、取舍的平民化和大众化，可以促进云演艺产品质量的改进及演艺产品的传播。**最后，云演艺激发演艺业创作活力。**演播平台不仅是经典演艺产品的传播载体，也为演艺组织机构提供了线上演艺直播的空间。《2023抖音演艺直播数据报告》显示，2022年仅河南地区就有超过227万场包括戏曲、曲艺、乐器、舞蹈等艺术门类在内的演艺类直播，场均观众超过3400人次，演艺类直播打赏收入同比上涨64%。云演艺让艺人和演艺组织机构看到了更多的演出并获得经济收益的机会，从而激发了他们开展线上演艺活动的热情和演艺创作活力，尤其是为民间演艺团体及自由从业者拓宽了生存和发展空间。云演艺推动的演艺产品数字化，不仅丰富了演艺业彰显和提升艺术价值的渠道及方式，还创造了更多的艺术价值与商业价值连接并转化的机会。

云演艺隐性的价值创造是拉近艺术与商业之间的距离，推动演艺业的商业模式创新，为利益相关者提供更多商业变现的路径及获取商业价值的方式。传统演艺业的商业模式非常简单，主要依赖于门票收入和演出周边产品的销售来实现商业价值。而在云演艺场景中，演艺产品最直接的收益方式包括在线付费观看、广告投放、版权销售。此外，版权方、演播平台、推广机构、赞助商通过共同开发衍生产品和服务，在彰显艺术价值的基础上拓展商业价值回报的空间。观众不仅是云演艺产品的最终消费者，也是信息反馈的来源。演播平台能够直接与观众建立稳定的连接，通过优质云演艺产品供给，维护和增加平台的用户和流量，进而提升影响力。比如，抖音与新华网、北京卫视联合打造"你好青春"抖音直播五四歌会，与中国演出行业协会网络表演（直播）分会共同发起"国舞争锋—舞蹈演艺计划"等，与艺人刘德华举办抖音演唱会，最终观看人数3.5亿人次，相关信息多次冲上不同的热搜。这一系列的云演艺产品推出，使抖音通过扶持优质文化演出内容，满足了平台用户的个性化需求，极大地提升了抖音平台的影响力。流量变现是平台生产的驱动力。❶ 演播平台将观众、赞助商等需求信息反馈给演艺产品版权方，通过定制化的演艺产品创作生产，探索出了更为有效的云演艺流量变现方式。比如，微信视频号基于明星IP的号召力，为多位明星举行线上直播演唱会，通过大规模的营销与传播，形成了直播带货、打赏、品牌冠名等多种云演艺的商业变现路径。云演艺推动演艺业的商业模式创新，是利益相关者增加经济收益的必要选择，也为演艺业繁荣发展奠定了重要的经济基础。

云演艺最有意义的价值创造是重构演艺生态，促进艺术更好地融入社会，实现社会价值创造。在传统的演艺生态中，演艺产品创作生产者、演艺院团、剧场、相关组织、观众都有固定的角色分工，其关系结构相对简单且容易识别。而云演艺重点突出了演播平台和观众的作用，观众可以通过演播平台选择和评价演艺产品，并通过个人的意见表达在演播平台上留下用户数据。这些数据分析结果可以为云演艺的利益相关者精准把握观众需求，优化演艺产品的内容和形式提供重要的决策依据。版权方、演播平台、技术服务商、推广机构、赞助商、观众相互依存、相互影响，建立了多重协作关系，有效整合演艺资源与产业资源，高效匹配供给与需求❷，构建了多方主体共赢的价值传递机制。2022年以来，抖音平台相继推出"优质主播扶持"计划、"DOU有好戏"计划、"舞蹈传承"计划、"DOU有国乐"计划，从资源、流量、服务方面为演艺组织机构及从业者打造新舞台。借助数字技术创新线上演播内容和形式，把舞台表演艺术带入网络空间，不仅能满足观众不同层次的演艺消费需求，还促进了舞台艺术的传播和发展，使其更加符合数字时代文化消费所具有的生产消费平台化、消费空间在线化、消费主体多元化、消费模式多样化、消费

---

❶ 全燕.平台文化资本的形成与消费社会的再结构化[J].江苏社会科学，2022(4)：214−221.

❷ 肖叶飞.传媒平台经济：内涵、特征与规制[J].学术界，2023（8）：56−67.

推送精准化、消费体验场景化的新特征。[1]而社群连接、数字驱动、平台融合驱动利益相关者的价值共创，构建了新的生态体系。[2]云演艺对于演艺生态的重构，使各利益相关者在满足自身价值诉求的同时达成价值共创，带动更多的组织和个体投身云演艺的产品和服务供给，让表演艺术以更具生动性和亲和力的姿态进入大众视野，提升社会整体性的艺术审美涵养，实现社会价值的创造。

云演艺通过演艺产品数字化、商业模式创新、演艺生态重构，实现艺术价值、商业价值、社会价值创造，形成多向延展的价值创造机制。这种价值创造过程，不仅为观众带来更加多元化和高品质的演艺产品和服务，也有助于演艺业实现高质量发展，更为重要的是将艺术的审美性、生产性、娱乐性、社会性更好地结合在一起，实现了多维的价值创造成果。

四、云演艺价值创造成果的多维实现

云演艺运用数字技术赋能演艺生产，实现演艺生产、传播、消费的全过程升级，推动了价值创造成果的多维实现。云演艺拓展了表演艺术的发展空间，构建了新的演艺生态，助力演艺业的品牌打造，有助于以表演艺术的形式向世界讲好中国故事，传播好中国声音。

云演艺打造网络空间剧场，拓展了表演艺术的发展空间。基于云演艺空间重构而呈现出的文化消费场景实现了艺术创作可视化、演艺传播多元化、终端消费智能化等应用[3]，突破传统演艺以剧场为中心的演艺生产、传播和消费方式，通过线上演播拓展了演艺空间。网络空间剧场摆脱了线下剧场对观众数量及时间的严苛限制，模糊了演艺业的时间、空间、成本边界及壁垒，突破了群体、地域、城乡之间的隔阂，辐射到传统演艺活动难以覆盖的群体，一定程度上促进了文化普惠，推动了艺术普及的区域平衡。《2022抖音演艺直播数据报告》显示，2021年抖音平台上推出

---

[1] 黄永林.数字经济时代文化消费的特征与升级[J].人民论坛，2022（9）：116-121.

[2] 周锦.数字经济推动文化产业价值共创：逻辑、动因与路径[J].南京社会科学，2022（9）：165-172.

[3] 张丰艳，王子文，刘宇翔.重构"云演艺"空间：后疫情时代消费场景转型的"破"与"立"[J].传媒，2023（11）：71-73.

的演艺类直播（包括戏曲、乐器、舞蹈、话剧等）超过3200万场，场均观众超过3900人次。越来越多的演艺组织机构、艺术家及个体从业者尝试线上艺术演播，为艺术供给者和需求者之间的连接、互动、交流创设了更加便捷的渠道和方式，让表演艺术更容易进入"寻常百姓家"。此外，网络空间的海量用户都是云演艺的潜在观众，让云演艺未来发展的样貌充满了想象力。云演艺基于演播平台的资源和能力塑造的网络文化空间，为舞台表演艺术提供了新的载体和表现形式，拓展了观众的文化参与环境[1]，一方面有益于演艺产品质量的提升及其宣传推广，另一方面有助于优化网络文艺环境，从而更好地促进演艺业的创新和繁荣发展。

云演艺通过构建演艺业各利益相关者的多重协作关系，重塑了演艺生态。云演艺以演播平台为中心，吸引更多主体参与云演艺价值创造，大批互联网平台企业、科技类企业、艺术科技服务机构、新媒体、演艺直播创意创作团队等市场主体进入，丰富了演艺从业主体的类型和数量，提高了演艺业的发展活力。《2022抖音演艺直播数据报告》显示，入驻抖音的国家一级演员带来超过2000场演出直播，上百家专业演出机构带来6000余场表演在抖音演出直播。此外，演播平台成为核心价值的创造主体，"平台中心"模式下，利益相关者之间形成的新的价值生成、使用、分配和转移关系及结构，推动创新盈利模式、管理模式、组织模式，其中线下演出和线上演播并举的"双演"融合在整合演艺资源过程中发挥重要作用。[2] 由此，演艺业在资源要素上形成了艺术与商业交融互促、在组织主体上推进了国有与民营共生并存、在空间载体上搭建了实体与虚拟联动共进的演艺生态，这种演艺生态是演艺业健康持续繁荣发展必不可缺的环境条件基础。

云演艺提升表演艺术的传播效应，助力演艺业的品牌打造。云演艺作为一种内容丰富、传播快速的文化传播载体，在满足社会群体精神享受的同时，于无影无形中影响人们的认知、情感和行为，对表演艺术具有宣传推广效应。云演艺通过一种全新的形式对优秀传统文化和地方文化进行传播，拉近当代人与传统及地方文化之间的距离，为文化传承和发展开辟了一条新的途径，更加深刻全面地彰显了演艺

---

[1] 陈波，金舒. 虚拟文化空间下的剧院云演艺活动观众参与影响因素研究[J]. 艺术百家，2021，37（2）：51-60.

[2] 宗祖盼，刘欣雨. 线上演播：舞台艺术数字化传播的新思路[J]. 艺术传播研究，2023（1）：114-128.

的文化价值，使观众更加便捷地获得优质的文化体验，增强审美能力，提高文化素养。经典剧目在网络空间剧场的演播，无疑是一种有效的宣传推广方式。国家京剧院首次推出《龙凤呈祥》演播，就受到海内外观众热捧，总曝光量3456万，微博话题"龙凤呈祥云端相见"一度登上微博置顶热搜，并取得了历史最高的舞台艺术线上付费观看售票成绩，成为国粹经典线上破圈的现象级典范，吸引更多人去了解国家京剧院、相关艺术家、经典剧目，对塑造经典剧目品牌形成了很好的加持作用。云演艺的底层逻辑是互联网思维，互联网对资源的高效、充分、深度连接能力，有益于演艺业有意识地打造演艺精品，进而形成高认同度、影响力、传播力的演艺品牌。

云演艺有助于讲好中国故事、传播好中国声音。云演艺突破剧场空间和时间的限制，能够实现优秀演艺产品的海外传播，有助于向世界讲好中国故事、传播好中国声音。中国表演艺术的经典剧目大都根植于人民生活，吮吸民族文化的丰富养分，蕴含中华文明的独特基因，具有深厚的历史基础、群众基础和人文基础，艺术形式、思想内容、表达手法上都具有鲜明的中国特色，对弘扬传统文化的作用突出。基于传统经典剧目，搭建演播平台，促进演艺海外传播，让更多的中国经典剧目在世界艺术领域彰显中国气派、中国风范，可以向全世界展示中华文明的精神标识和文化精髓。此外，中国民间文化艺术形式及从业者在网络空间的表演，可以向世界展示更加丰富多样、生机勃勃的中国艺术特色和文化形象。云演艺创新演播模式，海外观众通过网络评论等形式参与演艺产品的传播，观演数据反作用于演艺生产过程及演艺产品质量的提升，从而强化中华文化国际传播的亲和力和实效性，深化文明交流互鉴，推动中华文化更好地走向世界。

云演艺价值创造主体根据市场需求和自身发展需要，通过构建价值创造网络，整合演艺、技术、平台、渠道等资源，推动开展云演艺价值创造活动，实现各主体的价值共创。云演艺作为演艺产业新业态，构建云演艺价值创造网络，促进演艺产业组织与互联网平台组织协作，能够促进演艺产业生态演进，增强其生态多样性。借助互联网平台的力量推动云演艺的价值创造，构建云演艺产业生态，使云演艺具备了可持续发展的条件。云演艺重构了演艺生态，由单一线性的价值创造过程转变为多向复合的价值创造过程，重构了价值创造网络中获取信息、资源、市场和技术的机制，通过价值创作网络与利益相关者实现优势互补、经验共享、风险共担、协同合作，提高价值网络的价值创造效力[1]，实现价值共创和共享，为演艺业的繁荣发展提供了新的契机。

　　云演艺与传统演艺并不是替代关系，而是相互补充、相互促进的关系。云演艺可以改善传统演艺在时空和成本方面存在的不足及限制，为传统演艺带来更为广泛和快捷的宣传推广效应，助力演艺品牌打造，进一步激发演艺业的发展活力。当演艺组织机构、表演者、演艺产品、观众具备了回归剧场的条件，云演艺也不会像有些人担忧的那样萎缩甚至消失。数字时代最显著的特征就是数字技术深刻融入了人类的生产活动和生活方式，这是云演艺存在和发展的现实基础。而云演艺对演艺资源、组织、个体潜移默化的影响既成事实，其价值创造机制已经在不同领域和组织主体中发挥了不同程度的作用，并且吸引了众多从业者和爱好者投入，为云演艺发展积蓄着力量。未来，技术赋能演艺的效应持续显现，演艺生态治理能力的优化提升，将进一步打开云演艺自身发展及其与传统演艺深度融合的空间，让表演艺术成为中华文明发展成果最为鲜活生动的传播载体，讲好中国故事、传播好中国声音，展现可信、可爱、可敬的中国形象。

---

[1] 王炳成，傅晓晖，崔巍.商业模式创意如何才能得到顺利应用？——企业创新文化调节下动态能力的中介作用[J].济南大学学报（社会科学版），2021，31（5）：134-144.

数字文化赋能青年文旅的消费特征与动因分析*

◎ 中国传媒大学文化产业管理学院　柳陈齐骥

2024年5月22—24日，习近平总书记在山东考察时强调："要繁荣发展文化事业和文化产业，创新实施文化惠民工程，大力推进文化数字化，让社会主义先进文化为经济发展增动能增效益、为旅游休闲增内涵增魅力、为城乡社会增正气增活力。"党的十八大以来，顺应数字产业化和产业数字化发展趋势，我国不断加强数字文化产业顶层设计，新业态蓬勃发展，新活力持续迸发。针对Z世代群体，结合数字化科技的深度融合与创新驱动重塑文旅新业态，是文旅新业态在新时代发展的必然趋势。"Z世代"（Generation Z）是指出生于1995—2009年的青年人[1]，Z世代成长于中国经济腾飞和移动互联网时代，也是消费水平和消费欲望最高的一代。[2]2023年淄博烧烤的出圈源自抖音博主发布的视频，"淄博烧烤的正确吃法"的视频获得了近20万点赞、转发。而特种兵旅行、Citywalk、养生、烧香拜佛、逛动物园等年轻群体喜爱的旅游方式，正在创造消费潮流，引导着消费新趋势。如今数字时代的技术更新速度越来越快，使得消费逐步便捷化、智能化、日常化。而且，现在以数字技术为代表的新质生产力可降低旅游业交易成本，丰富旅游体验方式，创新旅游吸引物形态，增强旅游吸引力和服务力，并通过流量放大效应强化跨地方的互动[3]，契合Z世代的文化旅游方式。所以在数字文化的影响和助力下，本文针

---

* 基金项目：本文系国家社科基金重大项目"推进文化自信自强的时代背景与现实途径研究"（23ZDA081）；南方科技大学全球城市文明典范研究院2023年开放性课题"乡村文化振兴与推进文化自信自强的研究"（IGUC23A004）的阶段性研究成果。

[1] 余正台，刘浩."Z世代"研究的概貌、热点与主题：基于中国知网文献的梳理[J].当代青年研究，2023（4）：113-124.

[2] 高菲.Z世代的短视频消费特征分析[J].新闻爱好者，2020（5）：40-42.

[3] 厉新建，曾博伟，张辉，等.新质生产力与旅游业高质量发展[J].旅游学刊，2024，39（5）：15-29.

对 Z 世代群体的文化旅游消费，研究 Z 世代文旅消费的新特征，并具体分析 Z 世代消费背后的深层原因，以期进一步提出文旅发展策略，从而满足 Z 世代的文化旅游需求。

一、文献综述

（一）数字技术塑造新消费体验

消费通常指个人消费，为满足物质文化生活的需要，从而消耗物质资料和精神产品的行为。信息技术的出现与发展，改变了消费体验。1994年互联网技术进入我国，标志着我国数字时代的开启。[1] 万维网（WWW）思想提出之前的时代可以称为"前Web时代"，也就是机器连接构成"终端网络"，Web1.0时代是超链接形成"内容网络"。[2] 2014年中国互联网重心从内容向"人"迁移，形成个体连接"关系网络"的Web2.0时代。在Web2.0时代，消费者对信息进行收集、选择、利用、分享，这些信息都围绕个人喜好而展开，用户的偏好被日益强化。因此在消费者进行群体的区分时，用户的兴趣和偏好成为主要维度。[3]

如今是万物皆媒的"服务网络"，即Web3.0时代。数字技术以极快速度和极大能量，全面赋能文化产业创作、生产、传播、交易、消费全链条。[4] 而AIGC（AI Generated Content，人工智能生成的内容）在跨境电商中的应用将给跨境电商带来"效率革命"，促进跨境电商高质量发展。[5] 随着互联网技术的快速发展，电商平台市场迅速扩大。我国本身拥有庞大的消费者群体，而电商平台已成为消费者的核心渠道。根据中国互联网络信息中心报告，截至2022年，我国电商交易额增加到

---

[1] 崔光野，马龙龙.数字时代新型商业模式和消费行为下的品牌建设［J］.商业经济研究，2020（2）：5-8.

[2] 彭兰."连接"的演进——互联网进化的基本逻辑［J］.国际新闻界，2013，35（12）：6-19.

[3] 雷孟妮.Web2.0时代的消费者特征［J］.新闻知识，2009（7）：93-94.

[4] 江小涓.数字时代的技术与文化［J］.中国社会科学，2021（8）：4-34.

[5] 牛建国，夏飞龙.AIGC促进跨境电商高质量发展的机制研究［J］.企业经济，2023，42（10）：85-94.

42.93万亿元。[1]消费者投入是数字化企业可持续性竞争的关键，并且平台的个性化推荐对消费者的购买行为具有重要影响，它有助于提升电商平台企业绩效。[2]平台推荐代理信息的准确性也会正向影响消费者的认知信任、情感信任以及购买意愿。[3]其中，居民消费的新特征为城乡居民消费差距缩小、网络消费营商环境与体系不断完善、网络消费趋于个性化与特色化等。[4]

数字时代改变传统消费模式，除了产生多元电商平台、消费方式，更重要的是话语体系叙事逻辑的改变。在消费话语和技术的双重作用下，使消费话语有强烈的时代感、时尚感，消费主义存在于其中且不易被察觉。传统消费的主要对象是物质对象，数字时代的消费则将文化、历史等也纳入消费范畴。[5]数字技术的快速发展逐步形成新的消费模式、消费方式与消费体验。与此同时，"数字原住民"从小身处网络信息中，受移动数字技术影响，本文便研究Z世代在文化旅游消费中显现出的消费新特征。

（二）Z世代数字文化的消费特征

根据第七次全国人口普查数据，我国"Z世代"的总人数约为2.6亿人，产生4万亿元的消费市场，他们的消费需求将引领未来我国的主流消费趋势。消费成为青年群体展示自我个性的一种方式，由此产生了以体验为主的体验主题。[6] Z世代作为引领新型消费方式的"主角"，其消费特征为悦己而不利己、务实而不节俭，重

---

[1] 高淑环，郝志华，王欣洁，等.考虑消费者从众心理的制造商社群营销和平台合作模式选择[J].系统工程，2023（6）：1-19.

[2] 李纯青，熊梓琪，张洁丽.数字化交互平台消费者及其社交网络投入的演化过程研究[J].管理学报，2023（6）：1-11.

[3] 闫俏秀，徐金灿.平台推荐代理对消费者购买意愿的影响研究[J].复杂系统与复杂性科学，2023，20（4）：85-91.

[4] 马香品.数字经济时代的居民消费变革：趋势、特征、机理与模式[J].财经科学，2020（1）：120-132.

[5] 刘顿.数字经济时代美好生活消费的功能价值及实践向度[J].社会科学家，2022（2）：79-87.

[6] 朱丽丽，李慕琰.数字体验主义：基于社交网络的青年群体生活风格[J].新闻记者，2017（9）：34-42.

视商品的多方价值而不仅是符号价值。[1]当下Z世代群体极具个性化的消费特点有偏好"代入感"体验、追求"小而美"、注重健康养生、掀起国潮文化、在各个圈层寻找归属感……[2]在应用数字技术重塑数字化消费场景,在给予了消费者独特体验的同时,也激活了其消费认同。[3]与此同时,"仪式感"也是青年文化旅途消费的体验之一。例如,在各种传统文化旅游产品中,通过融入独特的文化仪式或活动,可以让游客更深刻地感受到当地的文化氛围。[4]使用扎根理论方法研究Z世代文化旅游的文献较少,故本文主要从扎根理论的方法论入手,研究数字文化赋能下,Z世代的文旅消费新特征。

二、研究设计

(一)研究方法

1. 扎根理论

扎根理论是美国哥伦比亚大学的学者巴尼·格拉泽和安塞尔姆·斯特劳斯提出的研究方法,旨在从经验资料中产生新理论。[5]扎根理论是一种广泛应用于研究事件之间以及事件与概念之间关系的方法,它通过对数据进行不断比较分析,形成对研究对象的范围和特征的认识,进而进行编码。简单来说,扎根理论就是从资料中发现理论。

2. 文献分析

文献资料分析法是利用知网等中文学术文献数据库,通过对"消费特征""扎根理论""Z世代"等关键词进行检索,搜索到与数字时代消费者、Z世代消费者特

---

[1] 郑红娥.悦己消费带来的新型消费形态[J].人民论坛,2023(18):30-35.
[2] 人民论坛"特别策划"组.当前中国消费特征与态势[J].人民论坛,2023(18):14-15.
[3] 宋艺菲.文化数字化背景下文化消费场景的重塑[J].青年记者,2023(22):109-111.
[4] 周锦,曹鲁娜.社交网络赋能文化旅游深度融合:发展特征、作用机制与推进路径[J].南京社会科学,2024(3):151-162.
[5] 韩箫亦,许正良.电商主播属性对消费者在线购买意愿的影响——基于扎根理论方法的研究[J].外国经济与管理,2020,42(10):62-75.

征相关的期刊论文等,为文献综述提供基础。

(二)样本选取

由于出生于 1995—2009 年的青年人目前所处阶段可能为学生、社会劳动者、回归家庭等情况,所以拟定打算采集初中生、大学生、研究生、博士生男女各一人,社会劳动者男女各两人,回归家庭者两人。

(三)数据收集

为系统地获取 Z 世代在文化旅游消费中的一手资料,对 Z 世代消费人群进行个人深度采访,每次访谈时间约为 20 分钟,进而得到第一手数据。在访谈前,本人提前了解各位受访者的个人信息与特性,以确保数据的真实性。在受访者知情并允许的前提下,采取录音、撰写备忘录相结合的方式记录调研资料。在采访过程中,受访者有充足时间思考和表达,以对某些问题进行深入访谈。

三、范畴提炼与模型构建

(一)开放式编码

开放式编码是对原始资料逐字、逐句或逐段地编码。在编码的过程中,如果识别出有价值的信息,则对其进行记录,对记录的文本整理出初始概念与初始范畴。本研究的文本资料是受访者的原始话语,通过对原始数据的提取、解析、归纳,对其概念化和范畴化,借用 Nvivo12 软件对数据进行质性分析,结果如表 1 所示。

表 1 开放式编码形成的概念及初始范畴

初始范畴	初始概念	原始语句示例
A1 平台	主流平台的使用	吃的话可能就美团,然后其他的可能如说出去旅游可能会定携程,查旅游攻略是在小红书,然后就是会在淘宝或者京东上面购物,买票是在大麦

续表

初始范畴	初始概念	原始语句示例
A2 朋友推荐	信任关系的推荐	这种会，就是比如说别人买了，然后消费体验很好，然后这个人正好可能又是我的朋友或者说比较喜欢的这种博主可能就会尝试
A3 网络信任与购物便捷	博主种草推荐并有购买链接	直播相对来说比较少，然后会看那种推荐的帖子，或者是他们那种 KOL 他们自己带的那种广告的那种，然后购买体验
A4 基本商品的博主推荐	基本商品博主种草会购买	如果博主推荐的是什么小零食、巧克力这种，那可能就买了。如果他就是那种比较大件的，可能还是要看自己的需求
A5 基本消费	奶茶零食	奶茶零食和游戏充值，这些一般都会买，低价或者折扣时候
A6 社群相似消费观促进消费行为	社群消费偏好类似	就是觉得青春只有一次，就是要去看演唱会，这个其实因人而异的选择，不过就是因为群体有这种聚集效益，你可能就是说他们有同样消费价值观的会聚在一起，然后他会觉得这种是正确的
A7 个人特性的情感消费	展览	平时买票比较多，就大部分都是在大麦买一些，比如说像各种展的票之类的
	视频会员	有多个视频网站的会员资格，涵盖了全网主要的视频平台，但不玩游戏
A8 情感消费	情感消费成为需求	如果是正好我又比较喜欢这个东西，我可能会，但是不太可能就是说，比如说就大家都买这个东西就去充这样
A9 文化类商品的归属感	文化类商品购买	归属感，那可能就是其实就是具有文化属性的东西，就包括像是比如说你购买一些类似于纪念品一样的东西，它肯定会带有一定的文化属性，会让你觉得你属于某个群体，或者说你的那个
A10 个性算法	算法推荐	就是比如说平时会花很多时间刷小红书等内容
A11 数据大算法	算法推荐与重复推送	这取决于内容的曝光度。比如，能不能刷到某个内容，如果这个内容被很多人推荐和分享，就可能会产生一种蝴蝶效应。第一次看到时可能不会特别感兴趣，但随着看到的次数增多，可能会逐渐对它产生兴趣，最终可能会有购买相关产品或体验旅行的冲动
A12 消费体验影响平台使用	消费体验差则不会再次购买	每次旅游会再次编辑自己的视频，每次旅行都会发朋友圈，目前为止还没有遇到特别不好的旅行和消费体验
A13 习惯性浏览增加消费	休闲的习惯性消费	有的时候就是闲下来了想看看，有的时候就买了

（二）主轴编码的过程

主轴式编码是在开放式编码的基础上进行的，需要继续区分出副范畴与主范畴，然后将相似的范畴按照联系与逻辑归类。通过比较方法，将开放式编码形成的初始范畴进行联系和区分，进一步形成副范畴与主范畴如表2所示。

表2 主轴式编码形成主范畴与对应副范畴

主范畴	副范畴	初始范畴
C1 数字平台	B1 平台垄断	A1 平台
	B2 个性算法	A10 个性算法
	B3 KOL 推荐	A3 网络信任与购物便捷
C2 消费行为	B4 差序格局	A2 朋友推荐
		A4 基本商品的博主推荐
	B5 惯习行为	A13 习惯性浏览增加消费
	B6 基础消费	A5 基本消费
C3 消费体验	B7 个性体验	A7 个人特性的情感消费
	B8 愉悦体验	A8 情感消费
	B9 归属体验	A6 社群相似消费观促进消费行为
		A9 文化类商品的归属感
C4 个性传播	B10 消费体验影响数字文化二次传播	A12 消费体验影响平台使用

（三）选择式编码与模型构建

选择式编码是范畴理论化的过程。对主轴式编码结果的深入凝练，所分析出的"核心范畴"以"故事线"的表述方式来描绘现象和脉络，并将其与主范畴和副范畴相连接，最终形成新的实质理论框架。基于此，本文构建了Z世代文化旅游消费的理论框架（见图1）。

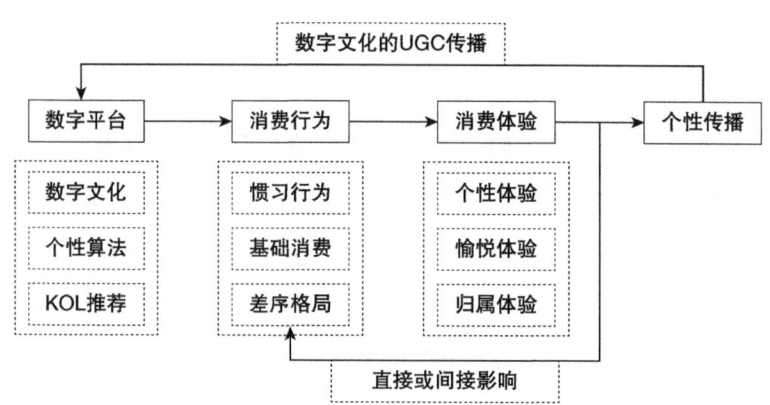

图1　Z世代文旅消费模型

围绕核心范畴的"故事线"可以概括为：各数字平台是Z世代接触旅游热点、确定旅行美食风景和打卡攻略的基础，并且根据Z世代的个性喜爱推送其喜爱的数字文化内容。与此同时，各平台KOL（关键意见领袖）、重复广告、算法推荐会增加Z世代消费者的消费欲望，消费者在很大程度上需要消费个性、愉悦或归属体验的内容。而好的文旅体验会促使Z世代群体在社交媒体或朋友圈发布文字、图片和视频，或与亲友直接分享，亲友通过点赞、转发、评论、赞美等方式强化与Z世代群体的连接，进一步稳固Z世代群体的差序格局。在Z世代文化旅游的过程中，其消费行为可基本分为个人习惯的消费、基础消费，如各地的美食、奶茶的消费，以及亲友推荐的打卡点等。Z世代在进行消费体验的过程中，愉悦感是消费所带来的基础体验。除了愉悦体验之外，由于个体的自我特性不同，所以其产生的个性消费不同，也基于此，消费过程产生了独属于个人的个性体验。最后，对于强文化属性的相关消费，会增强个体的归属体验。

（四）理论饱和度检验

利用一份深度访谈做理论饱和度检验，结果显示，模型中的范畴已经是饱满状态。在Z世代文化旅游消费的过程中，均未发现新的重要范畴和关系。因此得出结论，Z世代文化旅游消费过程的模型在理论上是饱和的。

四、研究发现

通过构建 Z 世代的文旅消费模型，可以分别从 Z 世代的消费特征、为何 Z 世代有此消费特征以及重构消费者良性消费特征三个层面对模型展开分析。

（一）Z 世代文旅消费特征的"四要素"

1. 数字平台

数字平台中的平台垄断和个性算法使得消费者不断产生新的消费欲望。受手机内存、主流平台、惯习行为的影响，消费者群体会因为多数使用特定的平台软件，平台通过个性算法推荐符合消费者需求的商品。与此同时，个性算法在推送商品之外，还有各类娱乐性的推送，使得受众产生愉悦的门槛降低。同时，算法会更了解个人偏爱，从而精准推送更多广告与商品。平台的垄断导致个体频繁使用某些特定的软件平台，而不同软件平台的算法会推荐符合相应消费者偏爱的文化旅游景点，从而逐渐增强 Z 世代的消费欲望。从采访样本中可明显感知，各类平台消费者的使用已经出现了主流软件，绝大部分人会使用类似软件进行相应的娱乐与消费，一是该平台的消费体验较好，二是资本重新投入资金并拥有大量用户的难度较大。

2. 消费行为

各类平台在消费之余会带来娱乐体验，从而形成惯性行为，并逐步扩大基础消费，使产生积极情绪的消费需求逐步扩大，并且由 KOL 推荐而产生购买数字文化产品的行为更加普遍。在真实需求和由娱乐而产生"虚假"需求的双重需求下，消费者养成了习惯性浏览各大 App 的习惯。能够产生积极情绪的消费逐渐成为基础消费的一部分，如一些价格低廉但能带来快乐的商品和符号消费。

由于智能推荐能推荐受众喜爱的信息，所以个体在"休闲时间"享受快乐，但这种休闲的时间被用于社交媒体进行资本积累，因为个体的点击、关注、分享意味着个人的喜爱、乐趣与爱好，而这些情感被数据化，能更好地服务于个性化的算法推荐。[1] 大众对被技术创造出来的需求牵引而缺乏反思，自我沉醉在心理的满足和

---

[1] 李彩霞，李霞飞. 从"用户"到"数字劳工"：社交媒体用户的传播政治经济学研究[J]. 现代传播（中国传媒大学学报），2019，41（2）：51-55.

娱乐的快感中，在自己出卖"休闲时间"换取的"智能推送"中获得快乐、欲罢不能。

差序格局是费孝通先生在《乡土中国》中提出的，发生在亲属关系、地缘关系等社会关系中，离中心越近则关系越亲密。本文研究发现：平台消费中也有网络差序格局，除了现实生活中信任朋友的推荐，在网络社交媒体中的KOL也产生了类似的影响。KOL在其领域的专业性、普惠性、适宜性，能够获得大批消费者的关注和信任。[1]也因为媒介的或然率，选择信任者推荐的商品能减少筛选商品所耗费的精力。

3. 消费体验

不同的消费行为会产生不同的消费体验，如不同的惯习行为会产生个性的消费体验，因为每个人的兴趣不同，由此延伸出不同的消费习惯。而能够使自身愉悦的消费逐步成为基础消费，如奶茶等饮品的消费习惯。而差序格局下的信任推荐的购买行为，又会使得个人产生一定的归属体验。

4. 个性传播

消费体验影响个性传播情况。不好的旅行体验会使得其在个人社交媒体和朋友圈发布个人想法，从而使得信任其的亲友抵触该旅行地。而好的旅行体验则相反，良好的旅行体验会促进亲友对该旅游点的好感度，潜在增加亲友出行该地的可能性。如果，Z世代在社交媒体中是有一定粉丝基础的博主，那么其粉丝群体便会因为信任该博主而前往该地旅行，进而增加该旅行地的出圈度和热度。

（二）Z世代平台消费特征形成的动因分析

1. 娱乐至死：资本、算法与平台的合谋

有学者提出"数字封建主义"概念，即互联网平台经济与中世纪的封建制经济和社会秩序一样有着很强的相似性。就像封建经济建立在廉价或免费劳动的基础上一样，"数字封建领主们"的利润也建立在利用用户数据、社交和连接的基础上。所

---

[1] 陈炎坤，杨兴华.意见领袖对冲动消费的作用：用户特征与社交媒体平台特性的交互分析[J].商业经济研究，2023（2）：74-77.

以，看似平台提供了"免费"的娱乐，实际上是掌握了用户的偏好数据，进而可以根据算法进行推送。

在快速发展的数字时代，个性算法会更快更精准地推送合适的信息与商品，与此同时，消费者便陷入信息茧房，并越来越依赖技术。实际上，随着 Web 3.0 时代的到来，与物联网的对接使得社交媒体的服务性变得越来越强，更加能满足人们的生活需求。技术分析"个人注意力数据库"，进而利用个性算法推荐更符合个体的场景服务。人们利用社交媒体发现生活中吃、喝、玩、乐的场所，丰富了人们的休闲活动。[1]在技术驱动、现实需求的作用下，大数据与人工智能的推荐算法系统会促使平台消费者有更多个性产品的消费欲望、扩大基本消费的种类与商品数、增加对信任的 KOL 推荐商品的消费量等，因为个体在休闲时间娱乐时，算法会推荐相应的数字文化和文化商品等物件，个体会因为喜欢、信任 KOL 等原因，从而增加此类消费。

2. 快乐至上：个人主义与消费主义盛兴

个性消费来源于不同的兴趣爱好，但根本原因是个人主义和消费主义的进一步发展。工业革命后，生产效率大大提升，工厂生产了过多的产品，造成了产品剩余现象。为了倾销商品，资本传播消费主义意识形态，并把消费者的身份抬高到上帝的位置。在现代，资本不仅传播消费主义，还将商品符号化，使消费者消费符号价值，如高档商品的消费使消费者拥有地位及身份的象征。在效率至上的现代社会，群体将更多时间、精力放在工作、自身之中，无闲暇时光进行多余的人际交流。个人中心主义极大膨胀，虽有利于个性的表达，但也使得原子化现象加重。个人主义的发展使得个人更关注自我，但由于人需要在共同体中降低不确定性，所以会在各种网络社群中进行消费与自我认同。

除了实用性消费外，快乐成为消费的一大特点。消费主义使个人以占有更多财富为目标，以消费为乐。资本不断放大消费者的欲望，又通过广告不断告知消费者：欲望应当得到满足，并可以在购买中获得满足。所以消费者在欲望无限扩大与欲望应当满足的想法之间来回徘徊，只有消费才能缓解此种矛盾心理，在消费中获得短

---

[1] 李彩霞，李霞飞. 从"用户"到"数字劳工"：社交媒体用户的传播政治经济学研究[J]. 现代传播（中国传媒大学学报），2019，41（2）：51-55.

暂的满足感、快感与幸福感。罗兰·巴特的神话理论说明，事物的能指本身是其使用价值或属性，但资本却将事物的所指指向其他各种事物。资本本身通过广告、大众媒介制造出各种符号意义，并通过不断重复的广告改变受众的元认知，即荣格所言人类最深层次的认识。其改变过程便是加涅所言的认识加工模式：个体接收信息后，若认同便会贮存成短期记忆，通过不断重复形成长期记忆，进而进入弗洛伊德所言的潜意识之中。潜意识会影响到个体的意识，再由利昂·费斯汀格的认知一致理论，即"意识—情感—态度—行为"模式，对人的情感、态度、行为产生影响。所以，一些原本的虚假消费现在已经成为部分Z世代的基础消费，如奶茶、零食、美甲等。

3. 认同缺失：流动性社会下的无根感

文化类商品的消费和相似价值观形成的小群体都会带来归属感。现代的个人不仅在工作中处于原子状态，由于个体因工作、搬家等原因不断脱嵌，使其在日常生活中也处于原子化状态。而个体不能在现实中感受共同体的确定性与安全感时，往往步入赛博空间的趣缘共同体，以减少独自面对社会的不确定性。因此，网络中有形形色色的趣缘共同体，如粉丝群体等。所以，当Z世代认同该物品后，才会产生消费欲望，在进行消费后，通过对其背后的强文化属性进行感知，从而能产生归属感。与此同时，Z世代群体也可以选择通过分享物品，在网络或现实中获得亲友的赞同和认可后，也可产生认同感。此时个体便有可能形成自我特有的消费习惯，从而在相似价值观的群聊中分享自己的消费后，便会引起共鸣与自我认同，进而产生群体感与归属感。

（三）重构平台消费者良性消费特征的策略

1. 理性认识媒介符号

媒介中的话语权是由拥有资本的人掌握的，正如福柯所言的话语权力、权力话语。所以，在一定程度上，资本通过数据收集、信息分析等一系列程序了解受众的心理需求、情感诉求，进而通过媒介传播相应的商品，让个体在消费中获得满足感。比如"双十一"消费群体的购买奇观，正是资本了解受众喜爱优惠，以及利用"双十一"单身狗的符号让单身者进行消费而使内心的孤独、惆怅得到缓解。实际上，个体的休闲时间被商品化，个人在休闲时间用"获得快乐、幸福"的内容产生快感，资本将此浏览数据商品化，利用智能算法进一步推送类似内容或者推送相关广告与商品，以便消费者消费更多"商品"获得快乐。所以，正确认识媒介有利于减少消费冲动。

Web3.0时代的到来，使得个人处于万物皆媒的生活环境，个体接收到的信息不再是客观社会中的直接再现，而是经过媒介加工、处理、过滤后反馈的世界。常识性认知，如非洲较贫穷的这一认识也是媒介经常播放非洲弱小、瘦弱的孩童形象，而被受众认可所造成的常识。据有关学者了解，社会的风险化程度在下降，而心理风险在升高，一方面是媒介带来的认知偏见；另一方面，科技的进步使得个体的舒适范围不断缩小，所以当超出舒适度范围后个人便以为社会存在风险。比如，空调发明以前，人类的耐热耐冷范围比现在大很多，现在的室外天气更能影响个体的状态、心理等。所以要理性认识媒介，这有助于减少心理风险的产生。

2. 传播良性消费价值观

个体和组织应该传播良性的消费价值观，从而对接受该信息的个体产生正面、良性的消费价值观引导。现豆瓣已有"消费主义逆行"小组，该小组中的部分成员体有主体性觉醒的情况，"抵抗"为了避免异化，从而选择并重构服务于现代社会的审美感受和逻辑元素。[1]传统媒介时代的个体往往没有获得媒介的赋权，个体的主体性被忽略。但在微博、微信等社会媒介体系的广泛应用下，个体有了发声的渠道与平台，为主体性崛起提供了条件。[2]所以，在社会媒介广泛应用的情况下，社交媒体的信息发布者众多，个人在浏览相关信息时，该信息的真实性有待考量，个体应更加批评性地对待自身所浏览的信息，同时拒绝不良的传播内容，进而促成健康、良性的价值观。从而在浏览虚假推广时，能正确分辨的同时，树立良性的消费价值观。

3. 媒介仪式构建共同体

巧用传统文化，构建媒介仪式，进而塑造民族共同体。媒介环境学派代表人英

---

[1] 董天策，何璇.消费主义逆行：基于豆瓣反消费主义小组的网络民族志观察[J].国际新闻界，2023，45（5）：75-95.
[2] 隋岩，常启云.社会化媒体传播中的主体性崛起与群体性认同[J].新闻记者，2016（2）：48-53.

尼斯认为："一种新的媒介将导致一种新文明的产生。"网络社会加速了原子化社会，但也使得原子化社会"再部落化"有了可能。中国传统文化本身包含大量的仪式性内容，因为其体现了中国人的集体智慧、生活方式和精神信仰等，如传统的诗词、戏曲、书法等都具有仪式化属性。而库尔德里将"媒介仪式"概括为三种主要类型：媒介报道的"仪式性内容"、媒介报道该内容的"仪式化方式"、媒介本身。❶比如，"我的前世照"让"自我"以媒介形象参与现实自我缺席的历史场景，该技术赋权人们可以塑造和构建新自我，还使人们可以借助它进入"想象的世界"。这种"前世照"的历史身份构建，以及拍照技术本身构成了媒介仪式，这些媒介化的自我形象唤醒人们对某段历史的集体记忆，从而使得个体对民族历史有更多的认同感，进而能够增强集体的民族共同体。❷所以，各旅游地的官方媒体可以巧用传统文化，借助中华传统内容唤醒集体意识、构建共同体，进一步增加个体对自我和民族的认同感。

五、结论与启示

（一）Z世代消费新特征

本文基于扎根理论构建了Z世代文化旅游消费的过程模型与消费特征，揭示了Z世代消费者特征受个人主义、消费主义、原子化社会等的影响，同时在平台垄断与算法技术下，增加旅游欲望，形成行为习惯，扩大基础消费的范畴，并感受个性体验、愉悦体验与归属感体验。其中，数字平台是基础，包括接触旅游热点、确定旅游路线和打卡攻略、发布个人旅行体验等；个性消费是关键，因自我特性而形成的个性体验是区别于其他个体的，所以个性消费比基础消费带来的愉悦感更强烈；最后，归属感强化需要仪式，既包括因为消费文化属性的商品带来的文化认同，也包括个体对差序格局强化的结果。

---

❶ 曾一果，朱赫. 记忆、询唤和文化认同：论传统文化类电视节目的"媒介仪式"[J]. 现代传播（中国传媒大学学报），2019，41（3）：92-98.

❷ 叶祝弟，张蕾，杨义成. 媒介技术驱动下的人类文明：转型与重塑[J]. 探索与争鸣，2020（6）：4.

随着社交媒体的流行，Z世代更倾向于在网络进行自我表达。并且，对Z世代而言，旅游不仅是一种出行方式，还是一种对历史、文化、艺术等方面的探索和体验。所以，各旅游地可提升文化品牌建设并增加本土特色体验活动。而Z世代成长于数字化时代，对新型数字化技术的接受度更高，会倾向于使用互联网、智能设备来满足个人需求。所以，各旅游地还可借助数字化技术塑造新场景，提升Z世代的文化体验度。同时，借助KOL的力量传播文化旅游相关信息，吸引Z世代体验特色活动、数字文化、数字场景等。最后，维护好粉丝社群是实现可持续发展的关键。

（二）关于Z世代文化旅游消费的启示

1. 提升文化旅游的品牌建设

从文化旅游需求侧来看，网络用户为文化旅游品牌价值增值提供新动力，助力文化旅游品牌发展新方式，并推动了平台经济的发展。同时可借助非遗旅游为乡村旅游建设品牌并增加文化吸引力，通过"非遗+节庆""非遗+演艺""非遗+体验"等方式吸引游客体验。比如，江西婺源县思口镇古宅民宿结合古宅的历史渊源及当地文化特色，打造了一批以非遗体验为主的高端古宅民宿；河南光山县东岳村利用花鼓戏等优势非遗资源组团商业演出增收，并在景区表演；凉山州围绕火把节主题推出十大精品旅游线路，带动了周边一批彝家乐、民宿等产业的快速发展等。

2. 增加本土化特色体验活动

从文化旅游供给端来看，充分挖掘传统特色文化旅游资源，打造文化旅游特色品牌，创新文化旅游产业化开发模式，满足不同群体对文化旅游的多样化需求。推出个性化、多元化和创意化的文旅产品和服务，加强文旅产品与民俗文化和地域特色资源的融合。比如，福建泉州簪花的出圈。游客变身"蟳埔女"的第一步便是去当地簪花店盘头和换装，去体验当地人的生计方式，感受"妈祖文化""民间信仰"等。政府旅游规划的制定者、旅游公司的一系列举措为游客前往蟳埔打卡创造了必要的社会环境；网红、明星、社交媒体激发了游客实地打卡的意愿，同时为游客提供簪花造型和换装的有益参考；簪花店与流动摄影师承担了游客实地打卡的主要任务。最终，游客运用短视频平台回应上述诸多主体的努力，创建或参与了各式各样的网络话题[1]，进而形成了簪花的"破圈"。

3. 数字化技术塑造新场景

提升文旅新业态的数字化应用。智能手机、社交媒体、虚拟现实等数字技术，在很大程度上满足了Z世代的文化和消费需求。文旅企业可以推广应用AR、VR、生物识别等智能技术，提供智能化的旅游服务，将科技手段应用于旅游导航、移动支付、门票预订、导览服务、交通出行、住宿管理等方面。比如沉浸式戏曲《黛玉葬花》利用虚拟现实技术，通过智能终端和扩展现实眼镜等设备，将虚拟的越剧表演与真实的舞台装置有机结合、叠加显示；应用非线性叙事创作方法，在大观园舞台场景中推送《读西厢》《游园》《闭门羹》等表演片段，观众在徜徉大观园过程中欣赏越剧表演、体验越剧文化，创新戏曲观演模式。

4. KOL助力文化旅游传播

随着社交媒体的快速发展，KOL在社交网络平台中开始发挥重要作用，对网络用户有一定影响力。KOL为不同类别消费者营造了分享和沟通场景，为用户和文化旅游品牌搭建平台。关于农村区域的文化旅游传播，一方面，县级融媒体能够利用自身优势拓宽客户资源搭建电商平台渠道，进而与各种平台加强合作；另一方面，利用农民"网红"的影响力，通过创建村庄公众号、村庄微博号、抖音号、直播等搭建村庄新媒体传播平台，激活村民的创造力，激活乡村文化旅游的活力与吸引力。[2]

5. 培养专业人才与营造粉丝社群

人才是文旅持续发展的基础和前提，包括但不限于大数据、云计算等领域，Z世代生态文旅业态特色精品开发，以名人故居、纪念馆、民间艺术等形式开发文旅路线等的人才等。同时，将传统的、大众的、同质化的文化旅游需求转变为现代的、小众的、差异化的文化旅游需求，形成具有文化原创优势的文化旅游产品和服务，成为粉丝流量变现的有效途径。

---

[1] 王东林，朱岚."做一日蟳埔女"：短视频打卡如何建构集体想象——对一个网红话题的田野考察[J]．传媒观察，2024（2）：45-54.

[2] 刘舒."短视频+直播"背景下乡村文化传播的逻辑与策略——基于内生发展理论的视角[J]．东南传播，2023（1）：18-20.

（三）不足之处

本研究在一定程度上弥补了关于Z世代平台消费的扎根研究的不足，丰富了平台消费的理论视角，较为清晰地呈现了Z世代的消费特征及其原有的分析。然而，Z世代平台消费者过程模型的构建是基于小样本得出的，理论的覆盖度可能有所局限。

中国式人文经济学的逻辑指归

◎ 中央文化和旅游管理干部学院　姜　凯

2023年全国两会期间，习近平总书记在参加江苏代表团审议时指出，"文化很发达的地方，经济照样走在前面。可以研究一下这里面的人文经济学"❶。此后，《人民日报》、新华社、中央电视台等中央媒体跟进报道，采写了许多人文经济学方面的地方案例。无论是从习近平总书记的相关阐述来看，还是从中央媒体的后续报道来看，此次提出的"人文经济学"完全区别于作为西方经济学分支学科之一的人文经济学，是一个全新的命题。为方便论述，姑且将之命名为"中国式人文经济学"。

中国式人文经济学既是一个学科概念，也是一个研究范畴。作为一个深富中国意蕴和时代使命的全新命题，中国式人文经济学的确立和发展离不开对其基本内涵、问题指涉、体系架构、学科建设及方法论等元命题的深入探讨。对中国式人文经济学命题缘起、价值关涉、研究定位等问题的前置探讨则有助于实现中国式人文经济学的破题与研究开展。正是基于这一认识，本文力图在梳理西方人文经济学发展脉络的基础上，对中国式人文经济学的逻辑起点、价值内核及其与国家叙事的逻辑嵌合进行一番尝试性探讨，以期引发对中国式人文经济学更为深入、更为精准且更有价值的研究。

一、中国式人文经济学的基本意涵

"人文经济在本质上是一个建设性概念，人文经济学在本质上是一种建设性理论。"❷作为一个与一般意义上的人文经济学有所区别的全新概念，要从学术的角度

---

❶ 杜尚泽，潘俊强．总书记关注的这个题目，有中国的未来[N]．人民日报，2023-07-10（001）．

❷ 王晓静，刘士林，杨珺涵．人文经济的历史逻辑、理论逻辑和现实意义[J]．南京社会科学，2023（9）：41-50．

对中国式人文经济学下一个比较明确的定义尚显困难。习近平总书记作为中国式人文经济学实际意义上的首倡者，其关于文化和经济的相关论述是把握中国式人文经济学意涵的重要依据，而这些论述集中地蕴含在《之江新语》的相关篇目中。通过梳理，基本可以将这些论述归结为四个层面。

一是关于文化、经济整体观的论述。[1]强调要把文化和经济作为同层次的社会系统整体把握；强调文化建设与经济建设并重，文化发展与经济发展同行；强调文化经济既是文化经济化，也是经济文化化，是文化和经济的交融互动、融合发展。这其实是一种基于"五位一体"总体布局的整体发展观。**二是关于文化、经济宏观关系的论述。**[2]强调经济是文化的基础，文化由经济决定，经济为文化提供发挥效能的物质平台；同时又强调文化是经济发展的助推器，文化赋予经济发展深厚的文化价值、极高的组织效能和更强的竞争力。**三是关于文化要素、经济要素互动关系的论述。**[3]强调在经济发展中要注重发挥娱乐消费、社会信用、人文资源、价值理念等文化要素的功能效用，在实现经济效益的过程中注重社会效益的实现，通过经济活动助推文教功能的有效实现。**四是关于人文性关怀是经济发展终极目标的论述。**[4]强调文化经济要始终坚持以人为本，要在文化经济中突出发挥人的作用、实现人的价值、服务人的需求。这些生动而丰富的论述构成了理解中国式人文经济学的重要材料，十分值得进一步研究阐释。

在学界，对人文经济学的探讨主要集中在以下三个方面。**一是对经济学人文转向的探讨。**这种观点认为，西方经济学逐渐数理化的科学主义倾向是西方理性主义传统决定的，这种科学主义的倾向无论是在西方还是在中国都带来了经济发展的许多矛盾，要破解这些矛盾必须依靠中国人文传统及其现代意蕴，构建起具有鲜明人文特色的中国经济学。[5]**二是对人文经济学作为破解我国经济可持续发展难题的工具性探讨。**这种观点认为，西方经济学主导下的经济发展导致了物质生产和精神生产的不平衡，"物之道"压倒"人之道"，人文经济学有助于纠正现代化过程中"物"

---

[1] 习近平.之江新语[M].杭州：浙江人民出版社，2007.
[2] 习近平.之江新语[M].杭州：浙江人民出版社，2007.
[3] 习近平.之江新语[M].杭州：浙江人民出版社，2007.
[4] 习近平.之江新语[M].杭州：浙江人民出版社，2007.
[5] 高德步.科学主义与人文转向：论中国经济学的当代建构[J].中国人民大学学报，2012，26（3）：55-64.

与"人"的不平衡发展状态，从"物之道"向"人之道"的回归，有利于实现国家经济的长远布局，有利于物质文明和精神文明的协调发展。[1]**三是对人文经济学蕴含在中国模式、中国道路、中国观念中的价值进行发掘阐释的探讨。**[2]这种观点认为，经济发展的中国模式中蕴含着人文经济学中的基本精神，如追求广大人民利益最大化、全民社会均衡福利、关联人类命运共同体，中国道路纠偏了经济发展中的欧洲中心主义，创造了东亚奇迹，中国式人文经济学是一种"人文化成"的和平发展观。[3]

这些探讨无论是更多集中于学科建设和学科发展视角，还是更多集中在人文经济学的工具应用视角，抑或是更多集中在人文经济学基本意蕴在现实发展中的发掘阐释视角，对于尚处破题阶段的中国式人文经济学来讲都具有十分重要的参考价值。而中国式人文经济学的后续研究应当以习近平总书记的重要论述为基础，进一步推动学界探讨中国式人文经济学作为一种全新的发展理念上升为顶层设计的可能性和必要性。

虽然"中国式"的命名仅是当前为了在探讨中方便所增加的限定性定语，目的在于与西方人文经济学有所区别。但无论从其基本意涵来看，还是从后续的进一步探讨来看，本文所指涉的"人文经济学"都毫无疑问地是一个更具中国特色、中国风格、中国气派的"中国式"概念。无论何种探讨，绝不能把"中国式"理解为一个简单的定语或修饰词，或人文经济和人文经济学在中国的一个简单翻版。与一般意义上的人文经济学不同，中国式人文经济学有着更具创新性的理论突破和更具深刻性的实践意蕴。这种创新性和深刻性必须回归到中国式人文经济学提出的原初语境中来。

---

[1] 王晓静，刘士林，杨珺涵.人文经济的历史逻辑、理论逻辑和现实意义[J].南京社会科学，2023（9）：41-50.

[2] 高德步.现代化之道：从异化到回归[J].政治经济学评论，2016，7（5）：17-27.

[3] 魏鹏举.中国发展的文化自觉：人文经济学之引入[J].山东大学学报（哲学社会科学版），2023（5）：25-33.

二、中国式人文经济学的逻辑起点

中国式人文经济学的概念涵盖了中国与西方、文化与经济、历史与现实等多重维度。要理解中国式人文经济学的逻辑起点,不仅需要对西方经济学发展的基本脉络进行一番梳理,也需要对我国经济发展的基本历程有所考察,同时还应当从我国丰厚的传统历史文化积淀中探寻线索。这些梳理、考察、探寻必须立足于中国式人文经济学的时代背景,必须面向中国式现代化的现实进程。而关于中国式人文经济学与中国式现代化的现实呼应,将在本文第四部分重点探讨。

(一)西方经济学的缺点

西方主流经济学的理论基础是由亚当·斯密在《国富论》中理性人假设所奠定的。这种理性人假设将人的感性和情感描述为复杂多变而难以把握的,而将理性描述为永恒不变的、可靠的人性。通过将感性与理性的剥离,经济学确立了理性传统,迈出了走向科学主义的第一步。

嗣后,李嘉图通过将逻辑方法与历史方法相剥离,使得经济学成为"专注于纯粹抽象和演绎方法"的"非历史的经济学";后古典主义的代表人物穆勒则将实证研究与规范研究相剥离,将道德伦理等价值判断排除在经济学研究之外,使得经济学成为一种实证性研究;新古典主义者进一步延续了这种研究取向,将自然科学奉为经济学研究的圭臬,因而更加注重使用边际分析和数学方法,力图将经济学改造为一门逻辑上尽善尽美的实验科学。[1] 时至今日,主流经济学更是早已成为一个充斥着各种函数和模型的数理至上的学科。

总体而言,数理性不断增强是西方经济学发展的一条基本轨迹,可以说这是一个为了提升学科自身解释力而持续自我限缩的过程。在此过程中,自然科学特别是数学成为西方经济学理解的优秀范本,而道德伦理、人性情感等价值性因素则不断被经济学研究排除在外。

然而,当市场失灵、贫富分化、环境污染、生态破坏、劳动者异化等严重影响

---

[1] 高德步.中国经济学的人文转向[N].光明日报,2018-01-23(011).

经济可持续发展的难题出现时，主流经济学家给出的数理性解决模型往往显得捉襟见肘。人文经济学则在反思数理经济学片面追求效率和绩效的基础上应运而生，引导经济发展更多关注社会公正和人文关怀。

人文经济学基于人道主义立场，强调在经济发展过程中关注人的尊严和价值，关注对人生和生活的理解，关注资源配置过程中的公平正义问题，主张以适当的政府干预实现经济的常态发展，通过健全市场经济法律体系维护经济自由发展，并将道德伦理视作规范市场行为的有效力量。人文经济学代表人物阿马蒂亚·森就曾指明，"经济学关注的应该是真实的人"[1]。

人文经济学的出现毫无疑问对主流经济学人文精神的缺失提供了有益补充。但其核心理论仍旧是建立在主流经济学对自由市场经济理论无限推崇的基础之上。人文经济学所推崇的人文导向和道德伦理更接近一种充满了理想主义色彩的修修补补，却并没有真正建立起一种足以与主流经济学相抗衡的真正的经济学人文学派。与西方人文经济学对主流经济学的修修补补不同，中国式人文经济学更为注重探讨经济与文化的宏观关系，从理论源头上就将文化和经济作为两个并行且互动的系统，而不是把文化作为构成经济系统的个别"零件"。因而也就更有可能从根本上和源头上破解西方主流经济学的困境。

（二）中国经济发展的历史经验

计划经济是中华人民共和国成立以来相当长的历史时期里占据主导地位的经济制度。这一方面是基于马克思主义政治经济学在社会主义国家的具体实践，另一方面是基于苏联社会主义经济建设经验在社会主义国家的普遍推广。其更为深层的制度考量在于初生的共和国急于通过生产力水平的迅速提升改变自1840年鸦片战争以来中国社会贫穷落后、被动挨打的历史困境。而计划经济能够有效地调配全社会资源、动员全社会力量、组织全社会生产系统，因而也就能够快速提高社会生产力，同时也能有效避免市场波动和经济危机等市场经济痼疾。

计划经济的实行在社会主义建设初期取得了较为显著的成果，在一定历史时期

---

[1] 阿马蒂亚·森.伦理学与经济学[M].王宇，王文玉，译.北京：商务印书馆，2006.

内促进了我国社会经济的发展，取得了大规模奠定工业化基础等巨大成就。但毋庸讳言的是，与巨大成就相伴生的是巨大的发展弊端。

对计划经济的一般批评主要集中在其过分追求平均主义，"大锅饭"式的经济生产和分配制度导致了严重的效率低下和技术迟滞，因而其生产也就无法满足巨大的社会需求，导致普遍贫困。从人文经济学的角度来讲，计划经济制度极大地限制了个体的正当利益诉求，缺乏必要的激励机制，因而也就无法产生符合社会发展需求的生产效率。无论是西方主流经济学所主张的理性人假设，还是计划经济学试图通过科学预测市场需求制定生产规划的鲜明计划性，其本质都体现了理性思维和科学方法，是不同表现形式的经济科学主义取向。[1]

党的十一届三中全会召开之后，党的工作重心逐步转移到经济建设上来。党的十四大正式确立"我国经济体制改革的目标是建立社会主义市场经济体制"。之后，随着改革开放的日益深入，西方经济学被引入并在经济发展过程中逐渐成为主流。西方经济学的普遍运用成就了经济高速发展，同时也毫无意外地将贫富矛盾、劳资冲突、生态破坏、环境污染等现实问题摆上了台面。更为具象化的社会现象如"996""躺平族""社畜"等已经不仅仅是简单的调侃和玩梗，而已经成为一种值得社会普遍关注的经济发展问题，同时也在更深层次上不利于经济、社会的可持续发展。而中国式人文经济学的提出，使得这一系列问题的破解成为可能。

（三）人文传统的历史积淀

中国式人文经济学的命题指向与我国人文传统的丰厚历史积淀是紧密契合的。传统文化中包含了很多与经济发展相关的古老智慧，这些智慧对中国式人文经济学的命题酝酿和提出仍旧具有十分重要的参考价值。在众多的传统智慧中，构成中国式人文经济学思想之源的至少包括以下三个方面。

一是民本思想。与西方长期深受神本主义影响不同，我国很早便摆脱了宗教信仰对社会个体的根本性牵制。先秦时期，儒家先哲就曾提出"民惟邦本，本固邦宁""民为贵，社稷次之，君为轻""故君人者，欲安，则莫若勤政爱民矣"等观点；

---

[1] 高德步.科学主义与人文转向：论中国经济学的当代建构[J].中国人民大学学报，2012，26（3）：55-64.

道家经典《道德经》中也有"圣人无常心，以百姓心为心"的记述；而"君，舟也；人，水也；水能载舟，亦能覆舟"更是成为千余年来封建统治者的自警之声。这些朴素的民本思想构成了中华优秀传统文化中的有益养分，时至今日仍在以不同形式发挥着重要的思想功效。

二是民生思想。中国传统文化博大精深，民生思想源远流长。"在我国古代，有远见卓识的执政者，无不把改善民生视为经世治国的最高境界。"❶早在上古三代时期，"敬天保民"等民生思想便已成为思想共识。下至春秋战国时代，诸子百家更是根据各自立场提出了众多民生色彩的主张，这些主张往往又与民本思想相关联。例如，作为封建时代千余年主流思想的儒家主张"仁"，孔子认为"亲亲而仁民，仁民而爱物""乐民之乐者，民亦乐其乐，忧民之忧者，民亦忧其忧""得天下有道，得其民，斯得天下矣；得其民有道，得其心，斯得民矣"，这其实是把爱民、养民等民生思想与国家治理联系了起来，主张施政者应当以仁爱之心博得民心以收天下。道家、墨家、法家等诸子也均有丰富的民生思想论述。

三是义利观念。义利之辨是中国思想史上延续了2000多年的重要哲学命题。对义与利的辩论本质上既是一个探讨道德等文化要素与利益等物质要素孰轻孰重的问题，也是一个涉及人道与物道以何为先的哲学问题。孔子认为"君子喻于义，小人喻于利"，实际上是崇义抑利的观点。孟子则更进一步指明了"上下交征利"必将导致"国危"。西汉大儒董仲舒也主张"正其义不谋其利，明其道不计其功"，认为匡正道义比谋取利益更为重要。后世儒家如程朱等人更是将其发展为天理与人欲的大辩论。总体来看，传统思想的主流是主张义高于利的，但墨家及陆九渊等个别儒家代表也提出了利在义先或义利统一的主张。❷

传统智慧中的概念虽然在命题意图、概念意涵、功能指向等各方面与现代语境下的同一词汇并不完全一致，虽然不能直接采取"拿来主义"的态度，但其仍能够对应当前许多近似或相同的研究范畴，通过现代阐释仍能够发挥其有益的一面。这些传统智慧所催生的各类人文经济现象更是值得进一步发掘阐释。从人民生计的角度讲，传统的民本思想、民生思想、义利观念等对于中国式人文经济学的探讨是有

---

❶ 李小宁. 民生论 [M]. 北京：人民出版社，2015.
❷ 张岱年. 新时代的义利理欲问题 [J]. 北京大学学报（哲学社会科学版），1994（6）：22-25.

益且有意义的，是构成中国式人文经济学命题的重要逻辑源头之一。

三、中国式人文经济学的价值内核

要理解中国式人文经济学的价值内核，重点在于如何理解和阐释中国式的"人文"以及如何把握"人文"与"经济"的关联。中国式人文经济学回答的终极问题是在中国式现代化的历史进程中如何通过文化和经济的良好互动实现经济、文化及整个社会的长久可持续发展，而中国式人文经济学给出的答案则是走一条依靠人民、为了人民、人民共享的以人民为中心的经济发展之路。

一方面，中国式人文经济学明确了"人"在经济活动中的主体性地位。这种主体性地位并非指"人"在经济活动中的主观能动性具有决定性、根本性的作用，而是强调经济活动是围绕着"人"这一关键性因素开展的，没有"人"也就不存在经济活动，经济活动本身就是一项"人"的活动，而经济活动的立足点和终极目标都应当是"人"，而且必须是"人"，否则就会掉入西方资本主义片面追求物性而无视人性的发展陷阱之中。人在经济活动中的主体性地位不仅体现在人是经济活动中最活跃的因素，同时也体现在经济活动的终极目的是服务于人的，是立足于人的解放的。正如习近平总书记所言："'文化经济'的本质在于文化与经济的融合发展，说到底要突出一个'人'字……推进'文化经济'的发展中，要始终坚持以人为本……"[1]

确立"人"在经济活动中的主体性地位，不仅是中国式人文经济学对传统文化中民本思想、民生思想和义利观念进行扬弃的成果，也是马克思主义中国化的创新成果。"中国传统价值的核心是'以人为本'，即以'人之道'为本来之道。"[2]传统文化中有关民本思想、民生思想和义利之辨的探讨大多是通过强调"人本"来呼吁"为人"的。而在马克思来看，资本主义对物性的病态追求过程中，人作为劳动力失去人性而异化为商品，物质生活极大满足的同时人的精神生活却不断萎缩，人的幸福感遭到剥夺，人的彻底解放和自由全面发展成为无产阶级的奋斗理想。中国式

---

[1] 习近平. 之江新语[M]. 杭州：浙江人民出版社，2007.
[2] 高德步. 现代化之道：从异化到回归[J]. 政治经济学评论，2016，7（5）：17-27.

人文经济学全面秉承了马克思主义的相关理论和观点,在肯定和重视经济基础的同时,把实现人的自由全面发展作为价值追求,形成了马克思主义中国化的最新成果之一。

在中国式人文经济学视野中,经济与文化应当构成一种良性互动的关系:经济基础决定上层建筑,文化发展取决于物质生产;同时,文化发展又反作用于物质生产。在经济与文化的互动关系中,经济增长、文化繁荣的根本动力源自人民大众,其根本目的亦是人民大众;人民大众作为物质文明和精神文明的根本创造者,应当充分享有物质成果和精神成果。❶

另一方面,中国式人文经济学明确了"文"是经济活动的功能性手段。中国式人文经济学重视"人"作为经济活动的主体对经济活动所施加的影响——一种动力性和目的性并存的影响,同时也将这种影响理解为文化的过程。这里的"文化"是动词属性的,而非名词属性的,即以文化成。

从历史发展的现实来看,经济发展离不开文化的强力支撑。"文化的力量……总是'润物细无声'地融入经济力量……之中,成为经济发展的'助推器'。"❷文化对经济的强力支撑至少表现在三个方面:**一是**文化赋予经济以意义和价值,这就使得人的经济活动在本质上区别于动物性的谋生行为,而成为一种更具伦理性和社会性的活动,而作为经济活动主体的人亦能从中实现更高的社会意义。**二是**经济活动本身也依赖于文化的维系。在历史上往往能够观察到这种现象,即一种经济活动在长期发展中形成了某些特定文化,而这些文化既约制着社会个体参与经济活动的具体行动,也构成了特定经济活动内部的一整套信息交流系统。行帮组织的出现就是这种现象的生动注解。**三是**文化为经济培育了大量高素质的适用劳动者。这种支撑作用在现代化过程中显得尤其重要,以至于劳动者的受教育水平成为衡量某一国家或地区经济发展实力和前景的重要指标之一。我国在改革开放之后的现代化过程中所取得的成就,尤其可以说明这一点。

具体到我国社会经济发展的实际,文化对经济的助推作用突出地表现在两个方面。

---

❶ 陈忠.人文经济学与中国式现代化苏州样本[J].江苏社会科学,2023(5):29-34.

❷ 习近平.之江新语[M].杭州:浙江人民出版社,2007.

一是文化铸魂。 文化是一个国家、一个民族的灵魂。[1] 培根铸魂离不开文化。经济的发展离不开理念的引导、离不开制度的完善、离不开规范的制约、离不开信心的保障……这些都需要借助文化的力量来实现和完成。西方经济学的鼻祖亚当·斯密就曾在《道德情操论》中重点阐释了同情、正义、仁慈、良心等道德伦理观念对市场经济发展的巨大影响，在他看来，没有这些最基本的道德伦理观念的制约，市场经济的发展将陷入一片混乱。而德国社会学家马克斯·韦伯则在《新教伦理与资本主义精神》一书中通过探讨社会伦理与经济行为的关系，论证了新教作为宗教精神和文化因素对西方资本主义社会经济发展产生的巨大推动作用；而在另一本探讨宗教伦理观念与社会经济发展关系的著作——《中国宗教：儒教与道教》中，马克斯·韦伯将中国在诸多有利条件下却未能走上资本主义发展道路的原因归结为中国文化心理。

二是文化赋能。 文化对经济的赋能作用突出地体现在文化产业领域的发展。改革开放以来，我国文化产业保持了持续增长，特别是党的十八大以来，文化对经济的赋能作用益发凸显。**首先**，文化对经济的赋能体现在文化产业体量的巨大增长。2012—2019年，我国文化产业增加值保持了持续增长，在短短7年内从18071亿元增长到44363亿元，占GDP比重从3.36%上升到4.5%，年平均增长率达到13.69%，比同期国内生产总值高出约4.5%。[2] "文化产业增加值占GDP比重稳步提升，对国民经济的拉动作用显著，日益成为我国国民经济的支柱性产业。"[3] **其次**，文化对经济的赋能体现在文化产业新业态的不断催生。当前，以数字创意、数字文旅、数字出版、文创产业、休闲文旅等为代表的新业态形式层出不穷，文化产业链条不断延伸，极大满足了人民群众多元化的文化消费需求。**最后**，文化对经济的赋能体现在文化产业服务国家重大战略的功能作用不断凸显。当前已在国家层面形成"京津冀、粤港澳大湾区、长三角、成渝地区等文化产业群和黄河、长江、大运河

---

[1] 习近平.决胜全面建成小康社会夺取新时代中国特色社会主义伟大胜利——在中国共产党第十九次全国代表大会上的报告[N].人民日报，2017-10-28（001）.

[2] 顾江.党的十八大以来我国文化产业发展的成就、经验与展望[J].管理世界，2022，38（7）：49-60.

[3] 范周，杨矞.改革开放40年中国文化产业发展与成就[J].社会科学文摘，2018（11）：115-117.

等文化产业带"①，文化产业赋能国家战略发展的功能作用越发凸显。

正是通过对"人"的主体性地位和"文"的功能性手段的确立，中国式人文经济学擘画出了一条"人文"与"经济"之间良性互动的真正通路，形成了"人—经济—人"的完整价值闭环。这不仅是马克思主义中国化在经济、文化领域的全新成果，也是推进中国式现代化进程的重要途径。

四、中国式人文经济学与国家叙事的逻辑嵌合

中国式人文经济学是总结历史、立足当下、面向未来的。它是习近平总书记"对我国改革开放以来成就与经验的高度概括，对我国经济模式不同于西方经济模式的深刻揭示，对政治经济社会文化生态五大文明深层统一性的深刻揭示"②，具有极其重要的理论指导意义和实践指导意义。其最基本的现实意义在于为中国式现代化过程中的经济发展开辟了一条新的理路。可以说，中国式人文经济学自命题产生起就深深根植于中国式现代化的国家叙事之中。

党的二十大报告指出，中国式现代化是人口规模巨大的现代化，是全体人民共同富裕的现代化，是物质文明和精神文明相协调的现代化，是人与自然和谐共生的现代化，是走和平发展道路的现代化。③中国式现代化的这五点特征是把握中国式人文经济学发展走向的重要着力点，而凝结了中国特色、中国风格、中国气派等格调在内的"中国式"是中国式人文经济学与中国式现代化之间能够实现逻辑嵌合的关键点。

一是助推高质量发展，实现人口规模巨大的中国式现代化。根据国家统计局发

---

① 张怡恬，殷鹏，郑延冰，等.拓展文化经济研究的广度和深度［N］.人民日报，2023-09-04（009）.

② 陈忠.人文经济学的世界文明意蕴［J］.苏州大学学报（哲学社会科学版），2023，44（6）：1-8.

③ 习近平.高举中国特色社会主义伟大旗帜为全面建设社会主义现代化国家而团结奋斗——在中国共产党第二十次全国代表大会上的报告［N］.人民日报，2022-10-16（002）.

布的数据，截至2022年年底全国人口为14.12亿人。[1] 人口规模超过现有发达国家人口总和。虽然全国脱贫攻坚目标于2020年11月已经全部完成，历史性地在中国大地上消除了绝对贫困问题，实现了人类历史上前所未有的发展壮举。但应当清醒地认识到，仍有约6亿人月收入仅在千元左右。如何实现人口规模如此庞大的现代化，是一件极具挑战性、艰巨性和复杂性的难题。满足人民日益增长的美好生活需要，破解不平衡不充分发展难题，必须依靠高质量发展。正如党的二十大报告所指出的那样，"高质量发展是全面建设社会主义现代化国家的首要任务"[2]，同时也是中国现代文化经济发展体系建设的总体目标与努力方向。[3] 高质量发展本身就是坚持以人民为中心，依靠人民、为了人民、成果由人民共享的发展。中国式人文经济学本身就是一种依靠人民、为了人民、人民共享的以人民为中心的经济发展观，这是其价值内核。因此，在通过高质量发展实现人口规模巨大的中国式现代化道路上，中国式人文经济学具有自在的助推意义。

二是促进发展正义，实现全体人民共同富裕。实现全体人民共同富裕也就是消除两极分化，破解发展不平衡不充分难题，努力满足人民日益增长的美好生活需要。这既是中国特色社会主义的本质要求，也是实现中国式现代化的本质要求。共同富裕不仅是在物质层面满足人民需要，也要在精神层面满足人民的美好向往，是一种物质生活和精神生活的全面富裕。中国式人文经济学继承和发扬了传统文化中的民本思想、民生思想和义利观念，倡导在经济发展过程中提升物质生产效率的同时兼顾社会公平正义，通过平衡生产效率与公平正义，最终实现全体人民共同富裕。

三是重视文化赋能，实现物质文明与精神文明协调发展。贫困不是社会主义。这里的贫困既指涉物质层面，又指涉精神层面。物质富足、精神富有是中国特色社会主义现代化的根本要求。在实现中国式现代化的过程中，必须不断提升人民生活

---

[1] 包括31个省、自治区、直辖市和现役军人的人口，不包括居住在31个省、自治区、直辖市的港澳台居民和外籍人员。

[2] 习近平.高举中国特色社会主义伟大旗帜为全面建设社会主义现代化国家而团结奋斗——在中国共产党第二十次全国代表大会上的报告[N].人民日报，2022-10-16（002）.

[3] 魏鹏举.建构基于文化价值坐标的中国文化经济学研究范式[J].福建论坛（人文社会科学版），2023（4）：18-25.

的物质条件，牢筑现代化发展的物质基础，同时勇担新时代新的文化使命，大力推动文化强国战略，不断增强文化自信，努力实现文化大繁荣大发展，最终实现物质文明与精神文明的协调发展。中国式人文经济学不仅重视经济对文化的决定作用，也同样重视文化铸魂和文化赋能的功能性发挥，是一种统合经济发展与文化发展的整体发展观。中国式人文经济学不仅能够为经济发展提供充足的精神动力，同时也能够通过促进文化和旅游产业的大发展，推动物质生产与精神生产的步调一致，最终实现物质文明与精神文明协调发展。

四是推动永续发展，实现人与自然和谐共生。与西方现代化中出现的以破坏生态、污染环境为代价换取经济发展的传统模式不同，中国式现代化着眼于实现人与自然的永续发展，坚持走出一条生产发展、生活富裕、生态良好的现代化文明发展道路。这种现代化路线契合了经济建设、政治建设、文化建设、社会建设和生态文明建设五位一体、全面推进的总体布局。中国式人文经济学作为一个命题提出的逻辑起点之一便是破解西方经济学主导下引发的西方现代化困境。保护生态环境、推动永续发展、实现人与自然和谐共生既是中国式人文经济学的题中之义，也是中国式人文经济学区别于西方主流经济学和西方人文经济学的重要标志之一。

五是坚持和平发展，构建人类命运共同体。西方现代化的历程充满了战争、殖民、掠夺等有悖道德的因素。中国式现代化则明显走出了一条不同于西方现代化的新路，即充分发挥中华文明中包容、互利、合作、共赢等优秀智慧的和平发展之路。中国式现代化是一种文明崛起、和平崛起。中国式人文经济学以文明熔铸发展、以发展促进文明，本质上是"人文价值共享经济利益的和平发展模式"[1]。这种中国模式、中国道路既能够将全人类的命运紧密联结起来，在坚定维护世界和平与发展中谋求自身发展，又能通过自身发展更好地维护世界和平和发展，实现人类命运共同体的构建。

---

[1] 魏鹏举.中国发展的文化自觉：人文经济学之引入[J].山东大学学报（哲学社会科学版），2023（5）：25-33.

旅游产业政策内容组态及其绩效生产路径
——基于31份省级规划文本的fsQCA方法

◎ 湖南商学院旅游管理学院　生延超

一、引言

作为政府调控经济的重要宏观手段，旅游产业政策是国家和旅游行政组织为实现旅游发展目标而制定的行动准则，它能够反映出政府价值和战略走向。作为国家部署和发展旅游业的重要出发点，旅游产业政策的指导作用贯穿旅游产业发展的整个过程，其对旅游产业发展的促进作用非常明显。

在目前的公共政策研究中，主要是从两个角度展开的：一是分析政策制定、执行、监督及最后的问责这一完整环节；二是分析政策目标、主体及政策工具。前者是研究政策动态形式，后者是分析政策静态形式，两者的割裂未考虑到政策实施过程及效应的完整性，为弥补这方面的不足，虽有学者通过考察政策主体、结构功能与实施环境之间的关系，将绩效生产机制考虑在内，以此来研究政策运行和最终绩效产出两者的关系[1]，但相对较少。而且对于政策绩效评价的相关研究，也主要集中在政策的设计和实施上，关注点是评价政策的价值、增量及最后的实施结果。[2][3] 政策绩效生产的研究与前者不同，它是假设政策目标是既定的，政策主体、程序及责任分工也是明确的，是一种假设，侧重于比较分析实施效果和预期结果的完成度，重点是关注决策依据、目标、主体、过程及结果配置等内容，这实际上就是近年

---

[1] 段静，卢扬帆，邓紫晴.绩效生产场域下的科技创新政策两层次绩效评价研究——以广州为例[J].软科学，2022，36（1）：44-51.

[2] 贾凌民.政府公共政策绩效评估研究[J].中国行政管理，2013，28（3）：20-23.

[3] 卢扬帆，邓紫晴.战略性新兴产业政策内容组态及其绩效生产路径——基于28份省级规划文本的fsQCA方法[J].中国科技论坛，2022，33（7）：65-76.

来学术界关注的绩效生产机制,这就使得挖掘政策内在组态和绩效生产研究非常必要,尤其是鲜有涉及旅游产业政策内容组态和绩效生产的相关研究。但快速且准确地把握旅游产业政策的内容组态及充分认识其绩效生产的路径,对于推进和引导区域旅游产业发展是至关重要的,这也为国家进一步优化政府干预旅游产业的手段和措施提供科学依据。

在产业政策体系中关键的就是产业发展规划,它能够起到总体部署和全面规划的作用,能规划发展路径、调整制度设计等。考虑到时效性和实施的完整性,本文以"十三五"(2016—2020)期间的旅游产业发展规划为研究对象,科学评估其规划内容组态及绩效生产路径,以期科学评估这一时期省级规划的实施内容和效果,也是为后期旅游产业规划制定提供科学依据。

二、文献综述与述评

关于旅游产业政策绩效生产路径的相关研究,目前主要集中在政策内容与评估、旅游产业政策过程管理两个方面。

(一)旅游产业政策内容及评估

1. 政策主体选择偏好

不同国家、区域或者不同部门,会因偏好或者职能不同而选择有倾向性的支持政策,而且在政策选择的优先度、内容结构组成及执行监控等方面出现不同的结果。[1]吉安·努帕尼(Gyan Nyaupane)等(2010)对不丹旅游产业政策的分析,发现其旅游政策不只是追求旅游业可持续发展,还强调权力与当地政治的相关性[2];尼古拉斯·布卡斯(Nikolaos Boukas)等(2016)对塞浦路斯旅游产业发展提出"由

---

[1] 黄冬娅. 压力传递与政策执行波动——以A省X产业政策执行为例[J]. 政治学研究,2020(6):104-116.

[2] NYAUPANE G P, TIMOTHY D J. Power, regionalism and tourism policy in Bhutan [J]. Annals of Tourism Research, 2010, 37(4): 969-988.

内向外"的目的地管理政策,旨在提高该城市的旅游竞争力[1];江都都等(2018)立足于立法部门的描述性统计分析结果,也支持了不同部门因行政职能不同而采取选择性扶持政策这一观点。[2]李树民(2015)[3],马波(2015)[4],生延超、吴昕阳(2021)[5]等的研究,也支持了上述观点。

2. 政策工具的选择

旅游产业政策落到实地,必须有合适的旅游产业政策工具。现有关于旅游政策工具选择的研究,大都遵循罗伊·罗斯威尔(Roy Rothwell)等(1982)供给型、环境型、需求型分类框架[6],或者是迈克尔·霍尔莱特(Michael Howlett)等(2002)自愿性、强制性与混合性分类标准。[7]我国学者关于旅游产业政策工具选择的研究,大都侧重于借鉴前者,即利用供给型、环境型、需求型这三种分类框架来研究产业政策,如戴斌、夏少颜等(2009)[8]对大众旅游政策,江金波等(2021)[9]对粤港澳大

---

[1] BOUKAS N, ZIAKAS V. Tourism policy and residents' well-being in Cyprus: Opportunities and challenges for developing an inside-out destination management approach [J]. Journal of Destination Marketing & Management, 2016, 5(1): 12-66.

[2] DUDU J ZEHUA F. Discussion on Legal Support for the Development of Emerging Industries in China [C] //LEE G. Proceedings of 2018 3rd International Conference on Future Computer Supported Education(FCSE 2018). Hong Kong: Information Engineering Research Institute, 2018: 68-74.

[3] 李树民.浅论我国现阶段旅游产业政策转型 [J].旅游学刊,2015,30(8):1-2.

[4] 马波.新常态下中国旅游产业政策调整略论 [J].旅游学刊,2015,30(7):4-5.

[5] 生延超,吴昕阳.中国旅游产业政策演变及其有效性研究 [J].旅游研究.2021,13(2):1-16.

[6] ROTHWELL R, ZEGVEL W. ELIZABETH H. Industrial Innovation and Public Policy: Preparing for The 1980s And The 1990s [J]. American Political Science Review, 1982, 76(3): 55-107.

[7] HOWLETT M., RAMESH M. The policy effects of internationalization: a subsystem adjustment analysis of policy change [J]. Journal of Comparative Policy Analysis, 2002, 4(1): 5-38.

[8] 戴斌,夏少颜.论我国大众旅游发展阶段的运行特征与政策取向 [J].旅游学刊,2009,24(12):13-17.

[9] 江金波,龙云.粤港澳大湾区文化和旅游融合政策工具研究——基于内容分析法的政策文本分析 [J].城市观察,2021(5):7-19.

湾区文旅产业政策，黄艺红、刘海涌（2021）[1]对冰雪旅游产业政策等的研究。但现有研究均认为目前旅游产业政策工具存在着供给型工具过多、用力过猛，而需求侧工具缺失、拉力不足等特点，需要进一步完善优化。也有部分学者借鉴瑞纳塔·汤姆珍诺维奇（Renata Tomljenovic）等（2004）[2]、何塞·奥利维亚（Jose Antonio Puppim de Oliveira）等（2023）[3]的分类标准，将其按不同的划分标准分为：①按价值导向分为事业培育导向型政策、消费需求导向型政策、综合效益导向型政策以及全域旅游导向型政策[4]；按其手段可分为过程性和制度性政策[5][6]；②按其对象分为政治政策、文化政策、社会政策和交通政策等[7]；③按其功能可分为激励型、引导型、保护型和协调型政策。[8]当然，也有学者认为上述分类实际上不是政策选择工具，更多的是政策形式，但两者的界别确实难以厘清。

3. 旅游产业政策的测度

旅游产业政策涉及诸多方面，其实施工具也千差万别，因此对政策量化也难以有统一的标准，研究者采用的方法多种多样，包括但不限于回归分析、内容分析法

---

[1] 黄艺红，刘海涌. 社会政策视域下中国冰雪经济融合发展理路与路径创新[J]. 北华大学学报（社会科学版），2021，22（4）：120-129.

[2] TOMLJENOVIC R. Funding Cultural Events in Croatia: Tourism Related Policy Issues[J]. Event Management, 2004, 9（2）: 51-59.

[3] ANOUTI A D, CHAPERON S K. Tourism policy and United Nations sustainable development Goal 16: peace and stability in the Middle East and North Africa[J]. Worldwide Hospitality and Tourism Themes, 2023, 15（2）: 54-98.

[4] 生延超，刘晴. 旅游产业政策演变及价值导向研究（1978~2018）[J]. 旅游研究，2019，11（4）：22-34.

[5] OLIVEIRA A P DE JOSE. Implementing Environmental Policies in Developing Countries Through centralization: The Case of Protected Areas in Bahia, Brazil[J]. World Development, 2002, 30（10）: 1713-1736.

[6] 王慧娴，张辉. 中国旅游政策评估模型构建与政策变量分析[J]. 旅游科学，2015，29（5）：1-13.

[7] 李锋，孙根年，付琦. 基于抗周期性角度的我国旅游产业政策效用评估研究——以四次旅游产业政策为例[J]. 经济地理，2013，33（6）：162-169.

[8] 薛福根，何敏红. 区域旅游政策的效应评价：理论与实证分析[J]. 统计与决策，2013，28（10）：56-59.

等。比如，齐秀平等（2013）[1]采用回归分析方法；庄芳等（2014）[2]采用协整向量自回归方法；魏博茜等（2021）[3]采用内容分析法。鉴于旅游产业政策是一个体系，涉及产业、人才、规模、集聚和布局等综合因素，而且实施效果的测度更多是比较实施前后的效果和效应，如田超琼和杨励（2021）[4]的双重差分模型研究、林俊达（2019）[5]的合成控制法等的相关研究，昭示着政策评估方法的日益丰富。

（二）旅游产业政策绩效管理过程

1. 政策的目标决策

完善的目标能够提高目标绩效，国内外政策的实施早已证明了这一点。邦尼·马丁（Bonnie Martin）（1990）认为旅游政策的制定与实施必须考虑目标决策，但由于政策目标清晰度、难度以及灵活性等特征对于绩效生产的影响很复杂，很难准确区分这些特征对绩效生产的具体作用。[6]兰德尔·戴维斯（Randall Davis）（2022）也认为，公共领域和私人部门的政策目标有明显的区别，其中最明显的是前者有目标模糊性、性质多重性以及实施的相互冲突等特征。[7]基于此，薛澜等

---

[1] 齐秀平，杨明皓.财税政策对企业绩效影响的回归分析[J].统计与决策，2013（8）：170-172.

[2] 庄芳，庄佳强，朱迎.我国财政政策和货币政策协调配合的定量效应——基于协整向量自回归的分析[J].金融研究，2014（12）：71-85.

[3] 魏博茜，黄安民.基于内容分析法的旅游安全管理政策设计研究[J].资源开发与市场，2021，37（1）：87-92.

[4] 田超琼，杨励.产业政策对中国企业投资行为的影响分析[J].中国流通经济，2021（36）：168-171.

[5] LIN J D. Analysis of the effect of financial subsidy on China's new energy vehicle industry R&D activities[J]. Modern economy, 2019, 10（1）：96-107.

[6] MARTIN B, UYSAL M. An examination of the relationship between carrying capacity and the tourism lifecycle: Management and policy implications[J]. Journal of Environmental Management, 1990, 31（4）：77-104.

[7] DAVIS R, STAZYK E. Ambiguity, appraisal, and affect: examining the connections between goal perceptions, emotional labour, and exhaustion[J]. Public Management Review, 2022, 24（10）：5-49.

（2017）[1]、卢扬帆等（2021）[2]认为产业政策应该按照商定的方案协调工作、履行职责，必要时还要适当地采取法律、行政和财政税收等实施手段，促使政策的目标决策更加精准。

2. 政策的执行机制

再好的目标也需要科学的执行机制。权静（2013）认为地方政府政策执行机制中的权力配置、信息沟通、监控及责任追究机制的不健全，会制约地方政府执行力，进而干扰、阻碍其执行活动的有效进行。[3]张卫国（2019）对政策执行机制的研究则主要是从地方政府激发市场主体活力这一角度出发，认为地方政府通过一系列的政策措施、改革等形成了多项政策执行机制，有助于政策目标的实现。[4]杨继东等（2021）的研究也支持这一结论，认为决策机制不规范、资源分散、信息不对称等，都会导致产业政策难以完全实现潜在目标。[5]

综上，实现旅游产业政策目标是一个复杂的过程，受到诸多因素的影响，加之旅游产业综合性特征的影响，使得相关研究内容较为分散，未能形成完整的体系，存在着比较明显地将政策过程环节和政策结果分割的现象，这使得政策绩效生产路径的相关研究缺乏系统性和科学性，所以对旅游产业政策内容组态和绩效生产路径开展研究是有必要的。**首先**，提炼旅游产业政策的内容要点，通过 NVivo 12 Plus 对我国 31 个省市"十三五"省级规划文本进行处理分析，再进行归纳分析处理和演绎式推导得到几个关键维度，并将这几个维度作为后续分析的变量条件；**其次**，通过 fsQCA 软件来处理结果变量和条件变量，进而分析得出组态解，通过组态解来诠释旅游产业政策的绩效生产路径。

---

[1] 薛澜，赵静. 转型期公共政策过程的适应性改革及局限［J］. 中国社会科学，2017（9）：45-67.

[2] 卢扬帆，郑方辉. 区域科技创新政策目标力及其演变评价——基于广州近 16 年政策文本的分析［J］. 中国科技论坛，2021（2）：80-90.

[3] 权静. 关于地方政府公共政策执行有效性的思考［J］. 科技信息，2013（25）：192-198.

[4] 张卫国. 我国高校科研生产率提升路径研究：基于 31 个省份的模糊集定性比较分析［J］. 中国高教研究，2019，36（7）：78-84.

[5] 杨继东，刘诚. 产业政策经验研究的新进展：一个文献综述［J］. 产业经济评论，2021，8（6）：31-45.

三、概念界定、数据来源及研究方法

（一）概念界定

1. 旅游产业政策内容组态

旅游产业政策是一套集规章、规则、准则等形式的目标或战略，是为了对旅游目的地的活动和发展直接产生影响而制定的。[1]国内对旅游产业政策科学内涵的研究比较多，如张辉（2005）[2]、宁泽群（2005）[3]等认为，必须将不同条件变量组合的组态当作研究对象，才能科学界定旅游产业政策的理论内涵。丹尼·米勒（Danny Miller）（1986）[4]、赫伯特·西蒙（Herbert Simon）（1996）[5]、维尔莫斯·米桑吉（Vilmos Misangyi）（2017）[6]等认为，应该从组态视角对战略与组织结构进行分析，因为组织元素彼此依赖共同作用产生结果。作为一个复杂系统，旅游产业政策的制订与实施，须从整体来理解（陈向东等，2020）[7]。组态理论是要找出科学的绩效生产路径，诸多学者的探索为后续相关研究奠定了基础，如张圆刚（2021）[8]、刘佳等（2022）[9]。旅游产业政策内容组态是制定、实施和调整旅游产业政策的框架及

---

[1] EDGELL D. United States international tourism policy [J]. Annals of Tourism Research, 1983, 10（3）：427-434.

[2] 张辉. 转型时期中国旅游产业环境、制度与模式研究［M］. 北京：旅游教育出版社，2005：89-97.

[3] 宁泽群. 旅游经济、产业与政策［M］. 北京：中国旅游出版社，2005：31-43.

[4] MILLER D. Configurations of Strategy and Structure：Towards a Synthesis [J]. Strategic Management Journal, 1986, 7（3）：99-103.

[5] SIMON H.A. The Sciences of the Artificial [M]. Cambridge：MIT Press, 1996：34-37.

[6] MISANGYI V. THOMAS G. FURNARI S, et al. Embracing Causal Complexity：The Emergence of a Neo-Configurational Perspective[J]. Journal of Management, 2017, 43(1)：255-282.

[7] 陈向东，杨德全. 组态视角下的教育研究新路径——质性比较分析（QCA）及在教育技术中的应用分析［J］. 远程教育杂志，2020，38（1）：28-37.

[8] 张圆刚，黄业坚，余向洋. 乡村旅游政策变迁影响路径的组态视角研究——基于黄山案例地的定性比较分析［J］. 地理科学进展，2021，40（3）：457-467.

[9] 刘佳，安珂珂，刘宁，等. 区域旅游产业结构优化的影响因素与组态路径——基于面板回归与fsQCA的分析［J］. 华侨大学学报（哲学社会科学版），2022（6）：58-73.

方法论，其核心是通过对旅游产业现状、发展趋势、所处环境等因素的分析，确定产业目标和优先方向，并采取相应政策和措施引导和促进产业的发展。这些政策和措施包括但不限于财政支持、税收优惠、基础设施建设、人才培育等，其重点在于将各种政策和手段组合起来，形成协同体系，以提高政策效率。因此，旅游产业政策内容组态需要在政策制定初期就进行全面谋划，确保可操作性和预期效果。

2. 旅游产业政策绩效生产

绩效生产源于生产理论，重点研究政策相关主体的动机、过程以及相互关系，研究由其"可作为"的行动逐步衍生政策绩效的原理。政策绩效有广义和狭义之分，前者涉及政策设计、实施以及最后的结果，而后者只关注既定政策的实施过程和结果。如果从后者来看，绩效生产路径就是专指已制定好的公共政策如何产生绩效。当然，不同政策强调的重点是不同的，这会使政策实施的方向不同。也有学者认为政策绩效生产是厘清政策目标和主体责任分工、政策主体在约束条件下的行为选择和产出效果。[1] 作为公共政策的一种，旅游产业政策绩效生产旨在衡量旅游产业政策实施后所产生的效果，重在分析和比较预期结果与政策实施的一致性，这对促进旅游高质量发展至关重要。

（二）数据来源与样本选择

1. 数据来源

在测量上，旅游总产业收入是衡量旅游发展的重要指标，能够反映当地旅游经济发展的基本情况。所以本文以2016—2020年的旅游产业总收入作为观测依据。鉴于旅游产业涉及的产业过多，而当前统计年鉴中有关旅游产业统计数据并不完整，数据获取困难，所以选择旅行社、旅游景区和星级饭店这三类的营业收入作为旅游产业的总收入。2016—2017年的数据来自《中国旅游统计年鉴》、2018—2020年的数据来自《中国文化文物和旅游统计年鉴》及借助EPS数据库来补充数据。

2. 政策样本选择

省级政府是谋划和组织旅游产业发展的主体，能够在政策思路、决策的部署和

---

[1] RAGIN C. Redesigning Social Inquiry: Fuzzy Sets and Beyond [M]. Chicago: University of Chicago Press, 2008: 34-38.

实施过程中起到权威指引和指导落地的作用，是政策绩效生产的主体。尤其是以省（自治区、直辖市）为单位制定的产业发展规划是部署当地产业政策的纲领，权威度较高且指导性明确。因此，本文主要是研究省级规划文本。考虑到时效性及统计数据的完整性，本文以"十三五"为基期，即收集2016—2020年我国31个省（自治区、直辖市，不包括港澳台这三个地区）的旅游产业发展规划。政策文本的搜集主要来源于省级政府及其职能部门官方网站（"政策发布"栏目）和政策文献数据库"北大法宝"，并在浏览器搜索"省名（直辖市）+旅游+发展规划"，用于核对和补充，力求得到的结果能够互相对应。最后，保留与旅游产业密切相关的文本，按照以上要求最终得到的文本数据共31份。

3. 研究方法

模糊集定性比较分析（fsQCA）最早是由查尔斯·拉金（Charles Ragin）（2008）提出的，他认为fsQCA分析框架包括使用组合逻辑、模糊集理论及布尔最小化来分析得到各种案例条件的组合。[1]社会科学领域中的定性比较分析法可以分为模糊集定性比较分析（fsQCA）和清晰集定性比较分析（csQCA）。在csQCA分析中仅将每个案例在隶属上采用二分类，隶属度只有"0"和"1"，且认定案例间是完全质性的，而fsQCA允许隶属度取0~1，允许部分隶属，可以说模糊集延伸了清晰集。在使用fsQCA时，要先确定条件和结果变量之间的关系，侧重于在因果条件与期望结果之间建立一种逻辑联系，消除传统方法分析中缺乏普适性的现实，最后得到所有可能组合的子集之间的充分性规则和预期结果，进而从因果条件中得到期望结果的可能路径。当然，采用fsQCA方法还有两个优点：**一是**在研究对象上，可以容纳小样本，卡斯汀·施耐德（Carsten Schneider）（2012）的研究也建议合适的样本数量为10~40个[2]，而本研究对象为省级发展规划，样本数量为31，符合fsQCA的样本选择；**二是**在变量选择上，考虑了导致结果的因果条件和所有逻辑上可能的组合，而且与通常会删除数据异常值的分析方法不同，这种方法认为分析出

---

[1] SCHNEIDE R C. WAGEMANN B J. Set-Theoretic Methods for the Social Sciences: A Guide to Qualitative Comparative Analysis [M]. Cambridge: Cambridge University Press, 2012: 78-81.

[2] 张明，杜运周. 组织与管理研究中QCA方法的应用：定位、策略和方向 [J]. 管理学报，2019，16（9）：1312-1323.

来的数据异常值也可以代表研究的现象。

四、研究设计

（一）变量的选取

1. 条件变量的选取

由于政策绩效生产较为复杂，需要进一步筛选路径分析的条件变量。本文对2016—2020年期间各省份出台的产业规划文本进行分析，利用NVivo 12 Plus对各省规划文本进行识别与归类，进行段落和句子的分割编码，先是使其自动编码，进行校对时再进行手动编码，同时在这个过程中也纠正一些常规性的错误及删除某些不相关的词，最后经过筛选后保留出现频数前100的词，如表1所示。

表 1 政策文本词频分析

单词	计数	单词	计数	单词	计数	单词	计数
旅游	2435	环境	94	支撑	51	数据	31
产业	394	设施	91	要素	51	格局	30
建设	318	开发	87	主体	49	组织	30
体系	259	合作	86	带动	49	结构	30
市场	245	基础	85	监管	49	需求	30
服务	234	工程	84	统筹	49	商品	28
创新	211	智慧	83	投资	47	投入	28
产品	181	生态	81	精品	47	核心	28
完善	174	扶贫	77	互联网	44	规范	28
品牌	161	文化	76	金融	44	计划	28
营销	159	业态	68	制度	43	转变	27
资源	156	协调	67	形象	42	资本	26
企业	129	体制	62	鼓励	41	竞争	25
融合	129	功能	62	优势	40	技术	24
管理	119	目标	60	扶持	40	驱动	24
综合	114	引导	59	规模	40	增长	23
规划	112	政府	59	资金	40	效益	23

续表

单词	计数	单词	计数	单词	计数	单词	计数
重点	110	空间	59	开放	37	标准化	23
政策	109	整合	57	质量	37	联动	23
人才	108	消费	57	转型	37	融资	23
战略	108	布局	56	安全	36	任务	22
改革	106	升级	54	保护	35	基金	22
特色	105	绿色	54	集聚	33	监督	22
乡村	100	宣传	52	信息化	31	联合	22
保障	97	供给	51	共享	31	就业	20

通过内容维度的逐级归纳，以《浙江省旅游业发展"十三五"规划》为例，逐层提炼内容要点并建立概念范畴，并与前面词频分析出的关键词对照分析，如表2所示。

表2 《浙江省旅游业发展"十三五"规划》内容要点归纳

部分规划内容摘录	概念化	范畴化
现实基础。……完成主要目标任务……国内旅游总人数、旅游总收入年均增长11.1%、15%……发展环境不断优化……产业基础不断夯实……转型升级不断推进……多业融合趋势更加明显，新产品新业态不断涌现……要素集约、产业集群的发展态势初步显现……综合贡献不断增强。	①产业规模；②产业基础；③关键指标；④多业态融合；⑤要素集约；⑥综合贡献	产业基础
我省旅游业与发达国家和地区的差距仍然比较明显……在更高水平上推进我省旅游业发展的任务依然艰巨。	①存在的不足；②未来发展方向	—
"十三五"时期全省旅游业发展的总体目标……旅游业成为未来发展的重点产业……实力更强，保持中高速增长……产品体系更加合理，区域发展平衡……旅游业综合经济带动能力更强……到2020年，旅游业增加值占全省地区生产总值的比重达到8.0%……带动效应更强……保持旅游经济处于全国领先水平，巩固和维持旅游经济强省这一地位……积极推进战略布局……开展改革试点工作。	①目标值；②创新；③综合贡献；④产业规模；⑤产业竞争；⑥关键指标；⑦布局	目标设置

续表

部分规划内容摘录	概念化	范畴化
推进"互联网+"引领的技术创新……加快构建旅游产业投融资平台……推进旅游管理体制机制改革……推进旅游市场主体创新发展……优化空间布局,加强区域合作……强化旅游资源和路线整合……加快集群发展……做强乡村旅游……推进旅游业与其他产业融合发展……旅游产业改善城乡环境,促进绿色发展……创新营销体系……加强旅游品牌体系建设。	①创新发展;②机制改革;③促进融资;④融合发展;⑤绿色发展;⑥创新营销;⑦品牌打造;⑧集群打造	重点任务
积极发挥地方政府的主导作用……统筹安排,协调推进……发挥综合协调作用……构建三级发展规划上下衔接一体化格局……制定工作任务分解落实方案……明确各级政府和相关部门的职责……加强督查督办工作。	①领导机构;②部门分工;③协调机制;④明确责任;⑤加强监督	统筹分工
加大对旅游产业发展的支持力度……加大对旅游业的财政支持力度……鼓励融资……改革旅游用地制度……制定旅游人才发展规划,加强旅游队伍建设……加强市场监管,规范市场秩序……完善旅游标准化体系,提升旅游质量标准。	①财政支持;②鼓励融资;③用地改革;④人才培育;⑤加强治理	资源保障

通过表1、表2的多重校验,再进行综合考虑归纳得到5个基本维度,即产业基础、目标设置、重点任务、统筹分工及资源保障,将这5个基本维度作为条件变量,再对每一个条件变量内容分别设置与之相关联的指标,如表3所示。选择的样本为31个,前因变量的数量控制在7个以内较为合适,所以选择这5个条件变量是符合要求的。

表3　条件变量的设定和指标

产业基础	目标设置	重点任务	统筹分工	资源保障
亮点归纳 统计与指标数据 问题分析	产业规模目标 产业竞争目标 综合贡献目标 产业布局目标	产业融合任务 管理提升任务 集群发展任务 区域合作任务 市场扩展任务	部门分工 协调机制 权责分明	财政支持 人才培育 市场治理 规范标准

(1) 产业基础。它是指在规划文本中分析和总结往期产业发展情况,也是未来政策制定的基础和依据。产业基础对往期产业发展的成果进行了归纳和总结,能够为未来政策目标选择提供现实基础,涉及的相关统计数据也能够提供参考,所发现的问题也是未来政策设置和部署的关键。通过产业基础分析后,政策的制定要么是

继续在优势领域里加大投入和引导,要么是对劣势环节发力,但无论是选择前者还是选择后者,因地制宜都是各省旅游产业政策选择的准则。基于此,产业基础这一变量设置3个指标:亮点归纳、统计与指标数据以及问题分析。

(2) **目标设置**。它是指在规划期内该产业发展要达到某种成绩而提出的针对性要求,是任务部署的前提,也是后期监督、落实及最后绩效评估的重要依据。在目标体系中某些关键目标值,如规模性指标、效率性指标、区域性指标等,是政策绩效生产的核心,为重点任务提供主体方向和内容指引。基于此,可把产业规划中的目标具体划分成4个指标:产业规模、产业竞争、综合贡献及产业布局。

(3) **重点任务**。重点任务是指在规划期内推进该产业发展需要重点关注和落实的工作。在产业规划中针对某方面设置任务内容的多少、提出需要优先发展的对象及安排的措施等,使得在整体上的产业规模、布局等不同目标的实现产生不同的结果。可将重点任务划分为5个指标:产业融合、管理提升、区域合作、集群发展及市场扩展。

(4) **统筹分工**。它是指在规划中提及该产业发展的工作该如何去组织及实施,主要解决的是:哪些政策项目或任务由什么部门负责,明确权责边界;相关部门之间又是如何协调沟通。明确责任主体对于绩效的产出往往更有帮助。这里将统筹分工分为3个指标:部门分工、协调机制和权责分明。

(5) **资源保障**。资源保障是指规划中为支持该产业发展而采取的方式和手段,目的是支持和鼓励该产业的发展,它是后期任务实施的一个前提和保障。例如对产业通过财政补贴、市场治理、人才培养等来促进和保证这些产业能够继续发展。对于资源保障这一变量,设置4个指标:财政支持、人才培育、市场治理及规范标准。

2. 结果变量的选取

作为结果变量,目的是测量"十三五"期间各省旅游产业发展绩效。由于政策绩效是一个增量内涵,为契合其内涵及排除2020年公共卫生事件的影响,选取2019年的旅游产业总收入来代替2020年的数据,即计算各省份2019年比2016年旅游产业总收入的增值,将这一数据作为fsQCA分析的结果变量,如表4所示。

表 4　产业发展绩效：2019/2016 旅游产业总收入增值

区域	增值	区域	增值
北京市	1.16	湖北省	1.01
天津市	1.60	湖南省	1.16
河北省	0.98	广东省	1.10
山西省	0.95	广西壮族自治区	1.21
内蒙古自治区	0.86	海南省	1.15
辽宁省	0.74	重庆市	1.17
吉林省	1.20	四川省	1.77
黑龙江省	1.31	贵州省	0.92
上海市	1.04	云南省	1.01
江苏省	0.94	西藏自治区	0.71
浙江省	2.25	陕西省	1.25
安徽省	0.95	甘肃省	1.15
福建省	0.85	青海省	0.58
江西省	1.15	宁夏回族自治区	0.78
山东省	1.08	新疆维吾尔自治区	1.98
河南省	1.07	—	—

为方便表达，结果变量为2019/2016旅游产业总收入增值，命名为政策绩效，用"pre"表示，其非变量用"~pre"表示。条件变量中产业基础、目标设置、重点任务、统筹分工、资源保障分别用"ind""tar""ass""div"和"gua"命名，同时其非变量分别表示为"~ind""~tar""~ass""~div"和"~gua"，如表5所示。

表 5　各变量命名

变量分类	变量名称	变量标签	非变量标签
结果变量	政策绩效	pre	~pre
条件变量	产业基础	ind	~ind
	目标设置	tar	~tar
	重点任务	ass	~ass
	统筹分工	div	~div
	资源保障	gua	~gua

注：~是布尔代数的基本运算符号，表示对应的条件变量缺失

（二）数据处理及分析

通过 fsQCA3.0 软件进行正、反向分析，正向表示"高绩效政策生产"，即哪些条件组态会导致高政策绩效生产；反向表示"非高绩效政策生产"，即哪些条件组态会导致非高政策绩效生产，高和非高是比较其相对值，而不是绝对值，需要从集合论的角度来理解。

1. 模糊集校准

在 fsQCA 中，确定好结果变量和条件变量后，需要对变量进行校准，这是与一般统计方法不同且至关重要的一步，所谓的校准就是将要考虑的因果条件用合适且恰当的方法按一定的比例转换模糊隶属度，使得变量范围都在 0~1。未被校准的变量仅能反映案例之间的相对位置。由于变量的选取不同，不同变量之间会存在较大差距，未形成统一标准对后续的操作有影响，所以校准是必要性的操作。校准后的变量，一般都是在 0~1 这个范围内，可以通过观察这个值的大小，判断其是否属于模糊集，以及是在什么程度的模糊集。校准完成后，如果隶属度为 1 则表示是完全隶属，为 0 则表示完全不隶属。这与上述提到过的清晰集（csQCA）一样，但模糊集（fsQCA）又多了中间集，一般将隶属度为 0.5 的作为中间集，表示既可以认为是隶属的，也可以认为不是隶属的。

数据校准有三种方法，直接校准、间接校准及直接赋值。直接校准需要选择三个定性锚点，即完全隶属、既非完全隶属、也非完全不隶属、完全不隶属，这三个锚点定义了每种情况下模糊集中的隶属度水平，间接法需要先在定性评估的基础上重新标定，这两种方法都无法直接用于质性数据，而直接赋值可以采取一定的方法，如扎根分析法对质性数据进行编码转化为模糊集分数。[1]这里借鉴克劳狄斯·威格曼（Claudius Wagemann）和马卡斯·斯威特（Markus Siewert）（2016）[2]思路，将直接校准法及直接赋值法有机结合，在确定每个条件的三个定性锚点和隶属度值后，将 0.95、0.50、0.05 作为 3 个分界值，求数组的百分位数，将其用作 fsQCA 软

---

[1] BASURT O X, SPEER S J. Structuring the Calibration of Qualitative Data as Sets for Qualitative Comparative Analysis（QCA）[J]. Field Methods, 2012, 24（2）: 155-174.

[2] WAGEMANN C, SIEWERT M. QCA and Business Research: Work in Progressor Consolidated Agenda?[J]. Journal of Business Research, 2016, 69（7）: 2531-2540.

件中校准的三个阈值；然后根据条件变量是否包含观测点及包含的多少，分别给它们赋值且在后期根据实际情况调整，为避免出现 0.5 这一值造成真值表的缺失，在 0.5 的基础上加上或减去 0.001 的细微差异，即改为 0.499 或 0.501，使案例归属为不同的真值表，最终校准规则如表 6 所示。在完成以上步骤后，在 fsQCA3.0 软件中进行校准。变量数据在保存时要用"逗号分隔值"（.csv）格式保存，再使用软件的校准功能（Calibrate）进行校准。

表 6 fsQCA 变量构造与校准规则

变量类型	指标与观测点		校标准点	隶属度分数
条件变量	产业基础	亮点归纳 指标与统计数据 问题分析	同时存在 3 项内容	1
			包含其中 2 项内容	0.67
			仅存在 1 项内容	0.33
			三者皆未包含	0
	目标设置	产业规模目标 产业竞争目标 综合贡献目标 产业布局目标	同时设置 4 类目标	1
			设置其中 3 类目标	0.75
			仅设置 2 类目标	0.5
			仅设置 1 类目标	0.25
			四者皆未设置	0
	重点任务	产业融合任务 管理提升任务 集群发展任务 区域合作任务 市场扩展任务	同时设置 5 类任务	1
			设置 4 类任务	0.8
			设置 3 类任务	0.6
			仅设置其中 2 类任务	0.4
			仅设置 1 类任务	0.2
			五者皆未设置	0
	统筹分工	部门分工 协调机制 权责分明	同时设置 3 类内容	1
			设置其中 2 类内容	0.67
			仅设置 1 类内容	0.33
			三者皆未设置	0
	资源保障	财政支持 人才培育 市场治理 规范标准	同时设置其中 4 种措施	1
			设置 3 种措施	0.75
			仅设置 2 种措施	0.5
			仅设置 1 种措施	0.25
			四者皆未设置	0

续表

变量类型	指标与观测点	校标准点	隶属度分数
结果变量	政策绩效	各省旅游产业营业收入2019/2016年增量	该项指标分布的95%、50%和5%分位数作为完全隶属、交叉点和完全不隶属3个分界值

2. 条件的必要性分析

为简化后续的分析,往往可能会忽略某些非必要条件,所以要对各个条件的存在或缺失通过一致性进行必要性检验,以检查条件变量是否存在必要条件及哪些条件是必要的。一致性是衡量必要条件的关键指标,通常认为一致性高于0.9为必要条件(见表7),通过分析可以发现:产业基础、目标设置、重点任务、资源保障的一致性均达到了判定标准,即产业基础、目标设置、重点任务及资源保障是旅游产业政策绩效生产的必要条件,其他不是必要条件。

表7 必要性分析

变量	高绩效政策生产 一致性	高绩效政策生产 覆盖度	非高绩效政策生产 一致性	非高绩效政策生产 覆盖度
产业基础	0.956059	0.505243	0.856187	0.604869
~产业基础	0.252303	0.827907	0.217880	0.855814
目标设置	0.917860	0.563160	0.890705	0.654172
~目标设置	0.436357	0.769336	0.405210	0.855179
重点任务	0.961021	0.525582	0.867436	0.633334
~重点任务	0.329553	0.894231	0.275311	0.894231
统筹分工	0.809355	0.646293	0.735346	0.702886
~统筹分工	0.627923	0.664666	0.629958	0.798200
资源保障	0.966690	0.524595	0.879337	0.636168
~资源保障	0.329553	0.930186	0.268147	0.905981

注:~表示对应的条件变量缺失

3. 真值表构建

真值表构建需要两个关键步骤:**一**是确定案例频数阈值,普遍遵循"至少保留总案例数75%"的准则,由于本文案例数量只有31个,故将案例数阈值设定为1;**二**是确定原始一致性阈值,许多研究表明一致性应高于可接受的经验临界值0.8,使用 fsQCA 软件运行建立条件变量隶属度与案例对应的真值表（见表 8）。

表 8　fsQCA 真值表

ind	tar	ass	div	gua	number	prefz
1	0	1	0	1	3	1
1	1	1	1	1	15	1
0	1	1	0	1	1	1
1	1	1	0	1	8	0
1	0	1	1	1	2	0

由表 8 所见，符合全部条件组合的有 15 个案例，案例数最多；在结果变量（prefz）中，重点任务和资源保障这 2 个条件必须同时符合，这些数据可以说明，资源保障和重点任务这 2 个条件是旅游产业政策绩效生产不可或缺的条件。

4. 条件的充分性分析

fsQCA 核心在于分析不同条件组合导向结果的充分性。在完成以上步骤后，软件会得出三种结果：复杂解、中间解和简约解。鉴于复杂解的数量会非常多，可能包含多个影响因素，这会使得后续的路径分析变得较为烦琐，因此复杂解往往会被简化为简约解和中间解。简约解包含了不能忽略的重要条件，这些重要条件也被称为核心条件，是由 fsQCA 软件自动识别；中间解不仅突出了核心条件，还显示了边缘条件，后续路径分析主要是根据中间解来进行的。由 fsQCA3.0 软件分析出的简约解（见图 1）与中间解（见图 2）来识别核心条件和边缘条件，在这两个解中均出现的条件为核心条件，只在中间解中出现的条件为边缘条件。

```
Model: prefz = f(ind, tar, ass, div, gua)
Algorithm: Quine-McCluskey

---PARSIMONIOUS SOLUTION ---
frequency cutoff: 1
consistency cutoff: 0.694284

                raw         unique
                coverage    coverage    consistency
                ---------   ---------   -----------
~ind            0.252303    0           0.827907
ass*gua         0.371226    0.036002    0.758032
tar*~div        0.805032    0.361375    0.685227
solution coverage:0.841035
solution consistency:0.667924
```

图 1　简约解

```
Model: prefz = f(ind, tar, ass, div, gua)
Algorithm: Quine-McCluskey

---INTERMEDIATE SOLUTION ---
frequency cutoff: 1
consistency cutoff: 0.694284
Assumptions:              raw          unique
                          coverage     coverage      consistency
                          ------------ ------------  -----------
ind*~tar*ass*~div*gua     0.371226     0.0360029     0.758032
~ind*tar*ass*~div*gua     0.205528     0             0.835494
ind*tar*ass*div*gua       0.773848     0.376967      0.694284
solution coverage: 0.809851
solution consistency: 0.68229
```

图 2　中间解

可以发现，目标设置（tar）、重点任务（ass）和资源保障（gua）3 个变量为核心变量，总体一致性 0.68229，覆盖率 80.9%，说明组态与数据本身所呈现的组态联系紧密，可进行后续分析。

五、旅游产业政策内容组态及绩效生产路径

（一）旅游产业政策内容组态分析

为更好地呈现组态结果，将 fsQCA 软件输出的解方案（图 1 和图 2）转换为更易于理解和阅读的表格。实心圆（●）和空心圆（○）分别表示条件的存在和不存在；形状的大小分别表示核心和边缘条件，若中间解分析出的路径没有某条件则不用符号表示（见图 2）。可以发现：旅游产业政策绩效生产的中间解各条件组合共有 3 种组态，转换后的表格也分别按照每个组态的核心条件、边缘条件、一致性、原始覆盖率、唯一覆盖率及 3 种组态的整体一致性和覆盖度来设置，如表 9 所示。

表 9　省级旅游产业政策内容组态

条件变量	组态 ①	组态 ②	组态 ③
产业基础（ind）	●	○	●
目标设置（tar）	○	●	●
重点任务（ass）	●	●	●

续表

条件变量	组态 ①	组态 ②	组态 ③
统筹分工（div）	○	○	●
资源保障（gua）	●	●	●
一致性	0.758032	0.835494	0.694284
原始覆盖度	0.371226	0.205528	0.773848
唯一覆盖度	0.0360029	0	0.376967
结果—致性	0.809851		
结果覆盖度	0.682290		

注：●表示核心条件和边缘条件；○表示核心条件和边缘条件的缺失

上述组态说明了省级旅游产业政策绩效生产因果的多样性，fsQCA深化了政策内容和产业发展的关系。在这三种组态中，组态3的唯一覆盖率最高，为0.376967，说明在这3种组态里，组态3的解释力最强；组态2出现了唯一覆盖度为0的现象，唯一覆盖度指的是只能由此组态所解释的案例，出现这种现象说明这个组态没有只能由它所解释的案例，虽然没有单独的案例可以支撑这一个组态，但有案例可以同时支撑这一组态与其他组态，所以出现这个现象也是正常的。另外，总体解的一致性为0.809851，说明有80.98%的省级旅游产业政策绩效较优；总体解的覆盖率为0.682290，大于0.5，解释力度高，意味着这几种组态在整体上能解释68.22%的省级案例。在构建真值表后，将一致性阈值从0.8提高到0.85，最后得出一个条件组态，而且这一组态是前面一致性阈值0.8三个组态中的一个，由此也可以判断，这个旅游产业内容组态是稳健的。

（二）政策绩效生产路径分析

在表7中对产生旅游产业政策绩效的组态进行了分析，将在组态分析的基础上再结合当前各省市的发展现状对路径进行比较分析，即由组态来推导、分析路径。由于组态②中出现了唯一覆盖度为0的现象，为更有说服力，在路径分析时删除这一组态路径，最终的路径是2条（见表10）。

表 10 旅游产业政策绩效生产组态路径

路径	政策绩效生产组态路径
路径 1	产业基础 * ~目标设置 * 重点任务 * ~统筹分工 * 资源保障
路径 2	产业基础 * 目标设置 * 重点任务 * 统筹分工 * 资源保障

注：*表示"和"；~表示"非"

路径 1："产业基础 * ~目标设置 * 重点任务 * ~统筹分工 * 资源保障。该条件组态路径能够解释约 37.12% 的案例，其中约 3.7% 的单个案例可以通过该组态解释。这一组态路径可以归纳为：根据产业基础设置重点任务和资源投入的"适配"路径。这条路径表明：有的省级规划政策中没有对未来产业发展目标进行细致分析，分析较为粗略或设置时有所欠缺；从政策规划内容来看，它突出了重点任务和资源保障这两个方面，是建立在本地区产业发展的基础上，设置重点任务并且给予针对性的资源投入，但是在其产业规划中往往缺失专门的统筹分工内容，对于责任分工、统筹协调及权责边界这三个方面描述得较为笼统。

该条路径以贵州省为代表，该省旅游资源丰富，但由于地理位置、整体发展的经济基础情况等原因，使其仍属于全国旅游产业发展中欠发达区域。从其产业规划上来看，对于目标的设置并未进行详细阐述或是分析简单笼统，目标设置中产业规模、结构这两个未进行规划；但是将重点任务、资源保障围绕发展的大方向来进行部署。可以说，这类省级规划政策需要妥善利用好当地资源，这也提供了旅游资源丰富但基础落后地区通过重点任务部署、资源投入来巩固和发展自身优势的经验。

路径 2："产业基础 * 目标设置 * 重点任务 * 统筹分工 * 保障措施"。该路径能够解释约 77.38% 的案例，可以解释 37.69% 的单个案例。这一组态路径可归纳为产业基础、目标引导、任务部署、统筹分工以及投入资源的"完善"路径。该路径形成主要来自旅游产业发展先进省份，它们的政策规划对于这 5 个条件变量的阐述都相对全面，政策部署较为科学合理。虽然产业基础和统筹分工不是核心要素，但也发挥了重要的作用。符合该路径的省级政策主要有以下特征：以产业基础来促进产业目标的设置，再围绕产业目标和重要指标来安排和部署重点任务，并按任务确定部门分工及明确资源的投入，这一路径的依据性、逻辑性、合理性及关联性更强。

该条路径以江苏省为代表，作为全国旅游产业发展的发达区域，江苏省得天独厚的地理环境、丰富的旅游资源及雄厚的经济实力等，使得其旅游产业绩效产出几乎全面领先且所涉及的领域也都比较均衡。分析该省的旅游产业规划文本，也可以看出该省规划文本完整、内容完善及针对性强等特点，内容与内容之间环环相扣、前后内容衔接连贯、针对性强。此类旅游产业发达省份的经验，也可为全国各地旅游产业政策绩效生产提供经验借鉴。

六、结论及启示

综上，选择 31 份省级旅游产业发展规划作为研究样本，通过 NVivo 12 Plus 进行词频分析得到关键词后，确定共同变量，采用 fsQCA 分析法提炼出旅游产业政策绩效生产的两条路径：**一**是根据产业基础设置重点任务和资源投入的"适配"路径（对应的是旅游资源丰富，但旅游产业发展欠发达的省份）；**二**是产业基础和目标引导任务部署、分工及投入资源的"完善"路径（对应的是旅游产业发展发达的省份）。

上述结论的政策启示如下：**一**是要借鉴旅游产业发达强省，增强产业规划政策的连贯性和系统性。这些省份主要得益于体系健全、政策得当和雄厚的经济实力等因素，旅游产业政策的绩效相对较好，虽然其他省份很难超越，但可以借鉴其旅游产业规划，尽快出台科学合理、适合当地实际的旅游产业规划；在产业规划政策内容中，对产业基础、目标设置、重点任务、统筹分工及资源保障这 5 个重要模块要阐述全面、科学合理、针对性要强，进而提高旅游产业政策的可行性、针对性及连贯性。**二**是要重点把握目标设置与重点任务，同时加强旅游产业政策绩效的生产支持。旅游产业培育要强化目标引导，比如在规划政策中设置完整且明确的落实指标，同时后续的任务行动、统筹合作和相关资源的配置都要围绕该目标进行，减少不必要的内耗。明确了目标和任务，就明确了工作方向和重点，而且如果这些目标设置科学合理，就增强了政策绩效生产的确定性，提高了实现的可能性。**三**是要因地制宜，考虑到区域发展的实际情况，进而提升政策目标的选择、行动的部署及配置资源的策略性。

当然，本文的研究也存在一些局限性：**一**是对于结果变量的相关数据仅收集了与旅游产业密切相关且易获取的产业数据,数据的准度和精度有些偏差;**二是**政策样本数量较少,精确度有待提高;**三是**限于学识水平限制,条件变量的设置大多是借鉴其他学者的研究。这些都需要在后续研究中逐步完善。

文化遗产数字化成果的版权确认与法律调适

◎ 河南省社会科学院文学所　宋朝丽

在数字经济时代，文化遗产数字化资源逐渐成为经济社会发展的重要资本，但长期以来悬而不决的关于文化遗产数字版权的归属问题成为产业化发展绕不过去的最大障碍之一。强调私权属性的全球知识产权法律体系，在实践中对作为公共文化领域的文化遗产数字复制的版权保护存在明显的分歧和争议，而不同国家针对各自社会发展状况对本国法律也作出了不同的调整，包括中国在内的所有国家都在摸索文化遗产数字版权的法律制度设计，以期最大限度地发挥文化遗产数字化成果的价值，提高资源利用效率。

自 20 世纪 90 年代以来，世界各国开始将文化遗产数字化战略作为文化保存和文化建设的重要策略。联合国教科文组织在 1992 年开展了"世界记忆"计划，将濒危的手稿、印刷物等遗产进行数字化保存。2002 年，联合国教科文组织出台《数字文化遗产保护指导方针》和《数字文化遗产保护纲领》，中国于 2002 年起开始实施"全国文化信息资源共享工程"，相关研究在国内外同步开展。国外在 21 世纪初开始关注数字版权问题，尤其是 2019 年欧盟《数字单一市场版权指令》发布之后，不同国家学者围绕数字版权问题展开深入探讨：一是对这些指令在本国的适用性进行分析，二是对指令中未提及问题进行补充。国内对数字版权的关注最早始于对图书馆数字版权的关注（秦珂等[1]，2000）。2018 年区块链技术出现后，围绕区块链、元宇宙、人工智能等形成研究高峰。文化遗产数字版权研究也在这一时期提上日程，研究焦点集中在两个领域：一是数字复制品的可版权性，有观点认为 3D 扫描出来的数字模型没有体现人的思想和情感，不具备独创性，不能获得著作权法保

---

[1] 秦琦, 等. 图书馆著作权管理问题研究 [M]. 北京：知识产权出版社, 2000.

护（王迁[①]，2017；刘银良[②]，2020）。也有人认为对先前作品进行高度技巧性的、精确的复制可以获得著作权保护（易玲[③]，2022；熊琦[④]，2017）。二是作为公共文化遗产的数字版权归属，有学者认为对于没有版权保护的公共文化遗产的数字版权，应进行权益分层（胡卫萍、陈瑾[⑤]，2022），对不同类型的文化遗产数字权益应进行分别确权（魏鹏举、魏西笑[⑥]，2022）。总之，文化遗产数字版权研究尚处于起步阶段，学界对文化遗产数字版权的认定和归属还存在含混之处，没有达成共识。需要在充分关注文化遗产数字版权基本属性和文化遗产特性的基础上，构建起文化遗产数字版权的学术体系和实践应用体系，通过数字版权市场的完善促进中国传统文化的传承传播。

一、文化遗产数字化成果确权的价值逻辑

文化遗产数字化成果包括两个层面：**一**是博物馆等文化文物单位实施数字化工程形成的高清图像、3D模型、影音资料等文化遗产数据库成果；**二**是基于文化遗产资源二次创作所形成的文化遗产数字衍生品，包括虚拟人作品、虚拟现实作品、数字藏品、人工智能作品等。

文化遗产数字化成果确权的初衷是保存文化遗产资源。文化遗产包括各类物质、非物质文化遗产和文化技艺，是老祖宗智慧的结晶，但随着时间的流逝，受到自然损耗、保存条件限制等因素影响，一些遗产难免会被损耗，而数字化保存可以使自然损耗带来的文化遗产流失有效降低。通过高清扫描、3D建模等方式，可以永久保存书画作品、手工艺品等文物。而对于口头曲艺、仪式表演、民俗活动、传

[①] 王迁.论人工智能生成的内容在著作权法中的定性[J].法律科学（西北政法大学学报），2017，35（5）：148-155.

[②] 刘银良.论人工智能作品的著作权法地位[J].政治与法律，2020（3）：2-13.

[③] 易玲.文化遗产数字化成果私权保护：价值、成效及制度调适[J].政法论丛，2022（1）：30-41.

[④] 熊琦.人工智能生成内容的著作权认定[J].知识产权，2017（3）：3-8.

[⑤] 胡卫萍，陈瑾.数据权利模块下的文博资源数字化用益思考[J].企业经济，2022，41（4）：135-140.

[⑥] 魏鹏举，魏西笑.文化遗产数字化实践的版权挑战与应对[J].山东大学学报（哲学社会科学版），2022（2）：38-47.

统技艺等组成的非物质文化遗产，更是可以借助活体影像、动态影像等数字技术进行动态呈现，还能对文化遗产的文化语境信息进行空间修复和虚拟在线，在数据传播中实现资源共享。因此，国家近年来投入大量资金实施"国家文化大数据工程""国家古籍数字化工程""国家文化遗产科技创新中心"等文化工程，对大量文化遗产进行了数字化抢救。但积累下来的数据资源大多数处于内部保管状态，在内容传播、数据价值开发等方面尚存在很大空间，对数据生产力的发掘更是处于初级阶段。数字版权的确权机制是提升数据库资源利用率的关键环节。

文化遗产数字化成果确权的核心是盘活文化遗产资源。近年来国内各博物馆都在数字化基础上打造数字化产品，如"会说话"的《清明上河图》等。有些博物馆将 AR、VR 技术与文化资源融合，利用虚拟实景技术等对文物元素修复上色、立体动画展示，以新鲜有趣的形式、真实可感的体验"云游"历史文化场景，如河南博物院《妇好鸮尊》通过 AR 技术 3D 还原再现了主人妇好征战的历史故事。故宫博物院与腾讯推出"数字故宫"小程序，活态展现了百年故宫风采。2021 年河南卫视《唐宫夜宴》更以传统文化为基石、以"5G+AR"的虚拟舞台与现实场景结合，让典籍里的文字活起来，赋予传统文化新的生命力。文化遗产数字化成果的利用，可以有效贯通文化事业和文化产业，提升传统文化的感知力和影响力。但在数字文化作品开发的过程中，首先应该明确数字版权的归属，才能明确文化遗产保管方、数字项目开发方等相关利益主体的权利义务，有效规范各方行为。

文化遗产数字化成果确权的宗旨是促进文化产业发展。文化遗产数字化成果可以广泛应用于文化创意开发，推动文创电影、动漫、游戏、电子竞技等数字内容产业发展，提升文化遗产资源的传播效率，实现文化资源数据再利用和产业化运营。例如文化遗产数据与科技创新融合，开发虚拟数字人、虚实共生文旅场景、数字藏品等数字文化产品；文化遗产数据与智能制造业结合，设计和制造更有文化附加值的制造业产品和更有科技附加值的文化产品；非遗资源数字化后，可将数字化产品带入景区、传习所、展示馆等旅游线路，通过现实与虚拟的视听感受，丰富文化旅游内容，"无缝对接"文化消费终端。文化遗产数字成果转化为文化创意产品、建立文创产业链的途径是文化授权，文化遗产数字版权所有方将产权通过授权许可的方式交给资源使用方。因此，明确文化遗产数字版权的所有方，确定版权归属，是建立文创产业链、形成文化产权市场的前提条件。

二、文博单位数字化成果的版权确认与法律调适

按照《中华人民共和国著作权法》（以下简称《著作权法》）相关规定，自作品生成之日起就自动生成著作权。争议的焦点在于超过著作权保护期的文化遗产资源版权及文化遗产资源数字版权的归属判定。文化遗产资源著作权（版权）的取得，国际通用做法是经过著作权所有者的授权，一旦作品过了著作权保护期限进入公有领域，则任何人都可以使用。对于有明确著作权且在保护期内的文化遗产，如果要对其进行开发利用，需要经过著作权人或其继承者的授权。以大部分可移动文物所在的博物馆为例，博物馆要想取得在著作权保护期内馆藏资源的授权资格，需要与著作权人签订著作权转让合同，著作权人将授权资格委托给博物馆。而博物馆藏大部分资源属于文物资源，早已过了著作权的保护期，进入公有领域。[1] 比如北宋画家王希孟的名作《千里江山图》，著作权归王希孟所有，博物馆要取得著作权，必须与王希孟签订授权协议，但显然这样做的可能性是没有的。在《千里江山图》过了著作权保护期进入公有领域后，任何人都可以对其进行开发利用，博物馆从来就没有以后也不享有《千里江山图》的著作权。所引发的争议在于，《千里江山图》归故宫博物院保管，故宫博物院在对其进行维护、修复、宣传过程中付出了大量的时间、精力和资金，而且如果故宫博物院不对外公开《千里江山图》，任何人都没有机会对其进行开发利用。但根据所有权、著作权、使用权分离的原则，故宫博物院作为《千里江山图》的保管单位，享有所有权和使用权，国家将其列入公益类事业单位，每年利用财政经费对其进行维护和管理，对《千里江山图》进行维护、修复和展览，是故宫博物院应尽的职责，与其版权使用是两回事。

争议的另一个因素是，文化遗产的数字版权是否生成新的著作权。在数码相机出现之初，法学界曾就此进行讨论：一种观点认为，根据数字图像生成过程中，摄影师的光线、机位、拍摄角度等体现了其创意设计和智力付出，应该享有独立著

---

[1] 公有领域的概念最早出现在1709年英国颁布的《安娜法令》中设定的"文学艺术的公共领域"。"public domain"作为一个版权法的术语，始于19世纪中期的法国，后来被用到《伯尔尼公约》中，并传播到英国和美国。1908年《美国版权法》第6、第7条开始使用这一概念，随后，在汉德法官的倡导下，"公有领域"这一术语就成了《美国知识产权法》中的重要概念并进入国际通用领域。

作权[1]；另一种观点则认为，数字图像是对馆藏文物的高清再现，并不构成新的著作权。[2] 关于文化遗产的数字化版权，最早还得从复制品有没有著作权这一问题说起。比如临摹作品，即使模仿的和原作一模一样，临摹作者也不享有著作权，这类临摹在英美法律话语中被称为 slavish copy，即毫无主见的仿作，不具备申请知识产权的资格。在我国同样如此，大芬村的画师即使把梵高的《向日葵》临摹到以假乱真的程度，也不享有《向日葵》的著作权。在数码相机出现后，数字化版权问题开始出现，任何人只要对着文博场馆藏品拍照，就可以产生自己所有的数字化图像，这比临摹要轻松容易得多，区别仅仅在于文博场馆拍摄的照片像素更高、效果更好。而且《文物拍摄管理暂行办法》第四条规定，全国重点文物保护单位和馆藏一级文物的拍摄，由国家文物局审批，在审批同意后向拍摄单位颁发《文物拍摄许可证》，然后才能拍摄。这就限制了很多国宝级文物被普通民众拍摄的可能性。

在数码相机刚出现的十多年，为了维护自身对藏品资源拍摄权的垄断性，很多文化文物场馆对参观者拍照持排斥态度，很多博物馆规定禁止拍照，或者不允许使用闪光灯和三脚架，以免拍出质量可以与博物馆档案比肩的优质照片。然而随着社交媒体的发展和手机拍照功能的完善，人人都可以随时拍照片并上传社交媒体。文化文物单位逐渐意识到，禁止拍照并不能防止藏品被偷拍。而且文博场馆自身为了增加客流量，举办各种特展，也不得不将图片放在网上进行宣传，与其像防贼一样防着所有参观者，倒不如放开禁止拍照的规定，让参观者拍照并将作品上传到各种社交媒体上，不仅方便了参观者，也起到了对自身的宣传作用。于是文化文物场馆转变了对公众拍照的态度，很多博物馆甚至还为参观者划出最佳拍照角度。

于是博物馆对文化遗产数字版权的控制就不得不削弱。以前很多人若要藏品的高清图像，不得不向博物馆购买图像版权，但现在任何人可以通过自己拍摄，或者从网上下载网友上传的高清图像，不需要经过文化文物场馆授权，文化文物场馆因图像授权产生的收益呈逐年减少的趋势。那么博物馆是否可以将在网上散布藏品高清图像的行为视为侵权，并请求法律救援呢？针对这个问题可以参考美国曾发生的

---

[1] 张建梅，苏吉吉. 景区景点的著作权保护不容忽视：评摄影师状告龙门石窟管理局侵权案[J]. 旅游论坛，2009（2）：864-867.

[2] 沈辛成. 数码时代"敞开大门"的博物馆[EB/OL].（2019-05-17）[2023-01-15]. https://wenhui.whb.cn/third/baidu/201905/17/263360.html.

一起诉讼案件。1998年,美国布里吉曼艺术图书馆将众多博物馆拥有的、已经进入公有领域的画作制成幻灯片出售,而科瑞尔公司未经其许可,使用了其中的120幅欧洲大师画作。布里吉曼将科瑞尔告上法庭,认为其侵犯了自己的版权。在审理中,法官路易斯·凯普兰驳回布里吉曼艺术图书馆的诉求,理由是进入公有领域的画作并不受著作权保护,而利用公有领域画作制作的幻灯片在内容上没有创新,不包含原创性,没有获取新的著作权的资格。凯普兰法官的理由是,如果布里吉曼艺术图书馆不能陈述清楚复制品与原作之间真正的差别,那么以后任何个人都可以此作为借鉴,通过这种手段占有垄断公有领域艺术作品的版权,这将极不利于艺术传播。

布里吉曼诉科瑞尔侵权案对文博单位图像授权领域影响很深,之后任何文博场馆要想通过垄断获取公有领域藏品的数字化版权都得不到美国法律的支持。文博场馆与其他公司一样,在文创产品开发方面是处于同一起跑线的,不存在授权给其他公司的问题。很多博物馆商店中出售的基于馆藏资源开发的文创产品,只是博物馆近水楼台先得月,但实际上,博物馆并不能对藏品的数字版权进行垄断。也因此,很多国家放开了进入公有领域藏品的数字化版权,很多博物馆加入"CC0无权利保留协议",在网站上增加下载版块,供网民随意下载,而且一般不要求使用者注明图像来源。

从数字版权的国际发展趋势来看,文博单位对数字版权的垄断是不合理的,也不利于藏品资源社会价值和经济价值的实现,不利于文化的传承与传播。因此,文化文物单位作为授权主体,从理论上不享有公有领域藏品的数字版权,但我国现有《著作权法》中规定照片及高清图像受到著作权法保护,二者之间是存在矛盾的。根据本文的研究,需要从法律(初始产权)层面进行调整,即对《中华人民共和国文物保护法》《博物馆法》《著作权法》相关条款进行修正,规定文化文物单位有义务将文化遗产数字图像向全社会免费开放,包括用于商业用途。

三、国家文化大数据工程成果的版权确认与法律调适

2020年5月,中宣部文改办启动包括中国文化遗产标本库、中华民族文化基因库、中华文化素材库、数字化文化生产线建设等在内的"国家文化大数据体系建

设"工作。在文化遗产中"萃取"供给端与需求端文化大数据,将数据资源通过数字化生产转化为文化体验产品。国家文化大数据体系建设,不仅推动着文化的传承与创新,更使文化遗产资源的数字化用益受到社会各层面的普遍关注,数字化用益中的数据资源权益归属、数据共享的法律规则建制,也成为大数据时代文化法的建设、数权法发展汇总需要面对并亟待解决的问题。

中国公共关系协会文化大数据产业委员会副主任高书生认为,文化大数据来源分为供给侧和需求侧,需求侧的大数据是因文化消费而产生的大数据,包括每天都在生产的新闻、娱乐等内容是文化机构持续生产的主要组成部分,而用户每天生产的各种各样的文化相关内容是自媒体生产的核心内容。供给侧的大数据来自公共文化机构、高校科研机构、文化生产机构等,强调从文化遗产中"萃取"数据,主要包括中华文化遗产标本库、中华民族文化基因库、中华文化素材库三库,对既有内容深度挖掘和生产是文化大数据的重要组成部分。

因此,国家文化大数据体系的数字版权可以分为公共数据与私人数据两大模块。其中公共数据权利模块主要是从"国家文化大数据体系建设"的角度,在文化遗产中"萃取"供给端与生产端文化大数据,将碎片化的数据资源通过数字化生产转化为文化体验产品,并通过国家文化专网连接文化生产与文化消费,以中华文化资源的数字化演绎方式,进行文化数据资源的共享。但在文化资源的数字化利用过程中,会涉及数字音乐、数字影视、数字动漫、网络游戏等多个领域,涵盖了数字内容产品的生产、交易、传输及其技术支持和服务支持的多个环节,需要数字传承者从自身角色的角度出发,利用文化资源中的各种文化元素,与文化遗产数字化动态博弈中各类参与主体进行充分对话,达成版权方面的共识。按照国际惯例,如果文化数字化工程是国家启动数字化典藏计划后完成,或者是由国家财政拨付给博物馆的总体发展经费等财政拨款支持,那么数字版权应该归国家所有。如果文化数字化工程由国家相关部门委托社会力量完成,则数字版权由国家和社会力量共同所有,具体分配比例由两者通过协议作出规定。如果文化数字化工程由所在文化文物场馆利用自身经费完成,则数字版权归博物馆所有。这样的版权归属机制是目前国内外公认的惯例,如台湾地区博物馆对授权收益作出明确规定:由馆内专项基金支持的部分,授权收益全部回馈到基金中;由各类计划支持的授权,其收益按比例部分回馈给计划的组织单位,部分进入馆内专项基金。台北"故宫博物院"由"数字典藏科技计划"支持的文化授权产生的收益,一半回馈给"台北故宫博物院"文化艺术发展基金,一半回馈给"国科会"的科学技术发展基金。[1]浙江省博物馆利用浙江省文化产业专项资金启动的文化授权,其权利金收益通过博物馆全部返还到政府财政部门。

私人数据模块下的文化遗产数字版权,是针对个人、企业或者其他组织出于非公益目的采集存储的文化遗产资源数据的行为。例如对竹编等非遗技艺的高科技复原,除了需要采集竹编的相关资料、拍摄记录制作技艺,还有对传承人的访谈、对传统技艺中工匠精神的凸显,甚至高科技复原过去的场景、古迹等。这种数字版权的使用,需要在重新分解相关数据要素、关联相关数据要素基础上的加工重构,也就相应形成了采集、存储、处理、交易流转等不同场景下的权益需求。这就不仅要从数据共享权的角度进行授权许可使用,还要解决共享数据使用权过程中有偿与无偿之间的利益冲突。为此,需要进一步细化数据权利取得的捕获规则、权利形式的比例规则的具体适用,数据资源内容也呈现出数字资料与相关信息资料进行区分的必要。数字版权需要在文化遗产传承人、数字产品创作人、数字传播平台之间进行综合衡量,可以通过协商的形式进行版权归属界定,同时在收益分配方面进行合理分割,照顾到相关权利各方利益,协调个人利益满足与公共用益保障之间的矛盾,提高数据资源配置效率,防范数据资源垄断。

四、NFT 数字藏品的版权确认与法律调适

目前,数字藏品包括虚拟头像、摄影作品、数字美术图像、动画、矢量图形、短视频、数字音乐、虚拟宠物、游戏装备、3D 模型等,且种类随着应用场景和技术的更迭不断增加。[2]数字藏品的主要技术原因是其借助区块链的非同质化通证(Non-Fungible Token,NFT)交易方式,其不可复制、不可伪造、不可拆分的数字标识,能够为数字藏品提供确权、用权、维权的依据。但区块链技术提供的是技术上的交易凭证,并不能解决数字藏品的版权问题。

---

[1] 李乘.博物馆艺术授权策略研究——以台北故宫博物院为例[D].北京:中央美术学院,2014.

[2] 刘玉柱,李广宇.数字藏品版权保护问题研究[J].出版广角,2022(11):47-51.

目前，网络上的数字藏品根据创作过程可以分为两类：一类是通过计算机技术手段辅助创作的原创作品；另一类是对传统物理载体上创作的作品进行数字化处理之后产生的复制件。根据版权属性，可以将NFT数字藏品分为资产型和权力型两种样态：资产型NFT数字藏品是指各种实物或数字化资产的数字藏品，如蚂蚁链粉丝粒与敦煌美术研究所开发的《幸运飞天》；权利型NFT数字藏品是指持有人拥有或享有使用特定商品或服务的权利，如持有人拥有表演活动的入场资格等。目前，文学艺术领域的资产型NFT是当下NFT数字藏品最常见的样态。

关于NFT数字藏品的版权归属，目前还没有明确的法律规定。根据著作权法，只有具备独创性的智力成果才受著作权法的保护。作品的独创性一般需要符合两个条件：一是独立创作，二是具有一定程度的创造性。学界对作品的认定分版权体系与作者权体系，二者对第一要求（独创性的最低标准是创作者独立完成）基本相同，但对第二个条件在判断标准上存在差异性。以美国和英国为代表的版权体系是判例体系，其判断标准主要为权利人在独立创作的基础上是否付出了劳动。而属于大陆法系的德国著作权法认为，作品不仅要反映作者的个性，还要有一定的创作高度。法国的司法实践要求作品不仅产生于劳动，还必须反映作者的人格。中国的法律体系属于大陆法，很多学者主张学习德国法则，认为作品不仅要体现作者个性，还要具有创作高度。

本文认为，就NFT作品而言，其判断标准应以大陆法系为准，否则门槛太低，大量同质化、几乎没有创作价值的数字藏品被列入NFT，就失去了NFT存在的意义。一些人将数字藏品全球标识的唯一性与其独创性混为一谈。实际上，数字藏品是否具备独创性，取决于其上链前的内容有没有独创性，而数字藏品的全球唯一标识只是一种区块链技术程序或操作方法，著作权不保护上链的技术程序或操作方法。因此，数字藏品的著作权一般归属上链前作品的作者。

五、元宇宙人工智能作品的版权确认与法律调适

元宇宙数字版权问题最早受到关注，是表演型虚拟人的兴起。早期表演型虚拟人以初音未来、洛天依为典型，其依托计算机动画、动作捕捉等技术呈现出拟人化的样态，根据指令展开表演。现在流行的表演型虚拟人则更具交互性，如湖南卫

视《你好星期六》节目引入的虚拟主持人"小漾"便能够向同台主持人提问、回答，且表情更生动，肢体动作更自然流畅，带给人们真切的互动体验。随着技术的革新，虚拟人的运用不再局限于表演领域。2021年作为虚拟学生亮相的"华智冰"，由清华大学、北京智源人工智能研究院及小冰公司共同研发，其不仅拥有强大的快速学习能力和记忆能力，还可进行"创作"活动。

虚拟人与真实人类的差异逐渐缩小，离不开人工智能技术的运用。人工智能的"创作"能力亦由此而生。与人类创作相同，人工智能"创作"也经历了输入、分析和加工、输出三个阶段：**首先**，大量输入相关数据，为后续的学习过程提供素材；**其次**，从数据中提炼出基本写作方法，在学习中将素材消化、吸收，并以贯穿同一主题、思想为目标对基础创作元素进行新的排列组合，实现数据的再加工；**最后**，对表达一定主题、思想的"作品"进行输出。所谓的"独创性"主要存在于分析和加工过程之中。这一"创作"过程与人类创作的不同之处主要在于人类创作是思维运作的结果，而人工智能"创作"行为本质上是由海量数据驱动的。通过深度学习技术的加持，现阶段的人工智能已经能够从海量数据的训练中提取出模型特征和最有利的参数，实现对数据或实际对象的抽象表达。[1]相反，若不存在海量数据，人工智能则难以实现有效输出。

无论是作为人工智能产物的虚拟形象本身，还是虚拟形象借助人工智能技术而产生的"作品"，都不再是人类完全掌控之下的产物，而是赋予了计算机程序一定的"自主权"。人工智能"创作"削弱了自然人与作品独创性之间的连接，对现行以自然人创作为根基所建立的版权制度[2]提出挑战。而具备人类样态的虚拟人是否能够被赋予主体地位，这将对权利构架产生实质性影响。

关于人工智能生成作品的可版权性，主要有肯定说和否定说两种观点。否定说认为人工智能创作是应用算法、规则和模板的结果，没有为人工智能留下发挥其

---

[1] 付文博，孙涛，梁藉，等.深度学习原理及应用综述[J].计算机科学，2018，45（S1）：11-15.

[2] 虽然各国著作权法都规定了法人作品或者雇佣作品等由法人或者非法人组织享有著作权的情形，但这些作品最终的创作者仍是自然人。例如，美国版权法将受保护的对象限定为"作者的原创作品"（Original Works of Authorship），这就要求背后有一个人类主体的存在。

"聪明才智"的空间，故不满足独创性要求[1]；或主张人工智能生成作品中不存在思想或情感的表达，对其保护不符合著作权法的基本目标。[2]上述观点要么将人工智能界定为作为客体的软件，要么否认其具备独立思考的能力，故具有否定人工智能独立人格的指向性。持肯定说者一般采取客观的独创性判断标准，且多数学者认为人工智能生成物的版权并非归于人工智能，而主要应归于人工智能研发者或者对人工智能生成物的产生作出实质性安排的自然人、法人或非法人组织。这一论断背后的逻辑在于：其一，需要激励的并不是人工智能生成作品的行为，而是人工智能的研发行为；其二，作品独创性离不开人的意志对人工智能内容生成活动各个环节的干预和控制。[3]这些观点揭示了既有法律主体与人工智能生成物之间的关联，并证实了现有法律框架足以解决人工智能生成作品的问题。既然如此，没有必要再探讨人工智能的独立人格。

元宇宙时代，人工智能与虚拟人的结合带来了新的问题：在上文的分析中，人工智能与真实的个体并不存在直接关联；然而对虚拟人而言，上述预设并不成立。恰恰相反，虚拟人总是具有人的样态，甚至可以像自然人那样在元宇宙世界中"拥有"财产、签订协议。有鉴于此，有学者已经提出"虚拟人应当具有独立人格"的观点。[4]与之相反的观点则主张，虚拟人的人格表象仅为自然人人格在元宇宙中的自然延伸，其行为亦属于自然人行为的自然延伸。[5]

本文认为，上述观点均有片面性。虚拟人在元宇宙中的行为并不能等同于自然人的行为，也未必能够体现自然人的意志。当虚拟人实为人工智能的产物时，其形似自然人的表象并不能改变最终作品的数据驱动属性，这也就意味着其生成的作品并非特定自然人精神或情感的体现。但是，若因此而承认虚拟人的独立人格，会引发人格混乱和冲突，贬损真实世界中创作者的权益。试想，若以自然人形态存在的

---

[1] 王迁. 论人工智能生成的内容在著作权法中的定性[J]. 法律科学（西北政法大学学报），2017，35（5）：148-155.

[2] 刘银良. 论人工智能作品的著作权法地位[J]. 政治与法律，2020（3）：2-13.

[3] 熊琦. 人工智能生成内容的著作权认定[J]. 知识产权，2017（3）：3-8.

[4] 杨延超. 网络时代论元宇宙中的民事权利[J]. 东南大学学报（哲学社会科学版），2022，24（4）：31-44.

[5] 李佳伦. 网络虚拟人格保护的困境与前路[J]. 比较法研究，2017（3）：193-200.

虚拟人因不良数据的输入而产生不符合核心价值观的作品，发表有损他人名誉权的言论，形象的关联性也会导致自然人的声誉随之降低。更有甚者，独立人格的确立意味着需要在自然人的人格权与虚拟人的人格权之间进行平衡，这无疑也会对自然人的人格权产生一定的伤害。

将虚拟人定位为"人格要素的商业利用"，是更为可取的选择。[1]人格要素的商业利用突破了"人—物"二分的界定，财产权人格理论为这一突破提供了正当性。这一理论认为财产与人格之间存在内在关联；人的自由意味着需要给他以外部领域，物则在人的意志中获取它的规定和灵魂。[2]同样，将虚拟人界定为财产并承认其中人格因素的存在，并不存在理论障碍。我国已有学者指出，具有人格象征意义的财产、寄托特定人情感的财产、源于特定人身体的财产和源于特定人智慧的知识产权都属于具有人格利益的财产。[3]虚拟人能够在一定程度上反映自然人的性格、气质、肖像、声音等品质，其中不乏人格象征意义的体现。不过，无论从学理观点还是法律规定[4]来看，提出"具有人格利益的财产"主要是为了保护财产权人的人格利益，而虚拟人产业中的人格利益保护却有两种面向：一是在虚拟人的行为由对应的自然人控制时，促进自然人人格利益在虚拟空间的实现；二是在虚拟人的行为不受自然人控制时，解决他人对虚拟人的财产权与自然人人格权之间的冲突。若将虚拟人界定为具有人格象征意义的财产，并不能够反映出上述第二种面向。"人格要素的商业利用"更能全面体现所欲保护的法律利益，且与积极的自行使用或许可使用、消极的禁止使用一一对应。对虚拟人作出"人格要素的商业利用"的界定，同样能够实现赋予其独立人格所可能产生的理论优势——维护自然人自由扩张的权利、维护分属不同世界的成员的信赖利益。[5]至于实现的具体路径，则是基于虚拟世

---

[1] 初萌.元宇宙时代的版权理念与制度变革[J].知识产权，2022（11）：110-126.

[2] 黑格尔.法哲学原理[M].范扬，张企泰，译.北京：商务印书馆，1979：52.

[3] 易继明，周琼.论具有人格利益的财产[J].法学研究，2008（1）：3-16.

[4] 《中华人民共和国民法典》第1183条第2款规定："因故意或者重大过失侵害自然人具有人身意义的特定物造成严重精神损害的，被侵权人有权请求精神损害赔偿。"此处的"被侵权人"通常指的是特定物的物权人。

[5] 杨延超.网络时代论元宇宙中的民事权利[J].东南大学学报（哲学社会科学版），2022，24（4）：31-44.

界的特性对自然人的人格利益进行必要的补充,并且基于人格权对财产权的优位[1],在虚拟人与自然人行为不具关联性时对其财产权人施加维护自然人人格利益、进行区分性标记等义务,《中华人民共和国民法典》关于"一般人格权"[2]的规定已经对此预留了空间。鉴于现有法律的充足性,现阶段尚无必要赋予虚拟人以独立人格。

总体来看,在数字技术日益成熟的时代,文化遗产数字化是文化遗产保护传承利用的主流趋势,可以大大提升文化遗产保护利用的效率。文化遗产数字版权问题是文化遗产保护利用的前提和基础,虽然基于技术的复制在版权理论探讨和实际判定方面从一开始就存在含混和争议,但随着数据作为资源和资产的价值已经大到影响整个经济和文化未来发展格局的程度,文化遗产数字版权的确认需要在制度上作出清晰的界定,既要兼顾利益相关方的现实性,也要充分考虑数字经济的未来可能性。

---

[1] 王利明.迈进数字时代的民法[J].比较法研究,2022(4):17-32.

[2]《中华人民共和国民法典》第990条规定:"人格权是民事主体享有的生命权、身体权、健康权、姓名权、名称权、肖像权、名誉权、荣誉权、隐私权等权利。除前款规定的人格权外,自然人享有基于人身自由、人格尊严产生的其他人格权益。"其中第2款是关于"一般人格权"的规定。

中国城市居民文化消费补贴政策历史沿革及影响因素研究

◎ 北京京和文旅发展研究院　侯雪彤

随着我国社会经济发展的持续推进，广大城市居民在日常生活中的精神文化需求日益增长，引导和扩大文化消费必须进一步完善促进文化消费的政策体系。而文化消费政策中影响最为直接的文化消费补贴政策，特别是近年来多个国家文化消费试点城市的正式确立，使得文化消费试点工作逐渐在国内各个地区广泛普及和推广。重视对现行居民文化消费补贴政策体系的优化与改进，要求现有相关理论成果进一步丰富与发展，要与时俱进、不断创新。现有的关于文化消费政策的研究，与其他具体经济政策研究相比，成果很少，居民文化消费政策的研究更是以间接、零散、非系统的形式存在。本文尝试通过系统梳理我国城市居民文化消费补贴政策的历史进程，分析居民文化消费补贴政策的现状及影响因素等，旨在较为全面客观地反映我国城市居民文化消费补贴政策的发展现状。

一、城市居民文化消费补贴政策发展的历史考察

（一）文化消费的复苏与政府补贴的有限扶持阶段（1979—1991年）

自20世纪70年代以后，改革开放逐渐在全国范围内推行。通过对消费政策进行分析，20世纪70年代以来国家提供的大规模消费补贴使得居民收入水平有所增加，同时对居民消费水平也有着刺激作用。1978—1988年，国家对粮油、水、电、医疗等多类消费品和服务实施补贴政策，人们生活质量显著改善，仅在最初的三年时间内，国家补贴总金额就达到1485.7亿元，其中以消费补贴为主。从1981年到1990年中国文化消费支出情况（见表1）来看，这一时期城市居民的文化消费主要

集中在文娱用品支出上,文化娱乐费用支出占比较小,仍以电视机、录音机等物质消费为主。1985 年中国电视进口量是 509 万台,而 1984 年仅为 147 万台,1985 年中国录音机进口量是 149 万台,而 1984 年仅为 69 万台,由此可见这一时期文娱用品购置是居民文化消费的重要领域。

表 1　1981—1990 年中国城市居民文化消费支出情况

支出项	1981 年	1982 年	1983 年	1984 年	1985 年	1986 年	1987 年	1988 年	1989 年	1990 年
生活费支出/元	456.84	471.00	505.92	559.44	673.20	798.96	884.40	1103.98	1210.95	1278.89
文娱用品/元	25.92	21.72	20.76	24.60	51.96	54.48	49.58	66.68	70.05	68.04
文化娱乐费/元	2.88	2.40	2.28	2.16	2.28	2.71	3.01	3.28	3.62	4.68
文化消费总支出/元	28.8	24.12	23.04	26.76	54.24	57.19	52.59	69.96	73.67	72.72
占消费比重/%	6.30%	5.12%	4.55%	4.78%	8.06%	7.16%	5.95%	6.34%	6.08%	5.69%
消费增速/%	—	-16.25%	-4.48%	16.15%	102.69%	5.44%	-8.04%	33.03%	5.30%	-1.29%

数据来源:1981—1992 年《中国统计年鉴》

文化消费与文化产业的持续发展息息相关,因此在梳理文化消费政策的历史演进时要对文化产业的萌芽进行系统梳理,早期文化消费政策的内容散见于各类扶持文化产业的政策文件中。我国相关部门制定实施的一系列相关政策的目标对象主要为大众服务业、广告业等特殊行业。其中,意义最为重大的应是 1984 年的"以文补文"活动,国家鼓励文化事业单位通过组织讲座、设计广告等形式,以实现补贴文化经费的目的,同时也为文化服务工作的高质量落实提供相应的资金支持。随后,国家体制内文化事业单位的商业行为正式得到原文化部和财政部的认同,且相关部门为推动其良性发展制定并实施了一系列扶持政策。

20 世纪 80 年代,党中央积极贯彻第四次全国文代会精神,总结并深刻反思在过去时间内对文化工作进行严格监管与束缚的局限性,同时对未来文化工作的任务目标做出合理规划,即在新时期下实现文艺工作的"百花齐放、百家齐鸣",这实际上在我国文化政策的演变过程中有着划时代的意义，反映出指导后续近40年文化工作的主流政策趋势。随后，《中华人民共和国国民经济和社会发展第六个五年计划（1981—1985）》强调社会主义物质文明和精神文明建设的共同发展，也就是说中国特色社会主义精神文明建设正式纳入国家宏观战略规划。1984年，《中共中央关于经济体制改革的决定》引导文化事业单位中的部分行业率先进行改革探索，面向社会推出一系列经营活动；随后我国相关部门正式将文化艺术作为第三产业的重要组成部分，该决定的颁布对整个文化产业的发展起到了重要的推动作用。1988年，相关部门实施《关于加强文化市场管理工作的通知》，其中对文化市场的概念有着详细界定与说明，政策打通文化市场的一大成果就是娱乐性文化产品和文化服务开始萌芽。[1] 随着时间的推移，国家利用"独立核算、自负盈亏、照章纳税、财政不予补贴"等政策措施，在一定程度上削弱了对文化事业的经费补贴力度，而这也有效推动了文化产业中非核心业务的市场化、产业化发展进程。综上，在这一时期受限于我国近现代文化产业发展时间短，仍处于起步阶段，以及国家对文化产业的认知还处在初级阶段，导致国家财政对文化产业的扶持力度相对薄弱，补贴政策在推动文化消费发展方面的作用力度相对有限。

（二）文化消费结构调整与政府补贴的扩大扶持阶段（1992—2002年）

1992—2002年是我国改革开放持续深化、经济水平大幅提高、建立健全社会主义经济体制的关键时期。受到宏观社会经济环境的影响，我国文化产业的市场发展体系也有所调整与优化，文化消费总支出占城市居民生活费支出由改革开放初期的不到10%，提升到10%以上（见表2），并在2002年达到近20%，同时始终保持两位数的增长速度。此外，相比于改革开放初期，这一时期的文化消费结构得到进一步的改善，文娱耐用消费品在文化消费的总支出中占比逐渐减少，而娱乐教育文化服务等服务类消费占比持续走高且增速较快。

---

[1] 范周，杨矞．改革开放40年中国文化产业发展与成就［J］．社会科学文摘，2018（11）：115-117．

表 2　1993—2002 年中国城市居民文化消费支出情况

支出项	1993 年	1995 年	1996 年	1997 年	1998 年	1999 年	2000 年	2001 年	2002 年
生活费支出/元	2110.81	3537.57	3919.47	4185.64	4331.61	4615.91	4998.00	5309.01	6029.88
娱乐教育文化服务/元	194.01	312.71	374.95	448.38	499.39	567.05	627.82	690.00	902.28
文娱用耐用消费品/元	56.65	77.87	89.80	112.50	125.99	135.33	146.92	139.35	245.16
文化消费总支出/元	250.66	390.58	464.75	560.88	625.38	702.38	774.74	829.35	1147.44
占消费比重/%	11.88%	11.04%	11.86%	13.40%	14.44%	15.22%	15.50%	15.62%	19.03%
消费增速/%			18.99%	20.68%	11.50%	12.31%	10.30%	7.05%	38.35%

数据来源：1993—2003 年《中国统计年鉴》

1. 文化经济政策为激活消费，助推文化产业发展保驾护航

20 世纪 90 年代，我国政府正式对"文化经济"的概念进行阐述说明，引入了文化市场的概念，这表示文化发展在一定程度上弱化了政府的宏观调控，开始基于市场经济发展的支持采取市场化经营模式。在此期间相关部门正式颁布《关于发展第三产业的决定》，强调将文化产业作为推动第三产业发展的关键。1997 年党的十五大报告中明确表示："积极推进文化体制改革，确保文化经济政策的充分实施，是实现中国特色社会主义文化建设的关键。"随后，国务院为扶持文化产业发展制定了一系列相关扶持政策，进而对整个产业发展起到了重要的支撑与保障作用。从文化管理视角出发，20 世纪末原文化部组建文化产业司，这意味着将文化产业纳入政府监管范围内，也就是说政府对文化产业发展能够起到调节和干预作用。从社会认识角度出发，在 21 世纪初提出的《中共中央关于制定国民经济和社会发展第十个五年计划的建议》中，首次对"文化产业"和"文化产业政策"的概念内涵加以阐明，同时对推进外向型文化产业发展表示肯定。

2. 多部行政法规与文化体制改革共同促进产业发展

这一阶段相关法律法规的数量规模持续扩大，同时覆盖范围也越发广泛，如规范拍卖行业、明确公共事业建设标准的法律法规等。在这一过程中实现对文化产业自上而下的统一管理，对整个文化产业发展起到了重要的制度支撑与保障。2001 年，

《关于深化新闻出版广播影视业改革的若干意见》提出以发展为主题,组建包括中国广电集团、中国出版集团在内的 70 多家文化集团,加快文化市场整合和结构调整。与最初阶段相比,由于对市场调节、产业化经营等措施对文化产业发展的价值作用形成了深刻的认知与理解,使得我国政府对文化产业的扶持力度越发提高。

(三)文化产业国家战略性地位确立,补贴力度加大(2003—2014 年)

1. 以鼓励多元文化消费的政策为主

在中共十六大召开期间,综合考虑各方面因素选择将文化发展细分为两部分,即文化产业发展和文化事业发展。2003 年,全国文化体制改革试点工作会议正式召开,随后国务院正式转发《中央宣传部、文化部、国家广电总局、新闻出版总署关于文化体制改革试点工作的意见》,宣布北京等多个地区开展改革试点工作。这意味着文化领域改革工作正式在整个全国范围内兴起。面对这种形势,相关部门逐渐对文化产业发展方向进行积极调整,同时明确文化产业发展的价值内涵。"二分法"对产业内部不同门类发展思路的调整有着重要意义,促进二者的协调发展是进一步推动社会经济建设和文化发展的必然要求。

该阶段出现的显著特征就是城市居民文化消费结构发生转变,文化服务消费占比逐渐超过文化产品消费占比。如表 3 所示,2003—2006 年人均文化服务消费较人均文化产品消费相比较高,但两者大体上保持相同水平。自 2007 年开始,城市居民人均文化服务消费支出呈现出显著增长趋势,且明显超出文化产品消费支出。2009 年《文化产业振兴规划》的颁布与实施,标志着我国将文化产业的振兴上升到国家战略层面,文化消费成为振兴文化产业的重要抓手。2012 年,城市居民人均文化服务消费达到 762 元,而人均文化产品消费仅为 451.9 元,从中能够看出,城市居民人均文化服务消费在人均文化消费中的占比已经达到一半以上。

表3 2003—2014年中国城市居民文化消费支出情况

支出项	2003年	2004年	2005年	2006年	2007年	2008年	2009年	2010年	2011年	2012年	2013年	2014年
生活费支出/元	6510.94	7182.10	7942.88	8696.55	9997.47	11 242.85	12 264.55	13 471.45	15 160.89	16 674.32	18 022.64	19 968.08
娱乐教育文化服务/元	934.38	1032.80	1097.46	1203.03	1329.16	1358.26	1472.76	1627.64	1851.74	2033.50	2293.99	2142.30
占消费比重/%	14.35	14.38	13.82	13.83	13.29	12.08	12.01	12.08	12.21	12.2	12.73	14.35
消费增速/%	3.56	10.53	6.26	9.62	10.48	2.19	8.43	10.52	13.77	9.82	12.81	3.56

数据来源：2003—2015年《中国统计年鉴》

2. 产业准入政策加速文化消费市场扩张

关于文化产业内涵和外延的统计政策同样在这一阶段逐渐兴起，如2005年国家统计局印发了《文化及相关产业统计指标体系框架》文件，其中对文化产业的产值、就业等指标数据有着详细归纳。第二年，国家统计局对我国文化产业的统计数据进行公开，这也是文化产业数据第一次在国内公开，在整个文化产业发展过程中有着重大意义。2010年中央"十二五"规划正式将文化产业列为国家战略性支柱产业，文化产业呈现出良好的发展趋势。[1]一系列产业政策的实施对文化市场起到了重要的推动作用，现代文化市场体系得以建立健全。2003—2014年，全国城市居民人均文化消费年均增长12.5%，由934.38元上升为2142.30元。

3. 文化消费需求旺盛，缺乏相关政策引导

通过对国际经验分析发现，当国家人均GDP达到3000美元以上时，经济增长结构将出现显著调整，在这一阶段城市居民的实物型消费比重持续下滑，发展型、享受型消费占比逐渐提高，居民对服务型消费的需求程度有着显著提高，消费理念在这一过程中也有所转变，消费对经济发展的刺激作用将得到进一步强化。据相关调查统计，2002—2011年，我国人均生产总值由1135美元提高到5432美元，城乡居民家庭的恩格尔系数在这段时间内也有着不同程度上的下滑。这意味着我国逐

---

[1] 范周，侯雪彤，宋立夫. 新中国成立七十周年文化建设回顾与展望[J]. 山东大学学报（哲学社会科学版），2020（6）：172-184.

渐迈进消费结构快速升级期。从该阶段的表现来看，主要包括两方面：**一是**城市居民可支配收入水平的提高，能够强化城市居民消费意愿，同时促进消费结构的调整与优化；**二是**消费结构的优化促进文化消费在总消费中的占比有所上升。

根据"国际经验"对现阶段国内文化消费总量进行预测与判断，其总量应超过4万亿元。但实际上，当2007年我国人均产值达到3000美元以上，全国城乡文化消费总量仅为0.6283万亿元，人均文化消费为476.73元；到2011年，全国城乡文化消费总量和人均文化消费分别为1.0126万亿元、753.36元。[1]在这段时间经过详细调查与分析了解到，随着城乡居民物质生活质量的改善，虽然广大群众对文化产品和服务的需求程度有着显著提高，但居民在文化活动方面的消费支出相对不足，主要表现为低额度消费的特点，但这也与我国文化产业的快速发展有关，尽管如此，其核心的知识产权保护和内容付费意识尚未形成和完善，同时居民的文化消费潜力没有被完全释放。相关统计表明，我国文化消费潜在规模为4.7万亿元，但实际消费仅为1/5，北京作为全国文化中心同样面临着庞大的缺口；2012年我国文化产值的增长幅度达到3.48%，而全国城市居民文化消费率却下降至2.20%。[2]

在2015年以前，我国关于文化消费的针对性政策文件较为不足，通过"文化政策图书馆"进行检索，截至2016年1月，我国尚未出台专门的文化消费政策。而文化政策涉及"文化消费"的政策数量为138件。之所以出现这种情况，主要是因为文化消费仅作为消费领域的主要方面之一，且通常将文化消费定位于促进文化产业发展的关键环节，同时受限于我国近年经济发展形势的影响，使得在后续一段时间内我国政府才逐渐意识到消费对经济发展的重要性，文化消费才逐渐得到各界人士的高度重视。

4. 北京市先行先试，多元化政策激活文化消费活力

2013年，北京市国有文化资产监督管理办公室、市文化局、市新闻出版广电局（市版权局）、市文物局4部门主办，市发展改革委等委办局和16区政府等40余家相关单位联合发起了第一届"北京惠民文化消费季"，同时发行100万张面向普通市民的"文化惠民卡"。在此基础上，2015年2月5日北京市人民政府正式印发《关

---

[1] 郑钛. 我国文化消费政策的缺失与治理[J]. 学术论坛，2013, 36（9）：86-90.
[2] 刘敏. 提振文化消费市场，还有多远的路要走？[N]. 中国妇女报，2015-11-19（A04）.

于促进文化消费的意见》(以下简称《意见》),这是我国首个促进文化消费的专项政策。《意见》明确指出"重视对文化产品供给与文化消费相协调的政府扶持机制的构建,拓宽财政资金扶持形式和渠道,建立健全科学合理的新机制,对现有补贴模式进行适当调整;提高对北京文化惠民卡加盟商户的扶持和绩效奖励力度,利用以奖代补的形式,实现文化企业服务升级"等具体措施,为后续文化消费补贴政策的制定提供了宝贵经验。

(四)确立文化消费试点城市,逐步完善文化消费补贴政策(2015年至今)

在物质需要基本得到满足的现实背景下,城市居民的消费需求就逐渐转变为精神文化生活需要。近些年来,服务消费呈现出良好的发展势头,并进一步成为新的城市居民消费增长点。如表4所示,2013—2017年娱乐教育文化支出占比由最初的3.63%增长至11.65%。2015—2020年这段时间内,文化消费在居民整体生活消费支出中的占比持续稳定在11%左右,反映出居民文化消费习惯日趋养成,形成了稳定的文化消费需求。

表4 2015—2020年中国城市居民文化消费支出情况

支出项	2015年	2016年	2017年	2018年	2019年	2020年
生活费支出/元	21 392.36	23 078.90	24 444.95	26 112.31	28 063.35	27 007
娱乐教育文化服务/元	2382.84	2637.63	2846.64	2974.14	3327.98	2592
占消费比重/%	11.14	11.43	11.65	11.39	11.86	9.60
消费增速/%	11.23	10.69	7.92	4.48	11.90	-22.11

数据来源:2015—2020年《中国统计年鉴》

随着文化消费的日益增长,相关政策逐步完善,完成了从拉动城市居民文化消费试点项目到国家文化消费试点(示范)城市,再到国家文化和旅游消费试点(示范)城市的三步走,围绕扩大文化产品和服务有效供给、推进惠民便民措施、提高文化消费便捷度、促进文旅体商融合发展、加强宣传营造社会氛围等方面逐步探索出一条具有中国特色的促进文化消费路径。

2015年"拉动城市居民文化消费试点项目"的正式实施，意味着国家文化消费试点城市在国内各个地区逐渐进行推广，陆续有45个城市被纳入国家文化消费试点名单当中，其中涉及直辖市、副省级城市、地级市等。在试点工作贯彻落实过程中，以"满足人民群众日益增长、个性化精神文化需求"为原则，以坚持社会主义主流价值理念为导向，将文化消费延伸到文化建设的各个环节，争取将文化消费作为推动社会经济高质量发展的助力之一。

在积极进行试点探索的过程中，各地区纷纷对市场机制保持高度重视，希望能够依托于市场机制促进文化产品和服务供给水平的提高，引导城市居民形成科学的文化消费习惯。例如，郑州市利用政府购买文化服务的方式促进文化消费总量的提高，廊坊市利用文化艺术教育在全市范围内的推广来促进居民文化消费能力的提高，兰州市则支持民营资本参与演艺市场，宁波市将高雅艺术演出纳入政府补贴范畴，并设立了专门的补贴制度；遵义市为进一步拉动民营文化企业的发展，积极践行简政放权，长春市坚持执行文化品牌引领战略等。据相关部门的专门调查统计，截至2017年，在试点工作全面推行过程中顺利享有政策优惠的城市居民已经达到3亿人次，累计拉动文化消费规模达到700亿元以上，国家文化消费试点城市建设对促进城乡居民文化消费能力增长、扩大文化消费规模等方面起到了重要的积极作用。现阶段，整体上可归纳为下列三大模式——东部、中部、西部方案：东部地区试点O2O大数据平台拉动文化消费政策，西部地区试点文化消费税费补贴政策，中部地区试点公共文化与文化产业相互连通的居民文化消费激励政策。

2016年，《国务院办公厅关于进一步扩大旅游文化体育健康养老教育培训等领域消费的意见》发布，意味着文化领域的供给端和需求端的改革工作正式开展。不仅如此，在2017年党的十九大召开期间，明确强调现阶段我国社会主要矛盾已经转向人民日益增长的美好生活需要和不平衡不充分的发展之间的矛盾。另外，其中还强调，坚定推动文化经济政策的调整，实现社会主义文化在现代背景下的健康发展。这同样意味着国内文化消费迈入新时期，文化消费既对消费升级有着重要的推动作用，同时在深化文化供给侧结构性改革进程方面扮演着关键角色。近年来，"消费升级""供给侧结构性改革""转型升级"等也成为国内学术界的研究重点，重点内容在于怎样利用深化文化供给侧结构性改革进程来刺激文化消费，从中能够反映出我国关于文化消费方面的研究进程得到明显进步与发展。

2018年6月，相关业务主管部门对27个省份的45个文化消费试点城市进行检查验收，并组织实施了试点城市奖励计划。对北京等20个城市分两个档次给予了奖励，其中第一档城市10个，每个城市获得20万元奖励；第二档城市10个，每个城市获得12万元奖励。相关调查统计表明，截至2018年，在全国文化消费试点城市中，累计吸引居民消费已经达到6亿人次，累计文化消费规模达到1500亿元，其中涉及的试点公共文化机构数量达到8344家，参与试点企业、商户数量达到31544家，示范和辐射效应较为显著，对当地文化消费发展有着显著的推动作用。

2019年8月，为积极执行《中共中央国务院关于完善促进消费体制机制进一步激发居民消费潜力的若干意见》，国务院办公厅颁布《关于进一步激发文化和旅游消费潜力的意见》（国办发〔2019〕41号），同时公开强调，积极总结城市居民扩大文化消费试点工作的实践经验，并在此基础上在全国范围内推广，在原有基础上进一步拓宽试点范围。与此同时，从中筛选出一批国家文化和旅游消费示范城市并动态考核。

2020年10月，我国多个相关部门颁布并实施《关于开展文化和旅游消费试点示范工作的通知》，明确在全国范围内启动"国家文旅消费试点示范城市"创建工作，这既是此前的全国文化消费试点城市的经验模式推广与延续，也是文旅机构融合后从消费层面推动文旅深度融合的再一次探索。支持试点城市、示范城市结合当地实际发展现状，鼓励形成关于文化和旅游消费的经验模式，积极建立健全扩大文化和旅游消费的长效机制，促进文化和旅游消费模式的转型升级，实现文化和旅游消费健康发展，助力形成强大国内市场，成为该阶段文化消费政策的主要目标。国家文化和旅游消费试点城市、示范城市的设立，对消费发展起到了重要的推动作用。国家级文化和旅游消费示范城市需要具备文化吸引力、文化消费力、品牌传播力、产品创新力、资源整合力，从强化政策引导、重视智库支撑、激发市场主体活力等多方面着手，多管齐下、多效并举，通过示范效应真正带动文化和旅游消费，成为推动经济发展的主要动力。不仅如此，对文化和旅游消费试点和示范城市探索经验和教训的总结与反思，逐渐成为文化消费补贴政策研究的主要内容。

二、城市居民文化消费补贴政策现状

本文整理了1996年9月5日发布《国务院关于进一步完善文化经济政策的若干规定》以来的相关政策（见表5）。以2016年开展消费试点工作为节点，将政策分为两大部分进行词频分析和关键词相关词分析。2015年前中央共出台14项文化消费相关政策，但是并没有针对文化消费问题的专项政策，关于文化消费的支持政策主要集中在文化发展规划、振兴文化产业发展等政策当中，同时2006年发布的《国务院关于印发2006年工作要点的通知》首次提到："完善消费环境和政策，改善居民住行条件，积极发展旅游、文化、健身等服务性消费。"此后连续多年的政府工作要点中均提到完善文化消费政策相关内容，如2007年政府工作要点中指出"完善消费政策，积极培育新的消费热点，促进居民消费发展"。这些文件的发布为文化消费政策的逐步完善奠定了基础。

表5 文化消费相关政策

政策名称	文号	颁布日期	发布机关
《国务院关于进一步完善文化经济政策的若干规定》	国发〔1996〕37号	1996年9月5日	国务院办公厅
《关于进一步加强基层文化建设的指导意见》	国办发〔2002〕7号	2002年1月30日	原文化部
《文化建设"十一五"规划》	—	2006年10月16日	原文化部
《国务院办公厅关于搞活流通扩大消费的意见》	国办发〔2008〕134号	2008年12月30日	国务院办公厅
《文化产业振兴规划》	—	2009年9月26日	国务院办公厅
《关于金融支持文化产业振兴和发展繁荣的指导意见》	银发〔2010〕94号	2010年4月8日	财政部
《中共中央关于深化文化体制改革推动社会主义文化大发展大繁荣若干重大问题的决定》	—	2011年10月18日	国务院办公厅
《文化部"十二五"时期文化产业倍增计划》	文产发〔2012〕7号	2012年2月23日	原文化部
《文化部"十二五"时期公共文化服务体系建设实施纲要》	文公共发〔2013〕3号	2013年1月4日	原文化部

续表

政策名称	文号	颁布日期	发布机关
《国务院关于推进文化创意和设计服务与相关产业融合发展的若干意见》	国发〔2014〕10号	2014年2月26日	国务院办公厅
《关于深入推进文化金融合作的意见》	文产发〔2014〕14号	2014年3月26日	财政部
《进一步支持文化企业发展的规定》	国办发〔2014〕15号	2014年4月16日	国务院办公厅
《关于推动国有文化企业把社会效益放在首位实现社会效益和经济效益相统一的指导意见》	中办发〔2015〕50号	2015年9月14日	国务院办公厅
《国务院关于积极发挥新消费引领作用加快培育形成新供给新动力的指导意见》	国发〔2015〕66号	2015年11月23日	国务院办公厅

其中"文化"是最高频词汇，词频为2462，消费排名第15，词频为192。通过词频分析和相关词分析（见表6），可以看出这一时期内文化发展以文化产业和文化公共服务双轮驱动，文化产业发展及相关补贴集中于企业等供给侧层面，主要用于鼓励和支持文化产品及服务创新。

表6 2015年前中央文化消费政策文本词频分析表（二次筛选）

序号	单词	词频	相关词分析（前5名）
1	文化	2462	文化产业、建设、企业、服务、支持
2	发展	686	文化、建设、文化产业、推动、企业
3	建设	511	文化、发展、服务、加强、推动
4	文化产业	487	文化、发展、企业、支持、推动
5	服务	444	文化、发展、建设、公共、产品
6	企业	443	文化、发展、文化产业、支持、服务
7	公共	329	文化、服务、建设、加强、发展
8	加强	309	文化、发展、建设、服务、企业
9	支持	258	文化、发展、企业、鼓励、文化产业
10	推动	245	文化、发展、建设、服务、企业
11	产品	245	文化、服务、发展、企业、鼓励
12	鼓励	221	文化、发展、企业、支持、服务

续表

序号	单词	词频	相关词分析（前5名）
13	完善	219	文化、发展、建设、服务、加强
14	创新	202	文化、发展、推动、建设、服务
15	消费	192	文化、发展、产业、服务、产品

2016年，以《关于开展引导城乡居民扩大文化消费试点工作的通知》为标志，开启了以建设文化消费试点为抓手的促进城市居民文化消费的新阶段。截至2022年7月，中央共出台12项文化消费相关政策（见表7），其中文化是最高频词汇，消费排名第2，词频为574。通过词频分析和相关词分析可以看出这一时期内文化消费政策体系日趋完善，其中消费的相关词分析（见图1）可以看出这一时期文化消费政策的三大特点。**一是数字技术**数字、网络、信息等词汇是这一时期政策的高频词汇，也是消费相关词的高频词汇，可见数字化催生的新兴业态对文化消费的重要拉动作用日趋显现。**二是文化消费平台建设**。2016年以来文化消费大数据平台建设进入快速发展期。文化消费信息平台作为综合型信息服务平台，涵盖多项功能，如公共文体产品与服务供给、文体产品预订、消费、评估等。对引导城市居民消费、扩大文化产品有效供给、改进文化消费补贴机制、提高文化服务供给水平起着重要作用。**三是文旅融合拓展文化消费新内涵**。2018年文化和旅游部组建，文旅融合迎来历史机遇，涌现出了一大批如研学游、红色游、工业遗址游等复合型业态，极大地拓展了文化消费的边界，同时使得现代背景下文化消费的概念也有所拓展，文化消费补贴政策需要进一步科学把握文化消费群体结构发生根本性变化、文化消费需求内容发生结构性变化、文化消费供给模式发生系统性变化等新阶段新特征，找准文化消费促进的战略方向。

表7 文化消费相关政策

政策名称	文号	颁布日期	发布机关
《关于开展引导城乡居民扩大文化消费试点工作的通知》	文产发〔2016〕6号	2016年5月6日	原文化部、财政部
《关于进一步扩大旅游文化体育健康养老教育培训等领域消费的意见》	国办发〔2016〕85号	2016年11月28日	国务院办公厅
《关于推动数字文化产业创新发展的指导意见》	文产发〔2017〕8号	2017年4月11日	原文化部

续表

政策名称	文号	颁布日期	发布机关
《文化部"十三五"时期文化产业发展规划》	—	2017年4月19日	原文化部
《关于进一步扩大和升级信息消费持续释放内需潜力的指导意见》	国发〔2017〕40号	2017年8月24日	国务院办公厅
《关于促进全域旅游发展的指导意见》	国办发〔2018〕15号	2018年3月22日	国务院办公厅
《关于完善促进消费体制机制进一步激发居民消费潜力的若干意见》	中发〔2018〕32号	2018年9月20日	国务院办公厅
《关于印发完善促进消费体制机制实施方案（2018—2020年）》	国办发〔2018〕93号	2018年9月24日	国务院办公厅
《关于进一步激发文化和旅游消费潜力的意见》	国办发〔2019〕41号	2019年8月24日	国务院办公厅
《关于促进消费扩容提质加快形成强大国内市场的实施意见》	发改就业〔2020〕293号	2020年2月28日	发改委
《文化和旅游部关于深化"放管服"改革促进演出市场繁荣发展的通知》	文旅市场发〔2020〕62号	2020年9月14日	文化和旅游部

图1　2016年至2022年7月"消费"一词在政策中的关联词云分析

相关调查分析表明，2017年全国45个文化消费试点城市累计投入财政资金13.3945亿元，其中地方财政资金和中央财政补助资金分别达到11.78亿元和1.6178

亿元。同期，这部分试点城市拉动文化消费规模达到900.14亿元，其中，城市居民实际支出739.07亿。2018年，中央及地方各级政府面向文化消费试点城市提供的财政投入累计达到18.3842亿元，其中，地方财政资金和中央财政资金分别为16.8757亿元和1.5085亿元。同期，这部分试点城市拉动文化消费规模达到737.85亿元[1]，其中，各地试点居民实际支出约730.08亿元，既产生了显著的经济效益，同时表现出良好的社会效益。另外，在这类试点城市中，中央财政允许专项资金补贴地方公共文化服务体制建设资金，作为刺激群众文化消费的配套支撑，实际项目可由各地根据实际情况统筹确定，其对区域经济发展的刺激作用较为显著。

本研究整理了20个文化消费试点城市的33条文化消费政策。为分析不同试点城市实施文化消费政策的优势和不足，本文对各试点城市颁布的文化消费政策展开统一词频分析（见表8），并在此基础上将所得结果设置空间代码，与国家基础地理信息数据进行精准匹配，同时录入ArcGIS（地理信息系统）数据平台展开精准分析，从而直观展示出试点城市文化消费补贴政策的区域性差异。

表8　各试点城市文化消费政策文本词频分析表（二次筛选）

序号	单词	词频	相关词分析（前5名）
1	文化	2586	消费、发展、单位、建设、旅游
2	消费	1893	文化、发展、建设、服务、支持
3	旅游	1122	文化、消费、发展、建设、单位
4	服务	594	消费、文化、发展、支持、建设
5	企业	466	文化、发展、支持、消费、服务
6	资源	141	文化、发展、消费、服务、推动
7	补贴	114	消费、文化、支持、鼓励、企业

本文选取文化、旅游、补贴三个高频词，具体的是不同试点城市文化消费政策的目标对象间的区别。受到文化政策属性特征的影响，造成文化消费地区表现出集聚效应，与此同时我国在文化发展水平、政府财政投入间的地域差异性越发显著，其中东部地区表现为生产过剩和消费不足的供需结构矛盾，而在中西部地区生产不足难以满足需求的矛盾更加突出。综上能够了解到，对于消费与生产来讲，均呈现

---

[1] 傅才武．扩大城乡居民文化消费试点的举措与成效 激发文旅消费潜力［N］．光明日报，2019-09-23（016）．

出对应的空间差异，文化消费经济活动受到文化自身属性特征的影响而导致地域差异性的出现。在此基础上受到文化消费的相关影响因素的干扰，如区域经济发展水平、政府财政投入力度差异性等，造成城市居民文化消费活动表现出空间差异性和依赖性的特征。

三、城市居民文化消费补贴政策的原则与标准

（一）城市居民文化消费补贴政策的原则

经济学理论通常认为，资源配置的最有效途径就是市场。通常来讲，补贴作为政府进行市场调节的形式之一，能够对资源配置产生一定的人为影响。主要由于政府在对资源的再分配过程中市场调节作用并未有突出体现，进而造成经济循环效率失常的可能性出现。但如果资源配置结果与社会福利目标出现偏差，在对政府通过补贴方式参与市场干预的合理性的分析当中，政府需要重点对补贴政策在协调政府与市场关系方面的作用有着充分考虑与分析。❶在协调资源市场化配置与社会福利目标实现期间，既要对政策收益有所把握，同时要对政策成本重点关注。由此可知，政府贯彻落实补贴政策的原则就是对"政府与市场""政策成本与政策收益"关系的协调处理。

从政府与市场角度分析，当市场失灵时，市场的资源配置作用难以得到充分体现，而补贴政策能够对市场起到一定的弥补作用，进而达到帕累托改进，在这一过程中使得政府的积极干预作用充分发挥。通过对补贴的政策成本与收益方面分析，必须确保补贴作用充分发挥，也就是说通过尽可能低的财务负担和效率损失达到政策目标。政府提供的财政补贴并不需要获取同等的补偿，该属性造成在既定的预算范围内，财政资金出现大规模的机会成本，特别是在财政预算有限的条件下，其机会成本规模将会进一步扩大。❷不仅如此，补贴在对资源进行再分配的过程中，部分

---

❶ 黄新建，黄能丽.财政政策、政府干预与政府财政补贴有效性分析——来自我国民营上市公司的经验数据［J］.会计之友，2014（28）：88-93.

❷ 贾俊雪.中国财政分权、地方政府行为与经济增长［M］.北京：中国人民大学出版社，2015：467.

群体的受益往往会对其他群体的利益造成侵害。另外，补贴还易造成受益群体扭曲激励的出现，从潜在受益者角度分析，通常会向政府主动寻求财政福利，所以补贴同样隐含大规模的寻租成本。

（二）城市居民文化消费补贴政策选择的标准

在财政预算有限的条件下，且补贴适用对象标准相对宽泛时，补贴政策的覆盖范围也较广泛，甚至能够达到普惠性补贴；而当适用对象标准较为严格时，政府补贴政策的覆盖范围仅仅局限于满足补贴标准的群体，进而造成政策覆盖范围较为集中。受益对象筛选的合理性与补贴政策的执行成效有着直接关系。但需要了解的是，一般情况下政府补贴力度较高、覆盖范围广泛，在选择补贴适用对象中，往往会出现信息不对称的情况，进而造成部分满足条件的适用对象无法被纳入政策覆盖范围。

另外，补贴政策的持续性同样对补贴政策选择的时间维度标准有着突出影响。从补贴适用对象角度来看，由于补贴时间标准的区别和差异，其实际政策执行产生的具体成效也存在一定的区别。补贴适用对象的筛选和补贴政策时间标准的明确，实际上体现的是政府对各个社会群体利益的重点，是政府对资源进行再分配的政策目标的集中反映。

（三）城市居民文化消费补贴政策的实施路径与方式

从补贴政策的覆盖对象来看，大体上包括生产者与消费者。从具体补贴形式来看，如实物补贴、现金补贴等，一般能够对消费者的消费意愿与消费决策产生直接影响。而通过对生产补贴进行分析，既涉及为生产者提供的生产投入补贴、产出补贴等，同时还包括为鼓励与引导生产者组织开展一系列经营活动而制定的相关财政补助措施。但需要注意的是，在补贴政策支持下消费者与生产者产生的收益水平在很大程度上受到供给端与需求端的约束条件、市场环境等因素的影响。不仅如此，补贴政策的执行方式也表现出一定的差异性。以现金补贴为例，一般会选择将这类补贴纳入国家财政预算，确保补贴相关信息的公开透明；而其他隐私性较强的间接

补贴可能并未纳入财政预算当中,一旦出现这种情况易造成政府准财政赤字规模的扩大,进而对财政收支情况造成严重冲击。❶

(四)城市居民文化消费补贴政策的央地关系

补贴政策的执行主体一般为中央及地方各级政府,并且中央政府与地方政府在这一过程中往往表现出合作与监督的关系。地方各级政府均有专门的公共预算,各级政府的事权与职责往往存在一定的区别和差异,所以各级政府的财政支出结构同样各不相同,各级政府的补贴标准与补贴力度同样难以实现统一。一般来说,由中央政府明确财政支持的方向与整体结构,地方各级政府则结合当地具体状况制定符合要求的补贴标准。虽然受限于诸多因素的影响,使得地方政府的财政预算规模相对有限,整体财力较中央政府存在较大差距,但在补贴政策执行当中,中央政府的财政投入力度相对有限,绝大部分的财政补贴仍然需要由地方政府负责。另外,受限于国际社会中多边补贴规则的制约和束缚,随着时间的推移,中央政府会选择逐步缩减补贴范围,而地方政府为拉动当地经济增长,可能会选择填补上述空白,基于地方政府主导下的补贴政策以确保预期目标的顺利实现,最终产生隐蔽性补贴。由此可见,虽然中央政府的补贴力度有所削弱,但中央对地方政府补贴政策的监管职能有着进一步强化。❷

四、决定城市居民文化消费补贴政策的核心要素

(一)要素一:供给侧与需求侧

关于政府补贴的分析维度,在将产业链条环节作为分类依据的条件下,具体可细化为供给端补贴和需求端补贴。根据文献梳理,现阶段国内学术界关于新兴产业的政府补贴研究基本得到统一结论,即供给端补贴主要是扩大生产能力,提高生产

---

❶ 吕晓军. 政府补贴的创新绩效研究 [M]. 湖北:武汉大学出版社,2018:191.

❷ HUGO R, GERD S, Economic Determinants of Government Subsidies [J]. IMF Working Papers,1998.

质量，需求端补贴则是以价格补贴的形式直接作用于消费环节，目前对政府补贴的两条路径所带来效果进行评估的相关研究较少。经济领域的部委或地方，通常做法是补供给，如家电下乡、新能源汽车都是采用补供给的做法扶持行业发展。社会和民生领域的部门，通常做法是补需求，如医疗保障、特殊群体补贴等做法都是直补消费者（见表9）。文化和旅游消费的特殊性在于具备经济和社会双重属性，既可以从扶持产业发展的角度，对重点业态补贴拉动，又可从培育消费习惯、增强居民获得感的角度，直补消费者。但通常来说，一个试点地区只能一头发力，因为在有限的人力、财力条件下不可能面面俱到，补贴方向的选择成为各试点之间第一个大的差异。

表9 供给侧补贴与消费侧补贴的差异

	供给侧补贴	消费侧补贴
补贴对象	企业端	消费者
补贴方式	减少对企业的征税，或给予申报项目补贴资金	将财政收入通过消费券等形式转移给居民以刺激消费
新增税收的来源	企业增产、税基扩大、税收增多	消费增加、扩大产能、税基扩大、税收增多
适用情形	适用于产能不足的情况	适用于需求乏力的情况

根据前文对于现行文化消费补贴政策的文本分析可以看出，目前文化消费补贴工作的核心仍然是供给端补贴，通过为文化企业税收减免、给予资金奖励等形式，提高文化供给能力。补贴政策对供给侧的影响包括以下方面：**一**是实现企业经营成本的有效控制，企业为享受政策优惠主动响应文化消费试点政策，既能够获取财政补贴，同时能享受公共服务配套带来的间接补贴，如公共信息平台建设使得文化企业的信息收集成本得到有效控制；**二**是构建科学健康的供给结构，一系列个性化活动的开展为文化企业吸引大量资源，同时能促进文化领域各相关主体间的有效集聚；**三**是推动产品服务质量优化，政府为保证各相关主体充分享受政策红利而进一步提高对企业的监管力度，进而促进企业主动进行产品服务质量的优化，积极培育消费新业态。但是缺乏补贴资金监管和评估的环节，补贴资金投入的杠杆作用和对文化供给质量提升的实际作用难以测算。相比于补贴需求端，提高供给能力和质量是在提高"造血能力"，具有更好的可持续性收益。而补贴消费端如果不能同步培养起

城市居民的文化消费习惯，则只能"短暂输血"。

（二）要素二：城市内需与城市外需

各文化消费试点城市确立之初，各地主要以补贴本地城市居民为主，试图通过对当地居民文化素养的熏陶提升和文化消费习惯的逐步养成来实现试点城市文化消费市场的良性内循环。但是，在一段时间的继续实施过程中，部分地区，尤其是与流动人口较多和文旅产业发达的地区相比较，结果发现不同试点区域的文化消费人群结构十分复杂，具有较强的差异性，不能单纯地只对本地居民进行补贴，尤其是通过身份信息确认发放文化惠民卡等补贴形式，完全将外来人口排斥在补贴对象范围外，不利于提升试点区域整体文化消费市场的活力。因此，文化消费补贴对象是补"城市内需"还是补"城市外需"，需要因地制宜。以丽江这一文化消费试点城市为例，2019年常住人口仅为130万人，但游客数量高达5400多万人次，内外文化消费群体严重倒挂，如果只按照传统的属地管理思维，只补贴当地居民，无疑是抓小放大，不利于补贴资金发挥出更大的杠杆效用。同时，如何打破区域壁垒限制，打通文化消费补贴资金的跨区域流动，也是值得研究和探索的新问题。

（三）要素三：公共事业性与产业引导性

各文化消费试点城市所处的社会环境、经济体量情况、产业发展态势、居民人均收入等质素存在较大差异，在选择补贴方式时的出发点上也各不相同。通过对前文提到的文化消费补贴政策文本研究进行归纳、总结和提炼后，大致可以分为两种可供选择的思路。**一**是选择补贴图书、文博等最基本的公共文化服务产品或设施，以此来提升城市居民的文化素养和接受能力，形成居民文化消费的习惯和氛围，再进一步导向到产业消费。**二**是选择补贴一批面向新人群、融合新技术的文化消费新业态。通过确定试点城市内着力发展的文旅子行业，从供需两端双重补贴的形式推动消费业态创新、产品服务创新、消费场景创新，以创新供给持续吸引文化消费者。比如，广州市文化广电旅游局发布的《广州市文化广电旅游局关于组织申报广州市文化旅游新业态项目扶持经费的通知》指出，为促进文化旅游产业复苏发展，广州的数字文化产业项目、文化创意产业项目、文化旅游云服务项目、新型旅游业态项目、文旅消费新业态项目五大类文化旅游新业态可申请扶持经费。

(四) 要素四: 城市的地理与文化差异

城市发展影响文化消费补贴政策的因素很多,一般可概括为经济因素、时间因素和居民消费观念因素三个方面。

一是个人可支配收入是文化消费的核心驱动因素。 消费函数理论强调影响消费的关键因素就是个人收入,经济因素对区域消费有着直接作用。**首先**,从城市角度看,文化休闲是城市的主要功能之一,结构合理、高度聚集的城市经济是城市休闲建设的基础,它能够为居民提供丰富的、高品质的文化产品及服务。而文化消费的发展又能促进城市经济发展和产业结构的优化。**其次**,从个人角度讲,个人可支配收入对文化消费水平、档次和结构等均起到至关重要的作用。文化需求并非单纯指个人休闲意愿,更与个人可支配收入相关。城市居民人均可支配收入与文化消费指数存在较为明显的"协同"关系,即人均可支配收入较高的城市,其文化消费指数也相对较高。

二是地理环境差异影响文化消费供给侧的效能。 地理环境决定论认为,自然环境对社会发展具有决定作用,地理环境导致区域差异情况的出现,对当地社会经济发展有着直接影响,"胡焕庸线"即是它的一种表现形式。此外,经济发展水平亦受限于自然环境,由于我国地域结构的特殊性导致区域发展不平衡的出现,而这实际上也是引发文化消费区域差异的主要原因。东部地区经济发展较早,文化娱乐产业发展较为成熟,供给能力强,居民可选择的产品丰富;而中西部地区受限于区位条件,经济发展起步较晚,文化休闲相关产业较为薄弱,供给能力较弱,居民文化娱乐选择相对有限。相关数据发现,华北和华南地区的人均年文化消费金额明显高于其他地区。

三是休闲时长是扩大文化消费的重要保障。 空闲时间既是居民实现文化消费的基础,也是文化消费的保障。美国在 20 世纪 90 年代城市休闲化进程中展现出"三三制"特征,即居民在休闲方面要消耗 1/3 的时间和 2/3 的收入,城市 1/3 的国土面积用于休闲。[1]我国居民全年的休闲时间约有120天,基本达到1/3水平,使得进行文化消费的闲暇时间可以得到保障。随着城市居民收入的增加,城市居民愿意投入文化消费的收入比例增高,从而要求居民的闲暇时间有较快的增长。但是闲暇时间分配上仍存在较大问题,工作学习太忙、假期太少或虽有假期但是不能自由安排行程等现象普遍存在,黄金周出现的过度"旅游热"即是城市居民闲暇时间匮乏与文化休闲消费需求旺盛之间的矛盾共同作用的结果。因此,推动落实"带薪休假"制度,有利于满足居民的文化娱乐需求,促进文化消费,提高居民生活质量。

---

[1] 索尔斯坦·邦德·凡勒伦. 有闲阶级论[M]. 李风华, 译. 北京:中国人民大学出版社, 2017:232.

国家文化公园建设导向下的黄河文化旅游发展研究

◎ 北京京和文旅发展研究院　范　周
◎ 中国传媒大学文化产业管理学院　祁吟墨

建设国家文化公园，是以习近平同志为核心的党中央的重大决策部署，是推动新时代文化繁荣发展的重大系统性工程。2017年1月，中共中央办公厅和国务院办公厅印发的《关于实施中华优秀传统文化传承发展工程的意见》中首次提出"规划建设一批国家文化公园，成为中华文化重要标识"。2019年7月，中央全面深化改革委员会审议通过了《长城、大运河、长征国家文化公园建设方案》（以下简称"《方案》"），计划到2023年基本完成长城、大运河、长征三大国家文化公园建设保护任务。2020年10月，党的十九届五中全会通过《中共中央关于制定国民经济和社会发展第十四个五年规划和二〇三五年远景目标的建议》，又将黄河正式纳入国家文化公园建设的重大文化工程之中。2022年年初，国家文化公园建设工作领导小组部署启动长江国家文化公园建设。至此，五个国家文化公园的建设名单正式确立，共同列入"十四五"期间我国文化领域相关工作的重点任务清单。

相较于首批纳入建设、沿线经济条件较好、相关保护传承工作已经取得一定成效的大运河国家文化公园，黄河国家文化公园的建设尚处于起步阶段。2021年10月，中共中央、国务院印发《黄河流域生态保护和高质量发展规划纲要》，在这一纲领性文件的引导下，沿线各省（区、市）工作稳步推进，不同段的黄河国家文化公园建设保护规划基本处于编制完成状态，以河南、陕西省为代表的部分地区也已布局谋划了一批重大标志性项目。黄河文化作为中华文化的主体与突出代表，其上下游、干支流、左右岸所承载的多元一体的厚重历史和自然人文风情，如何才能在黄河国家文化公园的建设中熠熠生辉？对这些资源的保护传承和活化利用应当统筹处理好哪些关系？文旅深度融合示范区的建设应遵循何种路径？在对理论来源、概念缘起、时代价值、政策制度等基础性问题进行深入研究的同时，从文旅产业发展层面去观照黄河国家文化公园的建设实效也迫在眉睫。

一、国家文化公园建设与相关研究进展

(一) 国家文化公园相关研究

国家文化公园是一项系统性重大文化工程，是凝聚国家共识、传承历史文脉的重要载体。自"国家文化公园"概念提出以来，国家文化公园建设已取得了阶段性进展，法律法规和体制机制等顶层设计不断完善，各省区重大工程项目相继开工或已完工投入使用，大众对于国家文化公园的认知逐渐提升。学界对于国家文化公园的探索自2019年以来掀起一股热潮，取得了丰硕的研究成果，并逐渐达成一定共识。在概念辨识和理论源流方面，李飞、邹统钎（2021）指出政治、文化、组织管理三股逻辑力量分别在塑造国家象征、促进全民族文化认同、建设多功能/公益性/大尺度线性空间方面促使国家文化公园概念最终确立[1]；龚道德（2021）通过对比中西方在遗产资源审视角度的不同，得出国家文化公园是从具体国情出发，对西方国家公园制度的大胆衍生和创造。[2]在建设原则和功能特征上，学者们通过对"国家""文化""公园"三个关键词进行语义拆解，如吴丽云等（2020）强调国家文化公园建设需突出国家代表性、突出全民公益性、突出完整性[3]；范周（2021）提出国家主体性、文化首位性、公园载体性是国家文化公园高质量发展需要重点关注的三个方面[4]；程惠哲（2017）创造性提出国家公园体系中不能缺少国家文化公园，要把国家文化公园建成文化传承的载体、文化建设的阵地、文化交流的平台、文化消费

---

[1] 李飞，邹统钎.论国家文化公园：逻辑、源流、意蕴[J].旅游学刊，2021，36（1）：14-26.

[2] 龚道德.国家文化公园概念的缘起与特质解读[J].中国园林，2021，37（6）：38-42.

[3] 吴丽云，蔡晟.国家文化公园建设应坚持三大原则[J].环境经济，2020（16）：65-67.

[4] 范周.文化特色如何凸显[N].学习时报，2021-08-16（A2）.

的场所。❶ 对于国家文化公园建设过程中的难点堵点，也有许多深刻符合发展实际的研究成果。例如，梅耀林等（2021）结合大运河国家文化公园的江苏试点实施情况，提出建设面临的问题主要集中在边界如何划定、价值如何挖掘、文化如何展示、公园如何运营管理等几个方面❷；祁述裕（2022）从公共政策制定效果的视角，分析国家文化公园建设的制约因素，并提出应统筹好空间边界和技术规范、文物和文化资源、资金来源和管理机制几对关系❸；郭新卓（2021）则着眼于传播过程，指出目前在政府主导下，国家文化公园形象传播的全民参与率低，且缺乏相应的管理组织。❹ 在管理体制与政策创新方面，付瑞红（2021）从产业融合链构建、组织制度创新、文化要素融合等方面提出了"文化+"产业融合政策的构建策略❺；刘晓峰等（2021）在对大运河国家文化公园的结构特征和实践探索分析的基础上，从省域管理的角度提出组建实体管理机构、明确多元主体关系和完善管理运行体制等对策建议❻；吴丽云等（2022）系统性指出管理机构缺乏稳定性、管理效率不高、资金长效保障机制尚未形成等问题并提出建议。❼ 总体而言，对于国家文化公园的研究主要集中在理论逻辑、概念缘起、时代价值、政策体制、遗产保护等几个方面。另有学者聚焦不同文化主题、不同点段位置、不同体量大小的国家文化公园，结合地方文化和自然资源特质展开案例研究，其中大运河国家文化公园的研究起步早、成果多，本文不再一一列举。

---

❶ 程惠哲.从公共文化空间到国家文化公园 公共文化空间既要"好看"也要"好用"[J].人民论坛，2017（29）：132-133.

❷ 梅耀林，姚秀利，刘小钊.文化价值视角下的国家文化公园认知探析——基于大运河国家文化公园实践的思考[J].现代城市研究，2021（7）：7-11.

❸ 祁述裕.国家文化公园：效果如何符合初衷[J].探索与争鸣，2022（6）：5-7.

❹ 郭新卓.大运河国家文化公园建设的传播发展路径分析[J].新闻研究导刊，2021，12（13）：236-238.

❺ 付瑞红.国家文化公园建设的"文化+"产业融合政策创新研究[J].经济问题，2021（4）：56-62.

❻ 刘晓峰，邓宇琦，孙静.大运河国家文化公园省域管理体制探略[J].南京艺术学院学报（美术与设计），2021（3）：45-49.

❼ 吴丽云，邹统钎，王欣，等.国家文化公园管理体制机制建设成效分析[J].开发研究，2022（1）：10-19.

（二）对国家文化公园与文化旅游发展的关系探讨

从已经确认的五大国家公园空间范围看，我国国家文化公园的跨区域性质显著，且基本涵盖了我国自然生态资源和文化遗产资源最富集的区域，可以说具备文旅发展的天然优势。例如，长城国家文化公园涉及15个省区市，大运河国家文化公园涉及8个省市，长征国家文化公园涉及15个省区市，黄河国家文化公园涉及9个省区，长江国家文化公园涉及13个省区市，除了海南、香港、澳门和台湾，全国其他省份都肩负着国家文化公园的建设任务。这些地区无论是自然风貌还是文化景观，都是优质的文化旅游吸引物。但是国家文化公园框架下的文化旅游模式与普通旅游经济活动势必有显著差异。在实践先行的背景下，近年来已有部分学者结合规划编制和项目实践经历，就大运河国家文化公园建设过程中的文旅发展情况进行探究。王健、彭安玉（2019）提出，建设好大运河国家文化公园，应实现从生产生活到文化旅游转换，通过发展文化旅游唤起大众对大运河文化遗产的珍爱之心和保护之责。❶秦宗财（2022）基于系统性建设思维，指出文旅产业系统在大运河国家文化公园中为民众提供体验的情境和消费渠道，是保持大运河国家文化公园可持续发展的动力。❷实际上，正确认知国家文化公园与文旅发展的关系是进一步强化相关研究的基础和前提。

首先，国家文化公园的属性蕴含文旅融合特质。文化首位性是国家文化公园区别于国家公园和各级遗产保护空间的最主要表征。国家文化公园在更大的空间范围内系统性地关注重大文化主题，且更加注重文物和文化资源受线性区域的长期影响而呈现出的文化，如大运河文化、黄河文化等。可以说国家文化公园概念的诞生，是文旅融合时代背景下的产物。2018年国家文化和旅游部组建及各级文化和旅游行政管理机构职能整合以来，文旅融合正在实现从理念融合向产品融合、业态融合、市场融合等多个层次的渗透，已经成为行业发展趋势和全民共识。作为我国在民族复兴、文化强国和旅游发展的背景下提出的新概念，国家文化公园诞生伊始便自然

---

❶ 王健，彭安玉. 大运河国家文化公园建设的四大转换［J］. 唯实，2019（12）：64-67.

❷ 秦宗财. 大运河国家文化公园系统性建设的五个维度［J］. 南京社会科学，2022（3）：162-170.

而然地带有文旅融合的发展倾向。

其次，文化旅游是实现国家文化公园建设目标的重要抓手，是文化资源保护传承利用协调推进的必然选择。一方面，公园载体性决定了国家文化公园的共有属性，其与公众日常生活是密切联系而非静态孤立的。2019年《方案》中首次明确了国家文化公园的六大功能和建设目标，强调"整合具有突出意义、重要影响、重大主题的文物和文化资源，实施公园化管理运营，实现保护传承利用、文化教育、公共服务、旅游观光、休闲娱乐、科学研究功能，形成具有特定开放空间的公共文化载体，集中打造中华文化重要标志"[1]。另一方面，国家文化公园是新时代探索文旅高质量发展路径的重要载体。具体建设中，根据文物和文化资源的整体布局、禀赋差异及周边人居环境、自然条件、配套设施等情况，并结合国土空间规划，国家文化公园将重点建设"管控保护、主题展示、文旅融合、传统利用4类主体功能区"。其中文旅融合区"由主题展示区及其周边就近就便和可看可览的历史文化、自然生态、现代文旅优质资源组成，重点利用文物和文化资源外溢辐射效应，建设文化旅游深度融合发展示范区"[2]。深度融合不仅是文旅产业发展的未来面向，也是对国家文化公园建设提出的时代考题。

二、国家文化公园建设中文旅发展面临的问题与矛盾

（一）国家形象塑造与区域文化特质展示之间需要调适

国家文化公园是象征国家精神的重要载体，文化是其最鲜明的特色和最突出的功能。这意味着需要从国家意志出发，用文化标志物来塑造国家文化形象，用典型

---

[1] 探索新时代文物和文化资源保护传承利用新路——中央有关部门负责人就《长城、大运河、长征国家文化公园建设方案》答记者问［EB/OL］.（2019-12-05）［2023-10-30］. http://politics.people.com.cn/n1/2019/1205/c1001-31492541.html.

[2] 中共中央办公厅国务院办公厅印发《长城、大运河、长征国家文化公园建设方案》［EB/OL］.（2020-10-21）［2023-10-10］. https://www.ndrc.gov.cn/xwdt/ztzl/dyhgjwhgy/202010/t20201021_1301674.html?code=&state=123.

文化符号来表达国家文化形象。[1] 长城、大运河、长征是中华民族的辉煌创造，黄河、长江是孕育了灿烂中华文明的母亲河，这些线性区域作为重要的文化资源聚合体，串联起多地区、多民族、多时期的文化资源。例如，大运河国家文化公园范围内京津文化、燕赵文化、齐鲁文化、中原文化、淮扬文化和吴越文化伴生发展；黄河沿线途经上游青甘川地区的河湟—藏羌文化，宁夏、内蒙古地区的河套文化，陕西、河南等地区的中原文化，以及山东地区的齐鲁文化等多个文化区。

在国家文化公园范围内，如何凝练国家文化整体形象，同时与极具特色的区域文化、民族文化特质之间达到形式上的多元和内核上的统一，是国家文化公园建设过程中发展文化旅游需思考的首位问题。当前各国家文化公园的文化内涵阐释不足。关于长城、大运河、长征、黄河、长江文化的内涵阐释仍未能达成广泛共识。《方案》指出，相关省份需对辖区内文物和文化资源进行系统摸底，这既是彰显国家文化公园文化内涵的基础，也是发展文化旅游的必要准备。虽然学术研究层面可以求同存异，但政策规划中对于相关资源的梳理和表述必须准确、内涵标准必须清晰，才能保证遴选甄别后纳入国家文化公园体系中的文化旅游资源具有充分的国家代表性和准确的指向性。

（二）"国家在场"主体性与多功能区叠加的发展实际需要调适

国家文化公园的特殊属性和功能定位决定了其管理体制上的特殊性。《方案》指出，"完善国家文化公园建设管理体制机制，构建中央统筹、省负总责、分级管理、分段负责的工作格局"。国家对于国家文化公园规划编制的管理和监督、中央财政的支持、"垂直管理"与地方管理相结合等，均体现了国家文化公园建设中的"国家在场"[2]。但与此同时，国家文化公园跨多个省份区域，覆盖国土面积广，部分区域还可能与国家森林公园、生态保护区、文化生态保护区、大遗址保护区等涉及不同主体的功能区产生交集甚至是冲突。

促进不同区域之间以及各国家文化公园之间的协同发展，成为系统建设、治

---

[1] 程遂营，张野. 国家文化公园高质量发展的关键 [J]. 旅游学刊，2022，37（2）：8-10.

[2] 文孟君. 国家文化公园的"国家性"建构 [N]. 中国文化报，2020-09-12（004）.

理、运营国家文化公园必须面对的重要问题,也是统筹文旅资源、打造主题文化旅游线路时的必要考量。在实际发展中,几大国家文化公园在体制机制建设方面的协同实效还有待优化。**一方面**,跨区域的协同发展亟待提升。目前邻近省份之间对同类型文化资源的保护传承利用的合作意识还不强,在文化资源的传承活化上仍存在重复投入甚至相互争夺等情况。不同主题国家文化公园的文物和文化资源有重复的情况,也容易导致在进行文旅资源活化利用时出现同质化的问题。如何通过国家文化公园建设促进同一文化资源的创造性转化和创新性发展,是提升国家文化公园效能的关键。**另一方面**,国家文化公园之间的协同发展机制亟待建立。不同主题的国家文化公园建设点段地处同一空间,如老牛湾地处长城与黄河交汇处,若尔盖拥有黄河与长江交汇的独特资源。因此,不仅需要处理好不同主题国家文化公园建设范围重叠空间融合的问题,还要筑牢涉及相关国家公园、国家级自然保护区等区域在文化旅游发展时的红线和底线。

(三)社会共享的公益性与地方文旅经济效益之间需要调适

与国家公园类似,国家文化公园建设也蕴含人民性、共享性、社会化的内在逻辑,打造开放度高、公众参与度高的国家文化公园,也是实现《方案》确立的保护传承利用、文化教育、公共服务、旅游观光等六大功能的必然要求。在这种导向下,国家文化公园建设的最终目的是向广大公众提供公共产品而不是私人物品,是引导公众接受文化熏陶,培养其树立保护传承弘扬中华优秀传统文化的自觉和自信。从结构上看,国家文化公园的空间可分为两个层次。在宏观形态上,国家文化公园以长城、大运河、长征、黄河、长江为线索和牵引,形成覆盖中华文明大部分文化聚落的线性文化廊道,串联起文化群体,构成文化符号,唤醒文化认同,形成文化自觉。在微观形态上,分布在长城、大运河、长征、黄河、长江全线的,包括核心展示园、集中展示带、特色展示点在内的重点项目共同为沿线人民群众和国内外游客提供新的文化地标和旅游目的地。

在文旅融合过程中,过于迎合普通旅游者的文化认知、单一化的文化信息传递都会造成文化要素选择的肤浅、文化信息编码的偏离、文化要义传递的阻碍。[1]因此，国家文化公园的文旅项目建设，需要平衡好普适性、大众化的公共服务和文化展示功能，也要在文旅深度融合示范样板的导向下，以优质的文化内容和活态创新的表达形式，成为文化资源传承活化的重要载体，也成为与周边城镇、乡村聚落联系紧密，具备自我"造血功能"的产业化表达。因此，国家文化公园必须以文化资源保护和生态资源涵养为前提，充分发挥文旅发展的外溢辐射效应，促进区域经济、文化、社会和生态建设的协同共生发展。

（四）文旅项目推进的动态性与评价反馈的滞后性之间需要调适

目前，几大国家文化公园的建设时序和具体实践进度均有所差异，各省区的规划编制状态也不尽相同，关于如何推进文旅发展及建设过程中的经验反馈较少。由于近年开展相关工作的经验梳理和总结不足，尚处于"摸着石头过河"的阶段，地方推动开展下一步工作的落点仍无法直接明确。科学全面反映国家文化公园建设的评价体系还未建立，国家文化公园长期性发展缺乏周密指导。比如国家文化公园建成后，在促进当地历史人文资源保护开发的同时是否也助力当地文化产业和经济增长，是否与生态和人文环境相互协调适应，社会力量参与程度如何，游览人数和经济效益如何，带动周边旅游消费情况如何，是否发挥社会效益并提升当地居民的文化认同感和满意度等一系列情况，都需要通过科学的指标体系进行评估。与此同时，对于社会力量参与的国家文化公园文旅建设运营项目，对其发展实效的动态追踪等方面工作仍有提升空间。

三、国家文化公园建设中促进黄河文化旅游发展的几点思考

（一）唤醒黄河文化价值认同，挖掘黄河文化的当代性与公共性

黄河文化是一个时空交织的多层次、多维度的文化共同体，内涵十分丰富，造

---

[1] 厉新建，宋昌耀，殷婷婷. 高质量文旅融合发展的学术再思考：难点和路径[J]. 旅游学刊，2022，37（2）：5-6.

就了具有生成性、开放性的网状结构式的黄河文化系统，具体而言包括生物化石线、文明遗址线、农耕文化线、民族文化线等不同脉络。[1]黄河文化不仅包括黄河流域内的物质财富，还包含人们在生产实践活动中所形成的自我价值及文化观念，这些物质财富与精神财富的结合，共同孕育了伟大的黄河文化，富有极高的文化内涵。[2]

黄河不仅是历史的，也是当下与未来的。《中华人民共和国国民经济和社会发展第十四个五年规划和2035年远景目标纲要》提出要"实施黄河文化遗产系统保护工程，打造具有国际影响力的黄河文化旅游带"。2021年，《黄河流域高质量发展规划》中再次强调"系统保护黄河文化遗产，深入传承黄河文化基因，讲好新时代黄河故事，打造具有国际影响力的黄河文化旅游带"。新时代的黄河文化旅游高质量发展的重要前提，是充分挖掘黄河文化的当代价值，唤起更广泛的社会文化认同。

首先，要分层次、分类别深化研究并挖掘黄河文化谱系。目前，沿黄九省区的文旅部门正在稳步开展文化遗产及非物质文化遗产的资源普查工作。例如2021年，青海省、宁夏回族自治区分别完成省内黄河流域非遗和物质文化遗产资源调查、统计及上报工作，为挖掘黄河文化价值、保护黄河文化遗产、发展黄河文化旅游奠定坚实基础。接下来，应继续加强加快统计、分类、评估、定级，建成权威、统一、动态的黄河文化遗产数据库，与国家文化数字化战略深度连接。**其次，要进一步深化研究黄河国家文化公园文化内涵和形象表达。**加快推出黄河国家文化公园形象标志，扩大国家文化公园的宣传覆盖，推动各大国家文化公园依据形象标志设计自身视觉识别系统，在各大公园的实体空间、官方网站、官方公众号和微博等平台的显著位置标注，增强黄河国家文化公园文旅品牌的可识别性。

（二）保护黄河文化生态系统，做足上中下游黄河文旅差异化发展篇章

文化生态系统强调运用生态学的逻辑，解析文化内涵，发掘文化结构，探索文

---

[1] 彭岚嘉，王兴文.黄河文化的脉络结构和开发利用——以甘肃黄河文化开发为例[J].甘肃行政学院学报，2014（2）：92-99.

[2] 葛剑雄.黄河与中华文明[M].北京：中华书局，2020.

化与环境的互动关系，主张文化的多样性，强调文化共存、差异互补。❶ 在文化生态系统中，一种文化的孕育和延绵离不开其与自然环境、经济社会、人类活动的深刻互动。从这种视角来看，黄河国家文化公园也是一个复杂的文化生态系统。在黄河上游和下游，有两个国家级文化生态保护区：羌族文化生态保护区和齐鲁文化（潍坊）生态保护区，正是前文提到的国家文化公园与其他功能区的空间交叠现象。另外，黄河上、中、下游还分布有7个国家级文化生态保护实验区，干流沿线共认定国家级非遗代表性传承人近300名，国家级非遗代表性项目200余项，其中8项被列入联合国教科文组织非物质文化遗产名录，占全国的1/5。

黄河流域生态安全关乎沿线经济、社会、文化可持续发展的方方面面。习近平总书记在黄河流域生态保护和高质量发展座谈会上的讲话中强调，黄河生态系统是一个有机整体，要充分考虑上、中、下游的差异，"要坚持绿水青山就是金山银山的理念，坚持生态优先、绿色发展，以水而定、量水而行，因地制宜、分类施策"。因此，黄河文化旅游发展必须以筑牢生态安全屏障为前提。

首先，坚持生态优先原则，依据上游水源涵养、中游水土保持、下游稳定生态多样性的要求，精准适度发展文化旅游。上游生态脆弱区，在保证生态秩序的前提下也可发展特色黄河旅游。例如，甘南藏族自治州是黄河上游重要生态安全屏障和水源涵养区，经过多年的治理，甘南州实现了4.5万平方千米大草原全域旅游无垃圾目标，同时依托民族、生态、农耕、游牧等特色文化资源，打响了玛曲黄河九曲第一湾等生态型文旅项目。**其次**，应严格设置黄河生态旅游发展标准，从沿线资源环境承载力、生态脆弱性、物种珍稀度和规模大小等不同维度进行综合评估，科学核定黄河沿线重点旅游区游客最大承载量并严格执行。

（三）创新黄河文化表达方式，构建见人见物见生活的黄河文旅产品体系

黄河文化是中华民族文化的"根"与"魂"，黄河文化的流动性、活态性从未改变。黄河沿线文旅资源富集，干流流经的9省区拥有世界文化遗产4处（国内38

---

❶ 江金波.论文化生态学的理论发展与新构架[J].人文地理，2005（4）：119-124.

项)、世界自然遗产 2 处(国内 14 处)、世界文化和自然双重遗产 1 处(国内 4 处)、世界灌溉工程遗产 2 处;覆盖全国重点文保单位近 320 处、省级文保单位 1100 余处;共有国家 4A 级以上旅游景区 131 处、红色旅游经典景区 11 个。在国家文化公园的建设契机下,势必形成点、线、面统一的文旅发展格局。

第一,平衡宏大叙事与日常生活。虽然黄河文化是大国气象和文化魅力的集中表达,但就黄河与中华儿女的关系来说,"从生活中来,到生活中去",可能是黄河文化与现代旅游融合发展的最生动表达。黄河流域的原典文化、姓氏文化、饮食文化、聚落文化、农耕文化、游牧文化、治黄文化、汉字文化、仪礼文化等背后蕴藏的神话传说、历史典故、风俗民情等,都是黄河文旅产品创作的万花筒,可作为黄河文化主题类实景演出、特色文创、动漫游戏等产品的素材来源。目前,黄河文化多以物质遗产及非物质遗产项目的形式进入人们视野,如黄河号子、羊皮筏子等。对于这类辨识度高、广泛认同的项目,也要在保留其乡野情趣和生活气息的同时,通过互动式、沉浸式、休闲化的设计给予人们新鲜的体验与感觉。

第二,兼顾滨河城市与特色乡村。黄河干流流经 9 省区 148 个县(市、区),途经国家历史文化名城、名镇、名村共 29 处,中国传统村落 224 处。虽然黄河文化的主线一致,但城镇与乡村文化旅游发展的侧重各有不同。城市可聚焦文旅新业态方面,如黄河演艺、黄河夜游等。在文化产业助力乡村振兴的背景下,尤其要加强对黄河沿线自然生态、田园风光、传统村落、历史文化、民族文化等资源的保护和合理利用,打造乡村旅游精品线路,开发优质乡村旅游产品。例如,位于宁夏沙坡头区南岸的半岛黄河·宿集民宿集群,就是在保留了当地民居夯土建筑风格的同时,集合黄河、长城、沙漠、湿地、古村落等自然景观和人文景观,受到市场热捧。另外,还要加强黄河沿线红色资源的保护和合理开发,充分体现和展示红色文化的先进性、时代性,培育形成红色主题鲜明、内涵丰富、形式多样的复合型红色旅游产品。

第三,设计特色游线与节庆活动。2021 年 6 月,文化和旅游部发布 10 条黄河主题国家级旅游线路,此后沿黄九省区结合自身旅游资源及发展情况,推出了一些具有自身特色的黄河文旅线路。未来还需进一步强化区域协同合作,继续围绕文化遗产研学游、华夏历史文明体验游、黄河沿线古都游、民族文化生态游、黄河故事特色专题游等精品线路,用线路串联黄河国家文化公园中的文化展示区、特色展览点等节点。另外，可通过节庆赛事的活动植入方式，聚集黄河文旅品牌知名度与关注度，如榆林借助"吴堡黄河大峡谷国际漂流公开赛"的契机，重点打造"吴堡黄河漂流"文化旅游名片。

文化旅游的发展对于国家文化公园的建设和文化遗产的保护、传承与弘扬具有重要的支持作用。然而，在推动文旅深度融合的过程中，国家文化公园的特性和功能也带来了一系列需要平衡的问题，包括空间与时间的协调、保护与开发的关系处理及公益价值与经济效益之间的矛盾。黄河国家文化公园的建设工作还在起步阶段，国家层面的建设规划尚未发布，沿线各省区的工作也在推进中。基于理论和实践探索，厘清国家文化公园建设导向下文化和旅游发展的逻辑意蕴与矛盾问题，有利于明确黄河文化旅游高质量发展的原则和导向，探究文旅深度融合示范区的建设思路，助力打造具有国际影响力的黄河文化旅游带。

博物馆观众服务的变化、基本特征及影响因素

◎ 北京京和文旅发展研究院　李姝婧

从博物馆发展历史来看，欧美公共博物馆在创立之初就体现了开放性的公共服务功能。美国学者约翰·科顿·达纳提出了服务性博物馆概念，提倡博物馆服务教育功能要充分利用博物馆自身资源。[1]我国博物馆兴起发展虽与欧美相比较晚，但张謇最早建立的我国近代第一座博物馆——南通博物苑，在建立之初就具备简单的服务功能。1974年，博物馆定义中正式加入"为社会及其发展服务"后，博物馆服务思想逐渐成为共识。2006年我国实行的《博物馆管理办法》规定博物馆是"向公众开放的非营利性社会服务机构"。也就是说，我国作为公共服务机构的博物馆具备服务性和非营利性两种特性。博物馆的服务性意味着博物馆必须服务于观众，服务于社会。伴随着博物馆的社会功能不断拓展和数字化的不断深入，使得博物馆服务流程有了显著不同。本研究基于博物馆提供服务的流程顺序，在博物馆观众服务中按照时间顺序主要分为观前服务、过程服务、后续服务，但同时需要与场馆服务、流动服务、数字服务相结合，未来博物馆观众服务也将随着环境变化而变化。

一、我国博物馆观众服务内容和理念的变迁

我国近代博物馆的开端以1905年张謇创办南通博物苑为标志，至今已发展近120年。以中华人民共和国成立为分界点，1949年以来，党和国家领导人高度重视文物博物馆事业的发展情况，对博物馆的服务对象、服务理念等内容均做出明确要求。博物馆事业的总体方针始终以保护为主。中华人民共和国成立之初，中央政府政务院通过各类法令遏制文物非法出口，加强珍贵文物征集。党的十八大以来，以

---

[1] DANA J. A Plan for a New Museum, the Kind of Museum It Will Profits a City to Maintain [M]. Woodstock Vermont: The Elm Tree Press.1920.

习近平同志为核心的党中央厘清了文物保护与利用的关系，提出"让文物活起来"的口号，保护为先，保护与利用并重成为当前及今后一段时间内博物馆事业发展的指导方针。总的来看，博物馆的服务理念和服务内容也随着博物馆事业发展阶段的不同侧重点和重心有所调整。新中国博物馆事业的拓荒者苏东海先生认为，我国博物馆事业的发展阶段可以分为1949—1965年（第一个发展时期）、1966—1975年（发展低谷期）、1976—2005年（第二个发展时期）。❶单霁翔认为，中国博物馆事业的发展可以分为1949—1965年（发展期）、1966—1975年（挫折期）、1976—1999年（全面振兴期）、2000—2009年（全面提升期）。❷回顾中华人民共和国成立后博物馆事业发展历程，本研究主要分为三个阶段。

（一）1949—1976年：我国博物馆建设"初创期"

我国博物馆事业的起步初创期从1949年中华人民共和国成立到1978年改革开放。新中国在成立初期，中国共产党对文物博物馆事业高度重视，在全国范围内展开了文物征集运动，海内外掀起了大规模寻找、征集、收购、捐赠文物的热潮，包括王献之《中秋帖》、王珣《伯远帖》、韩滉《五牛图》等在内的重要国宝得以归国。1949年和1958年开始的两次文物征集运动为今天各大博物馆、省馆奠定了馆藏基础。

同时，全国博物馆领域开启了思想理论学习。以"为谁服务"为核心、为主题，在全国范围内掀起了博物馆理论学习和专业培训热潮。1956年，第一次全国博物馆工作会议中确定了博物馆的"三性二务"论，即博物馆是科学研究机关、文化教育机关、物质文化与精神文化遗存或自然标本的主要收藏所三重基本性质和为科学服务、为广大人民服务两项基本任务。这是中国博物馆界对博物馆基本性质和基本任务的理论概括，也是我国20世纪50年代至"文化大革命"前夕指导博物院实践的基本依据。1958年，中共中央书记处北戴河会议为迎接中华人民共和国成立十周年决定新建中国历史博物馆、中国革命博物馆、中国人民革命军事博物馆、中

---

❶ 苏东海．新中国博物馆事业的发展［J］．中国文化遗产，2005（4）：32-43．

❷ 单霁翔．继承优良传统，坚持改革创新推动中国博物馆事业科学发展——新中国博物馆事业60年回顾与展望［J］．中国博物馆，2009（3）：4-10．

国美术馆、民族文化宫、农业展览馆、北京自然博物馆、北京地质博物馆八座博物馆，为全国博物馆建设起到良好示范作用。我国博物馆数量在1949—1965年从21座增长到214座，主要为观众提供展览服务。1966年"文化大革命"开始后，中国博物馆事业发展进入低潮期。1971年7月1日，在周恩来总理的亲切关怀下，故宫博物院重新对外开放。同年，国务院图博口领导小组在北京筹办了"文化大革命"期间全国出土文物展览和出国文物展览，博物馆的展览展示功能和观众服务逐步得以恢复，这些举措为全国博物馆事业的复苏注入了活力。

（二）1977—2012年：我国博物馆建设迈入"快速发展期"

"文化大革命"结束后，我国博物馆事业进入拨乱反正时期。首先是对博物馆藏品保管工作进行整顿，改革开放前夕，全国博物馆纷纷进行了一系列拨乱反正的陈列展览，正确陈述、展示历史原貌的表现方式提高了博物馆的社会价值。同时，随着改革开放的深入，1983年，国际博物馆协会恢复了中国在国际博物馆界的席位，提高了我国博物馆事业的国际影响力。伴随着大众旅游的兴起，在20世纪80年代我国博物馆迎来了数量和类型上的新建高潮，1980—1985年，平均每10天新建一座博物馆。1985—2000年，相关部门相继颁布了《博物馆安全保卫工作规定》《博物馆藏品管理办法》《博物馆建筑设计规范》《博物馆照明设计规范》等文件，加速了博物馆的规范化建设。

2003年，中共中央政治局常委李长春视察河南博物院时指出博物馆要贴近实际、贴近生活、贴近群众（后被称为"三贴近"工作要求），为博物馆的各项工作指明方向。2008年，中宣部等多部门印发《关于全国博物馆、纪念馆免费开放的通知》，我国博物馆开始探索为观众提供多样化服务的路径和管理机制。2009年，南京博物院率先将"社会教育部"更名为"社会服务部"，更名后的"社会服务部"是集教育、导览、公众活动、公众服务等功能为一体的机构，突出为社会发展、社会公众服务的理念，强调博物馆将自身特色与公众需求相结合。在面对市场经济快速发展的环境下，博物馆如何适应商业社会的公众需求成为值得思考的重要问题。博物馆的存在价值在于它能够与社会建立联系，并且应当承担好博物馆、政府和民众三方的桥梁作用。而博物馆应作为政府的一个渠道、一个途径、一个工具，帮助政府实现为民服务。在这一时期，博物馆的服务内容得以拓宽，从以展览服务为主逐渐转变为以展览服务为核心、以公众传播服务、便利设施服务、安全保障服务等内容为外延服务作为博物馆观众服务的主要内容。

（三）2013—2022 年：我国博物馆建设迈入"质量提升期"

党的十八大以来，党中央高度重视博物馆事业的发展，习近平总书记多次考察各地博物馆，对文物博物馆保护和利用提出明确要求，我国博物馆事业发展取得历史性成就。从数量上看，"十三五"时期内完成了平均每 25 万人拥有一座博物馆的发展目标。全国博物馆年度报告信息系统的备案信息显示 2020 年备案 5788 家，增幅 23.4%；博物馆观众人次逐年攀升，博物馆热引领社会文化风向。

随着博物馆热的兴起，博物馆与社会发展的关系日益紧密，博物馆正在为全民创新创意提供不竭的动力。国务院先后出台《关于进一步加强文物工作的指导意见》，召开全国文物工作会议，对新时期文物工作进行全面部署。多部委与国家文物局联合发布《关于推动文化文物单位文化创意产品开发的若干意见》《"互联网 + 中华文明"三年行动计划》《国家"十三五"文化遗产保护与公共文化服务科技创新规划》《关于中小学生利用博物馆开展社会实践的指导意见》《关于促进文物合理利用的若干意见》等文件为文物工作创新发展提供了政策支撑。在国潮兴起、文化自信的大背景下，博物馆文创产品的联名开发成为博物馆衍生品中最为基础的一环，博物馆与旅游、非遗、文创、各类社交平台、影视综、教育等领域正在进行全方位的融合，正在以全新的形态发挥博物馆的社会功能。

"博物馆+"并非两种业态的简单相加，而是从发展理念、内容到表现形式的全面融合。它的核心是挖掘博物馆馆藏资源，讲好文物和博物馆背后的故事，表现形式可以为一个实体或虚拟的产品或一项服务。在博物馆建设迈入"质量提升期"的阶段，数字化、网络化对博物馆发展产生了重要影响，社会公众对数字化服务的需求明显增强。博物馆观众服务的内容已从线下逐步转移、同步到线上各类服务平台，实现内容"上云"常态化。在数字化、智能化、商品化、社会化的趋势影响下，博物馆观众服务理念、形式和内容也发生了明显变化。在服务理念上凸现"人、物并重"，这一理念也对博物馆运行评估和管理机制产生了重要影响。在我国一级博物馆运行评估指标体系（2017年12月版，总分100分）中，一级指标分为"内部管理"（20分）、"服务产出"（60分）、"社会反馈"（20分）三方面，并且其下许多指标都关涉观众服务。在各地博物馆事业发展规划等文件中，针对观众服务等内容也部署了多项具体任务。面向社会、服务观众是新时期博物馆工作的重心所在，未来也将继续以观众为服务对象，提供规范化、优质化、个性化的服务。

二、博物馆观众服务的影响因素和基本特征分析

（一）发展环境对博物馆观众服务的影响

纵观国内外博物馆的发展历程，博物馆建设起源于世界普遍的收藏现象，它的发展始终与社会理念、科学技术、经济发展、文化创新等因素紧密相关。伴随着数字经济、消费文化等浪潮的兴起，博物馆的发展面临着新的机遇与挑战。对我国博物馆事业而言，在中国特色社会主义新时代其迎来了大发展时期，深刻把握当前博物馆发展环境将为我国博物馆事业迈入高质量发展奠定重要基础。

(1) **政策环境：多项政策文件为博物馆观众服务发展指明方向。**良好的政策环境是博物馆高质量、可持续发展的基础条件。回顾"十三五"时期，我国如期实现平均每25万人拥有一座博物馆的目标，博物馆社会效益逐步显现。2021年是"十四五"开局之年，国务院、文化和旅游部、国家文物局等主管部门机构根据博物馆发展的新形势制定了一系列组合政策，如国务院出台的《"十四五"文物保护和科技创新规划》是文物保护首次进入国家级专项规划。文化和旅游部、国家文物局相继出台的各类规划也对博物馆进一步发挥经济效益和社会效益提出明确要求。同时，博物馆建设迎来了主管部门统筹规划、多部门共同建设的新时代。由中央宣传部、国家发展改革委、教育部、科技部、民政部等九部门出台的《关于推进博物馆改革发展的指导意见》为博物馆与社会经济各方面的全面融合提供政策扶持，为博物馆下一步发展提供基础性的方向指引。

(2) **经济环境："博物馆+"战略为博物馆观众服务提供新空间。**根据国际博物馆协会对博物馆的最新定义，博物馆作为非营利性机构的含义并非不能完全从事经济活动。在全球文化产业蓬勃发展的时代背景下，博物馆文化产业的概念和实施路

径逐步清晰。杨晓琳依据产业结构理论对博物馆文化产业的结构进行了分析，她认为博物馆文化产业结构包含博物馆内部展陈项目、外延型文化产品和服务、产业链相关的上下游文化产品及服务等。[1] 单霁翔以故宫博物院为实践样本，通过博物馆文创产品开发扩大了故宫文化的影响力，同时也带来丰厚的经济效益。2021年出台的《关于推进博物馆改革发展的指导意见》，提出要实施"博物馆+"战略，本质上是对博物馆市场化、产业化发展的新要求。博物馆产业化发展模式从以文创产品开发为主导模式逐步发展为以博物馆文化IP打造为主要模式，通过打造博物馆文化IP，进一步拓宽了博物馆服务受众的范围。

（3）社会环境：文化自信明显增强为博物馆继续深化观众服务奠定良好基础。《中国共产党第十九届中央委员会第六次全体会议公报》指出，党的十八大以来，在文化建设上，全党全国各族人民文化自信明显增强，全社会凝聚力和向心力极大提升。[2] 全民文化自信的提升是促使博物馆热度不断攀升的重要因素。党的十八大以来，以习近平同志为核心的党中央将文化自信列入"四个自信"的重要内容，并提出文化自信是更基础、更广泛、更深厚的自信，博物馆作为中华优秀文化的储存地和展示地，是弘扬文化自信的重要载体。随着社会各界对博物馆的关注，对博物馆的需求也会逐渐提升，良好的社会环境将对博物馆的发展理念和实际管理工作提出新的要求。

（4）技术环境：数字化趋势对博物馆观众服务提出新要求。文化和科技融合是一个时代性命题。从2006年"十一五"规划《文化发展纲要》首次提到"加速科技与文化的融合"，到2021年《中华人民共和国国民经济和社会发展第十四个五年规划和2035远景目标纲要》提出"实施文化产业数字化战略"，文化与科技深度融合已成为时代发展趋势，成为推动社会进步，推进文明演化的重要"加速器"。如今数字经济方兴未艾，文化机构的全面触网、融网、上云必将颠覆传统的生产传播消费机制，不仅为各行业提供创意动力，也为消费者带来全新体验。博物馆是文化创意的中枢，既是过去、现在和未来的连接者，也是国内与国际文明对话交流的重要

---

[1] 杨晓琳.博物馆、文化产业与博物馆文化产业刍议——理论框架及发展建议[J].中国博物馆，2020（4）：61-66.

[2] 中国共产党第十九届中央委员会第六次全体会议公报[EB/OL].（2021-11-11）[2023-10-20].https：//www.gov.cn/xinwen/2021-11/11/content_5650329.htm.

窗口。2013年以来，博物馆从品牌到实际发展业务与各行业的跨界融合已形成"博物馆+"新业态，尤其是博物馆与互联网的融合突破了时空限制，消弭了传统意义上的产业与事业边界，成功地撕掉博物馆"高高在上"的标签，以更为平和的姿态走进公众生活，参观博物馆是一种生活方式已成为共识。

（二）博物馆观众服务的基本特征分析

（1）服务内容构成的复杂性。在博物馆成立之初，它们的主要功能是为了展示私人收藏的物品。直到近代博物馆开始兴起，博物馆从为某一阶层服务逐渐走向大众。从博物馆观众和服务的概念中可以看出，博物馆的服务对象是社会公众，但不同类型的观众有不同的侧重点。博物馆的服务对象可以按照年龄层次划分，也可以按照参观目的、受教育程度划分。例如博物馆社区居民与博物馆所在地的观众需求不同，博物馆所在地的观众需求和外地的观众需求不同。国际博物馆界将观众服务定义为"相关生活服务的统称"。从具体空间来看，根据国际博物馆界的惯例，它是相关生活服务的统称。若对应具体空间，《博物馆规划手册》（*Manual of Museum Planning*）一书将一系列非参观、非活动性公共区域一并纳入，包括门廊、主大堂、信息中心、售票处、寄存处、零售店、饮食区、VIP区域、公共厕所等。[1] 同时，根据美国博物馆协会评估项目的界定，观众服务指为参观者提供的舒适设施和服务，覆盖了衣帽间、餐饮区、急救站、咨询台、卫生间、座椅、标示牌、电话亭、饮用水等。[2] 在《博物馆观众服务手册》一书中，观众的服务体验被视为一个穿越一系列事件的"旅程"。而博物馆则是专业化服务的供给方，帮助观众就他们想参观什么、希望以何种方式参观等内容做出决定。

总结来看，博物馆观众服务的全过程由三个主要行为构成：观众有参观的直接行为、体验博物馆提供的服务、获得服务感受。博物馆是观众服务的供给侧层面，只有供给侧管理水平提升，观众才可以获得良好的服务体验。在这一过程中，博物

---

[1] LORD B, LORD G D. Manual of Museum Planning [M]. Lanham: AltaMira Press, 2012: 5-7.

[2] 洛克扎那·亚当斯. 博物馆观众服务手册 [M]. 李清平，于海玲，译. 北京：外文出版社，2013: 162.

馆一方面可以收获口碑效益，另一方面也实现了相应的功能。

从实际操作来看，博物馆观众服务涉及的方面较为广泛。郭文光认为博物馆的公共文化服务内容包含着基础设施、展览、社会教育活动、文创产品与相关服务、数字博物馆五大方面❶，既包含着博物馆的基本职能，也有当前博物馆发展的热点方向。郑奕认为观众服务分为三个阶段，必须构建入馆前、在馆、离馆三阶段的场馆服务、流动服务和数字服务相结合的服务一体化网络体系，并强调必须恪守博物馆作为公共文化服务机构所具有的公益性、基本性和均等性特点。❷

对博物馆服务内容的划分在不同的维度上表现不一可以看出，博物馆服务内容包含的方面众多，既有有形的各类服务，如场馆设施基础建设，也有各类无形的服务，如博物馆工作人员的服务意识、服务态度等。因此，博物馆观众服务内容的构成具有复杂性。

（2）观众服务感知的主观性。关于服务质量的研究从 1963 年开始，由学者威廉·瑞根（Wiliam Regan）提出。20 世纪 80 年代开始，学者们将服务提供者的服务质量开拓性地与顾客感知质量联系起来，代表性人物克里斯蒂安·格罗鲁斯（Christian Gronroos，1982）认为，如果实际服务体验高于服务预期，那么顾客会获得较高的服务质量感知。以此为基础，他提出了顾客感知服务质量模型。该模型的核心是当顾客的服务体验超过了期望服务，则认为服务质量的感知较高，针对服务质量的感知本身则具有一定的主观性和差异性等。❸

博物馆的服务对象是观众，一方面，观众的年龄、文化程度、学历背景等因素都有可能影响到观众感知到的服务质量。另一方面，博物馆的有形与无形服务都在个体感知上有所差异。马苗研究了博物馆针对残障群体、老年人和儿童在服务上的差异，通过分析这三类人群的生理、心理和行为认知的不同，提出当前我国博物馆存在对这三类群体的服务教育项目较为单一的问题。❹ 穆顿认为从心理学角度或是从构建主义的角度来看，博物馆和博物馆观众的关系不是展示者与被动接受者的关

---

❶ 郭文光. 博物馆公共文化服务体系研究［D］. 开封：河南大学，2018.

❷ 郑奕. 博物馆强化"观众服务"能力的路径探析［J］. 行政管理改革，2021（5）：54—63.

❸ GRONROOS C. An Applied Service Marketing Theory［J］. European Journal of Marketing，1982，16（7）：30—41.

❹ 马苗. 基于特殊群体的博物馆服务研究［D］. 长春：吉林大学，2019.

系，博物馆教育需要串联起展品与观众个体经验之间的沟通与交融，使博物馆观众拥有自我构建文化内涵的自主性。[1]

（3）**观众服务供给的专业性**。近年来，博物馆致力于讲好中国故事，成为国内外文化交流的重要平台。博物馆被誉为知识的殿堂，有学者甚至将其比作是一座大学。因此，博物馆为公众提供的各项服务必须达到一定的质量要求。例如博物馆为公众提供的各类展览，在展览设计和展示技术上都遵循一套严格的标准。学者严建强认为，高质量的展览远不是简单的陈列工作或展示技术问题，而是牵涉到博物馆工作的各个环节，包括收藏的质量、藏品的研究深度及合理有效的组织管理等。[2]这意味着从展览展示到讲解及展览后续衍生品开发服务等各类服务内容都必须依靠博物馆工作人员的专业性，这要求博物馆必须重视员工个人素质的提升，确保博物馆信息传递无错误，能够及时解决观众的疑问。

---

[1] 穆顿.智慧博物馆概念下博物馆与观众的互动研究［D］.西安：西北大学，2014.
[2] 严建强.信息定位型展览：提升中国博物馆品质的契机［J］.东南文化，2011(2)：7-13.

数字经济时代下的文化产业高质量发展
——基于数据要素与其他要素间协同联动

◎ 中国传媒大学文化产业管理学院　常天恺

一、引言

新一轮科技革命和产业变革的加速演进使得数字经济进入快速发展期。《数字中国发展报告（2022）》数据显示，2022年我国数字经济规模达50.2万亿元，总量稳居世界第二，占GDP比重提升至41.5%，数字经济成为稳增长促转型的重要引擎。当前，我国经济由高速增长阶段转向高质量发展阶段，数字经济成为引领经济结构优化升级、增强内生增长动力的新引擎。数字经济是融合性经济，赋能效应显著，不仅实现了自身的快速发展，还有助于推动传统产业优化资源配置、调整产业结构、实现转型升级。[1]数字经济时代下，文化产业也面临着发展结构优化升级的迫切需求，亟须在新旧动能转化的过程中实现文化产业高质量发展。文化产业的数字化变革与数字经济时代的特征紧密相连，二者在理念和手段等方面高度契合。文化产业的数字化变革不仅培育出多种新业态和新模式，而且通过构建的文化生产新方式满足了人们个性化、多样化的精神文化需求。因此，把握数字经济发展方向，推进文化产业结构优化升级是新时代下文化产业实现高质量发展的必由之路。

数字经济的快速发展悄然改变着人类的生活方式，同时也深刻地影响着整个经济社会的发展。数字经济时代下，人类社会与网络世界的融合日益密切，"大智移云"的应用更加广泛。数字互联的蓬勃发展拉近了人与物之间的关系，为实现互联互通提供了可能。与此同时，数据成为连接物理社会与数字世界、驱动经济发展的关键生产要素。数据本身的价值得到挖掘，价值化作用日益凸显，成为重要的战略资产。数据驱动型创新正在向包括文化产业在内的经济社会各个领域拓展，成为引

---

[1] 马化腾. 数字经济——中国创新增长新动能［M］. 北京：中信出版集团，2017.

领创新发展的重要方向。数据生产要素一方面依托自身的特性驱动经济发展，另一方面通过对传统要素的优化重组，在不同生产要素间的协同联动中推动产业结构优化升级。基于此，以数据要素与其他生产要素间的协同联动为视角，以文化产业的创新发展为研究对象，通过对文化产业发展驱动因素的梳理，探讨不同驱动要素间的协同联动，进而推动要素间的合理组合，实现文化产业转型升级。

二、文化产业发展的驱动要素

文化产业的孕育发展离不开特定的社会环境和要素条件。追溯文化产业发展的理论起源，最初概念缘起于法兰克福学派马克斯·霍克海默（Max Horkheimer）和西奥多·阿多诺（Theodor Wiesengrund Adorno）提出的"文化工业"理论。法兰克福学派从工业时代大量文化艺术品的批量复制生产出发，认为资本主义商品化在文化领域实现了精神物化，进而控制了民众的社会意识形态。自此，对文化领域的产业化探析开始逐步进入研究者的视线。随着社会的演进发展，不同学派的学者从对"文化工业"的批判态度逐步演变为客观的认同和接受文化产业的概念。特别是在当今时代，各国在文化产业的概念辨析和统计口径上虽然标准不一，但都深刻地认识到文化产业在拉动经济增长、实现文化价值方面的重要作用，并从战略层面制定出发展文化产业的相关举措。大体来看，这些理论的辨析和对文化产业地位所持的态度基本是立足于西方语境下进行的争辩和正名。

相比之下，我国文化产业的发展有着独特的社会环境。整体来看，我国文化产业起步较晚，大体上是伴随着改革开放和社会主义市场经济体制改革进程发展起来的。经过几十年的探索发展，文化产业的分类标准更加科学，产业体系也在逐步完善。文化产业在经济增长中的作用日益凸显，成为助力经济增长的引擎。同时，文化产业在塑造国家形象、提升文化自信等方面发挥着独特的价值。文化产业的发展与整个社会环境密切相关。其中既包括稳定的经济环境、强有力的制度支撑、科学技术的快速变革，也包括各种要素间的协同联动。从我国文化产业发展的进程来看，文化产业发展的源泉动力主要来自文化资源、文化人才、文化金融和文化技术四个驱动因素。其中，文化资源和文化人才是文化产业发展的内在动力，文化金融和文化技术是文化产业发展的外在推力。在发展的过程中，四大要素各自承载着不同的使命及作用,构成了文化产业发展要素间的"四轮驱动"。

(一)文化资源:文化产业发展的基础条件

文化资源作为文化产业的基础性要素,是文化产业发展的基础条件。文化产业区别于其他产业门类最直观的体现就是文化资源的积淀和文化基因的传承。文化资源在文化产业发展中的重要性类似于农业时代的土地要素和劳动力要素,是构成文化产业发展的重要驱动要素之一。文化资源承载着人类社会生产活动的重要记忆,具有重要的人文价值。文化资源的独特性和稀缺性为不同区域间的差异化发展、文化开发奠定了基础,也是一个地区区别于其他地区的鲜明体现。

文化资源是发展文化产业的逻辑起点和最初环节,它为文化产业的发展提供了基本载体和依托。文化资源形态丰富,它既包含物质文化资源、非物质文化资源,还包括自然文化资源。作为发展文化产业的前置条件,文化资源要素从时空维度来看具有深厚的历史价值、本体价值和核心价值。[1] 文化资源要素的有效发挥需建立在对文化资源的仔细研判基础之上。需要系统地梳理整合文化资源本身所蕴含的独特价值,从文化资源的特性出发,甄别哪些文化资源可以开发和利用、哪些文化资源要以保护的形态呈现,进而实现传统文化资源的活化和开发,凸显文化资源的产业效益。除此之外,还要注意到文化资源在展现区域文化特色、打造区域特色文化品牌等方面的重要作用。从实际出发,结合区域内文化资源进行有效地保护、传承和创新。文化资源作为文化产业发展的重要驱动因素,其作用是其他要素无法替代的,也正是文化资源的这一重要地位,使之成为文化产业发展的重要因素。

(二)文化人才:文化产业发展的核心资源

文化产业的发展不仅能够拉动经济增长,而且可以打造人类精神家园,满足人

---

[1] 范周. 中国文化产业40年回顾与展望(1978—2018)[M]. 北京:商务印书馆,2019.

民群众多样化的精神文化需求。人才作为文化产业发展的主体，同时也是文化产业发展的重要驱动要素。文化产业的人才要素区别于传统意义上的劳动力要素，作为智力密集型产业高度依赖创意者的智力成果。文化产业的交叉性和跨学科性对人才提出了较高的要求。相比传统产业，文化产业人才更加注重对知识和创意的应用赋能文化创新发展，因此对人才的专业素养和知识结构要求较高。人才为文化产业的发展输入内生动力，也为文化产业实现持久发展提供条件。

人才作为文化产业发展的核心资源，一直以来承担着内容生产及智力成果转化等多方面职能。知识的更新和加速使得人才间的竞争更加激烈，未来文化产业人才的作用越来越突出，各个国家间文化产业的竞争集中地表现为人才的竞争。人才培养成为至关重要的环节，要培养一批善于运用专业领域内发展规律解决实际问题的人才，同时也要不断地扩展人才对知识接受的广度和深度，推动产学研一体化建设。一方面，人才的培养能够使文化产业的学科体系日趋完善，解决结构性问题，更加符合市场实际需求；另一方面，人才作为重要的内在动力，本身的创新和智力创造也在助推着文化产业的快速发展。文化产业人才是复合型的，作为文化产业的核心资源驱动着文化产业的内生发展。

（三）文化金融：文化产业发展的重要动力

文化产业归根到底是一种产业形态，在推动经济转型升级、实现新旧动能转化方面发挥着重要的作用。任何产业的发展都离不开金融资本的助力，文化产业更是如此。文化产业的发展需要大量资金的投入，然而，金融资本的投入往往因为文化产业行业的特性受到限制。文化产业由于自身所具备的创意性和轻资产性属性使得其产业发展过程中呈现出投入大、回报周期长、不确定性强、风险大等特征，缺少有效担保质押物的特点使得它在资金扶持方面难以向其他产业提供便捷的资金支持或信贷服务，在一定程度上制约了相关项目的推进和发展。金融资本是文化产业发展的"血液"，涉及文化产业链的各个环节，资本支持是文化产业发展的重要外部动力。

金融资本参与文化产业项目的全过程，在与文化产业对接的过程中提供强有力的支撑和保证。文化与金融相互联系，不可分割。文化金融的深入融合需要应用到广播影视、广告会展、动漫游戏等众多文化产业门类之中，根据不同门类间的特性规律进行相应的资金支持。充分依托文化产业投融资体系，实现文化产业和金融资本的有效对接，能够为文化产业的发展提供资金支持。文化金融是文化产业发展的重要动力，为文化产业的持续发展注入活力。因此，要不断深化文化和金融领域的融合，为文化产业的发展提供驱动力。

（四）文化技术：文化产业发展的必要手段

技术是文化成为产业的必备条件，同时也伴随着文化产业发展的始终。技术的突破创新不仅助推社会的变革和发展，而且能够在产业内部发生解构与重构，在重塑的过程中实现产业结构的优化升级。这一演进逻辑同样适用于文化产业的优化升级。文化技术作为文化产业发展的外部因素是其发展的直接推动力。文化技术包含着多种技术形态，无论是机械技术还是数字技术、网络技术都在特定的时期发挥着重要作用。也正是每一次技术的突破和应用，使得文化的表现形式更加多元多样，让文化技术在赋能文化产业发展方面显示出独特的优势。

互联网技术的推进深刻改变着文化产业的结构和生态。文化与科技的深度融合催生出一大批新业态、新模式，为文化领域带来发展的新机遇。"产品＋内容＋场景"的形态日益丰富，衍生出多种多样的"新玩法"。同时，数字赋能的新业态极大地改变了人们以往的思维方式和生活方式，文化产业数字化变革得到了有效推进。此外，文化技术的应用为新型文化产业提供了良好的平台，智能化、移动化、平台化等基础支撑架构得到进一步夯实，为文化产业的创新发展提供了有利环境。文化技术的推进为文化产业数字化创新提供了支撑，进一步丰富了文化产品的表达，为文化产业的跨界融合提供了技术条件。

总之，文化产业发展的实践表明，不同驱动要素间的协同联动能够推进资源要素间的自由流动和聚集组合，进一步释放生产潜力。资源要素间的组合融合能够让一切要素活力竞相迸发，让创新源泉充分涌流。当前，文化产业进入结构化升级优化期，更加注重发展质量和水平的提升，面临产业结构的转型升级。文化产业要素的合理组合是文化产业结构优化的根本目标。[1]不同要素间的协同联动可以驱动文化产业健康发展,在数字经济时代下,要素间协同联动、优化重组十分必要。

三、数据成为驱动文化产业发展的新兴要素

(一)数据生产要素的历史演进历程

任何一种经济形态的发展都蕴含着深刻的生产关系,也包含着生产要素在其中发挥的推动变革作用。生产要素是基于物质资料生产过程中各种社会资源的组合而形成的一整套环境。人类社会的每一次巨大进步都伴随着新兴生产要素的出现和要素间的协同组合。例如在农耕经济时代,土地和劳动力作为突出的生产要素,承载着提供基本物质条件、维持人类生命活动的重要使命。科学技术的重大突破深刻激发出生产力的活力,人类社会从农耕经济时代转向工业制造时代,资本主义经济的迅速发展促使资本成为这一阶段最为突出的生产要素。随着信息技术的迅猛发展,工业制造时代逐步过渡到信息时代,技术代替资本成为驱动经济发展的重要生产要素。互联网技术的突破加速着社会的转型发展,数字经济时代已经到来。数据量的激增、数据维度的多元化让数据驱动向全场景、多领域渗透。数据是数字经济时代的重要内容,它不仅实现了自身从资源向要素的转变,而且以其独特的形态和特性成为驱动发展的关键要素。

数据作为一种新兴要素,它的发展与数字经济形态密不可分。"互联网+"的融合创新为数字经济的发展提供了广阔的平台,使得数字经济成为推动经济增长的"驱动轮"。随着大数据、人工智能、云计算、5G、自动驾驶等新型经济业态的形成,数据逐步成为这些业态发展的核心要素。与此同时,党中央、国务院在顶层设计方面高度重视生产要素的理论创新,相继出台系列措施。早在2017年,习近平总书记在中共中央政治局集体学习时就强调:"要构建以数据为关键要素的数字经济。"2019年,党的十九届四中全会首次提出将数据作为生产要素参与分配。2020年4月,中共中央、国务院发布《关于构建更加完善的要素市场化配置体制机制的

---

[1] 向勇.文化产业导论[M].北京:北京大学出版社,2015.

意见》，明确将数据作为与土地、劳动力、资本、技术并列的生产要素，要求"加快培育数据要素市场"[1]。一系列技术革新的需求和理论创新的推进，使得数据这一生产要素的地位不断提升，成为驱动创新发展的"助燃剂"，对强化价值创造和推动经济发展产生广泛影响。

（二）数据生产要素的特性

数字经济的发展使得数据要素成为价值转化的核心，数据本身所包含的价值得以充分挖掘，其辐射范围也在不断扩大。互联网的深刻变革为数据融通、资源流动和价值共享提供了技术底座。数据正以其突出的特性成为发现新知识、创造新价值、提升新能力的重要驱动要素，在流通中展现出发展的新活力。与其他传统要素相比，数据要素的特性突出表现为以下三个方面。

1. 可复制性强

数据成为普遍应用的生产要素，需要在人与数据之间建立便利连接，使人能够轻松地获取数据资源。数据在取得和应用的过程中能够充分发挥其强复制性的特性，将数据内容进行转换和共享，实现便捷化的加工再创造。共享生活、共享生产、共享生产要素等新模式进一步加速了数据要素的流通。同时，数据的复制和应用也使得数据的价值发挥到最大化，为人们获取信息带来便利。

2. 迭代速度快

互联网技术的更新创新为物理空间的互联互通提供了可能。在这一背景下，数据呈现爆发式增长态势，更迭速度也远远超出一般的思维认知。数据的更迭和汇聚有效地弥补了低密度信息的特性，使其在大规模、高维度、及时性强的条件下可以有效地发挥出规模经济的效用，带来巨大的经济价值。数据的更迭不仅加快了信息间的流动，更有效地实现了数据与其他要素间的协同互通。

3. 复用价值高

数据要素区别于其他传统不可再生要素主要表现在数据要素的重复使用价值较高。数据要素的应用不仅能够大幅度提高劳动者的信息素质和数据素养，同时可

---

[1] 闫德利. 数据何以成为新的生产要素［EB/OL］.（2020-05-12）［2023-07-20］. https：//mp.weixin.qq.com/s/MXOFK A4K5c01FNPABR1NUg.

以加速信息、技术、知识、文化间的传播和共享。数据要素的重复应用及带来的各领域间信息共享使得数据要素价值溢出的效果更加明显，逐步构建出价值共创的新生态。

（三）数据生产要素对文化产业优化升级的意义

1. 优化资源要素配置

数据作为信息的载体，能够通过庞大的信息资源实现文化生产和消费的对接，进而解决文化市场结构供需错配的问题，促进文化产业提质增效。数据要素贯穿文化产业链条各个环节，能够在与其他驱动要素协同联动中引导文化生产资源要素走向合理流向，实现文化生产要素间的自由流动和聚集融合，加速产业链上下游之间的深度合作。

2. 重塑文化产业生态

数字经济时代的到来改变了人们生产和消费方式，数据要素价值的开发和应用正在重塑文化产业生态格局。一方面，数据要素的流通使用使政府对于文化的管理更加精准高效，推动文化治理模式的转型发展。另一方面，基于数据要素涌现出的各种文化新业态正逐步成为新的经济增长点，文化产业的整个生态格局面临新的重塑和调整。

3. 促进产业结构升级

数据要素驱动下的创新发展为文化产业转型升级注入持续强劲的动力源泉，为文化产业高质量发展带来新机遇。数据要素与文化产业的契合发展能够最大限度凸显数据要素的价值内涵。从微观上看，数据要素本身的价值可以提高对文化产业的认知水平和决策能力，更好地发挥数据核心作用。从宏观上看，数据要素在文化产业中的应用能够提高文化产业全要素生产率，发挥数据要素的乘数效应，通过要素间的合理组合实现产业结构优化升级。

四、多要素协同联动助推文化产业优化升级

任何一种生产要素都不是独立存在的，更不能独立发挥作用。生产要素之间是

相互依赖共同发挥作用的。数据要素作为新兴要素，与其他要素之间的协同联动可以扩大乘数效应，在深挖数据本身存在价值的同时，能够实现与其他要素间的协同联动，进而达到组合的最优化。文化产业的结构升级需要加强数据要素与其他驱动要素间的协同联动，创造更多的价值，从而引领经济社会发展向全要素转型。

（一）数据链提升价值链

数据要素与文化资源要素的联结可以进一步提升文化资源的价值，彰显文化资源的独特魅力。数据要素与文化产业间的互动融合，为文化资源数据化提供了时机。数据承载着文化信息实现了对文化资源的符号价值系统的整合和利用，同时将二者的价值效益发挥到最大化，进一步彰显出文化资源的独特价值属性。

数据要素与文化资源要素间的协同表现在对传统文化资源的保护、传承和创新方面。**首先**，数据的运用能够摸清文化资源的家底，以数据化手段记录和储存文化资源的各项类别。数据的有效使用能够分门别类判断文化资源的特性，对珍贵的文化资源进行有效地保护，对可开发利用的文化资源进行保护性开发。**其次**，数据可以汇集文化资源开发创新再利用情况，实现对文化资源开发利用全过程的监测。数据信息的汇集能够更加直观地看到文化资源在利用和开发过程中受人们的青睐程度，及时对文化资源的开发过程中存在的问题进行有效调整。

数据要素与文化资源要素间的协同还表现在对新生文化资源的管理和运用上。随着数字经济的深入发展，大量不同形式的新的数字文化信息得到生成扩展，出现许多新的文化资源。数据要素加强了对数字文化信息的分析挖掘与共享利用，建立的以数据为核心的管理分析系统更好地凸显资源自身的独特价值。例如在智慧博物馆建设过程中，数据凸显出其重要价值，在梳理馆藏资源、展览文物作品中发挥着重要作用。

（二）数据链培育人才链

数据要素与文化人才要素的结合有助于更好地调动人的主观能动性，激发文化人才的创造力。两种生产要素的协同联动主要表现为两者间的相互作用。**一方面**，利用数据可以发现现阶段人才培养中是否存在供需不对称等矛盾，引导人才往更适合时代与社会发展需要的方向发展。使文化人才的发展为数字经济时代注入新动力。**另一方面**，未来文化人才培养是综合性培养，要结合数字经济发展特征建立具有核心竞争力的人才培养体系，让数据要素和人才要素的活力竞相迸发。

第一，要加快文化产业人才培养体系建设，依托数据资源明晰文化产业人才培养方向，有效对接市场需求。以数据链和人才链的联动为最终目标，为激活各领域文化人才提供良好的发展环境。**第二**，提高人才利用数据、掌握数据的能力。从数据的应用过程中发挥数据本身所蕴含的价值。重点培养人工智能、大数据、云计算等核心领域人才，培养文化产业人才的数字素养，正确运用数字化产品服务。**第三**，要以培养数字素养为着力点，提高人才培养能力。数字经济时代对承担各式各样工作的劳动者都提出了更高的要求，数字素养培养是教育适应时代发展的必然要求。为此，要从多层面强化对数字素养的培养和对数据人才的教育，在数据链和人才链的各个环节发力，进一步增强数据要素与人才要素的协同发展。在人才培养上，音乐数据监测服务商 Next Big Sound 始终坚信数据的价值将改变音乐产业的发展，并以自身的经营和服务参与变革之中。公司通过对人才的培养，致力于监测音乐人、乐队、唱片在音乐共享平台上的受欢迎程度以及与粉丝的互动状况，紧密把握住发展新趋势和市场需求。这一举措不仅培养了员工的数字素养，同时让"数据"实现了价值。

（三）数据链激活资本链

数据要素与资本要素的协同为文化产业结构优化升级注入了新活力。数据与资本的结合加强了对资本的管理，体现出安全性、便捷性等特征。同时，资本以数据化的方式呈现也能够从资本的各个环节凸显数据的应用价值。为此，应充分凸显数据自身的价值，以数据激活资本。

首先，要依托资本要素，构建文化产业多元投资渠道。文化资本的积累离不开资金的支持和对文化产业的投融资。通过各项基金、税收等优惠政策可以有效对接中小微文化企业的实际需求，实现创造成果的转化。围绕资金链条布局可以激活数据对资本要素的活力。**其次**，应加强数据在资本构成、资金活动中的应用。数据本身可以与任何要素进行融合协同，数据与金融领域的密切结合可以整合利用新兴技术。例如区块链技术在文化产业数字化过程中的应用就很好地说明了这一点。以数据为核心依托技术搭建的区块链技术能够有效地加强文化产业金融安全和数据安全，展现数据独特价值的同时也体现出数据的强融合性。**最后**，可加强数据交易，对于一些非共享的数据，有效的数据交易可以带动资金流动，进而转化为资本。在交易的过程中，数据同时承担着中介的作用，数据在文化资源向文化资本转化的过程中体现着自身的价值和作用。为此，要加强数据要素与资本要素的互联互通，为文化产业结构优化注入新活力。

（四）数据链联结技术链

数据作为生产要素广泛存在于技术链上的各个环节之中。数据作为各项技术所需要的资源要素，在技术本身的承接关系中起着重要作用。数据要素与技术要素紧密结合，在很大程度上是同一过程的两个方面。数据要素与技术要素的关联程度也最为紧密。特别是数字经济时代下，互联网技术的变革使得大数据、5G等技术不断突破，自此衍生的新业态大多也将数据作为核心要素进行演变发展。数据要素与技术要素的结合助推文化新业态新模式的形成。

首先，数据要素在技术中的应用促进了文化产品上下游间的协同联动。文化产品以文化为内涵要义，在融入创意创新思维基础之上，技术的应用使文化产品最终以更加吸引人的多样形态展现在消费者面前。数据广泛应用在技术承接的上下游产品的各个环节之中，记录着技术链各个环节中的技术应用。**其次**，数据的应用汇集催生了大数据在文化产业中的应用。数据与技术的结合带来的数字化变革助推着文化产业结构的持续优化，共同显示出二者叠加后的效能和价值。**最后**，数据整合了各项技术的发展，推进技术向前继续发展。数据为行业间的融合和技术应用进行了整合，进而能够判断出未来行业发展与技术变化的趋势。基于此，数据要素与技术要素的联合更为紧密，二者在协同中推动着新一轮变革和发展。例如，明略科技公司在积累了丰富的数据中台经验后不断涉足新领域，运用人工智能辅助决策，用数据驱动实现了企业自身的调节，实现了数据和知识的双驱动。

五、结语

数字经济时代下数据要素的价值正在不断扩展,逐步跃升为关键性要素。文化产业的数字化变革同样离不开数据要素的发展和各驱动要素间的合理组合。数据以其自身独特的价值与文化产业驱动要素之间的协同联动,能够实现对传统要素的优化重组,进而促进文化产业变革中的结构优化升级。为此,要不断探索数据要素与其他要素间的协同联动,在细化中推进文化产业的优化升级。

案例实践

ANLI SHIJIAN

产业融合与文化赋能：西部民族地区乡村特色文化产业生态体系构建

◎ 云南大学文化发展研究院 柯尊清
◎ 云南大学民族学与社会学学院 陈雨果

产业兴则乡村兴。无论是从社会主义新农村建设的"生产发展"向乡村振兴战略总体要求的"产业兴旺"转变的趋势来看，还是从乡村振兴战略五个振兴中"产业振兴"居于首位来看，乡村产业振兴都是乡村振兴的基础、关键和重要目标。从产业可持续性发展看，乡村特色文化产业不应该被定位成城乡文化产业的边缘和附属，被置于产业链底端，而应该在城乡融合、以城带乡的过程中从产业融合和文化赋能的维度下，积极融入城乡产业体系。西部民族地区文化多元多样、文化资源富集，在推进乡村振兴中特色文化产业占有独特地位，依托特色文化资源禀赋、采取差异化发展思路、形成比较优势，成为构建区域特色文化产业生态体系的重要路径。

一、问题的提出

（一）文献回顾

第一，对特色文化产业的地位、价值和功能的研究主要从文化消费、区域特色文化、扶贫减贫、乡村振兴等多元视角展开。李炎、王佳提出："发展特色文化产业无疑将是拓展文化消费形式与空间、助推中西部地区和中小城市文化产业发展、推动文化产业成为国民经济支柱性产业的重要路径。"[1] 李建柱认为："发展区域特色文化产业是避免文化产业同质竞争、提升区域文化软实力和竞争力的有效途径，也是

---

[1] 李炎，王佳.文化需求与特色文化产业发展[J].学习与探索，2012（1）：20-22.

缩小区域发展差距和促进区域文化传承的重要渠道。"[1]范建华、邓子璇、赵东认为发展特色文化产业能够推动农村脱贫减贫，助力乡村振兴。[2][3]熊正贤提出："特色文化产业不仅要成为连片特困地区经济发展的支柱性产业，更要成为贫困地区扶贫惠农的重要支撑点。"[4]丁智才认为，发展特色文化产业，符合民族地区的比较优势，可以将文化资源转变成文化资本，将潜在的文化优势变为现实的文化优势。[5]

第二，特色文化产业的发展模式有资源内生型、创意升级型、科技转化型、政府推动型、文化授权型五种主要模式。[6]基于丁智才、熊正贤、邵明关于民族地区、武陵山区、山东农村特色文化产业发展模式的研究，可以发现特色文化产业成功的关键在于文化资源丰富、人才充足、产品产业创意十足、产业与科技联动充分、文化IP塑造成功、政府干预力度适度。

第三，乡村振兴视角下的产业振兴研究主要聚焦于产业融合方面。靳晓婷、惠宁提出："实现农村产业兴旺的基本路径是产业融合发展。"[7]朱文博、陈永福和司伟认为："农村一、二、三产业融合的直接路径是推进农业及其关联产业发展，以流通业为核心的农业及其关联产业发展，建立农民参与分享机制是实现乡村振兴的重要路径。"[8]孔德议、陈佑成则提出："农村一、二、三产业融合发展是农业产业化的升

---

[1] 李建柱.论区域特色文化产业发展的困境与对策——以吉林省为例[J].延边大学学报（社会科学版），2013（5）：118-123.

[2] 范建华，邓子璇.大力发展特色文化产业走可持续减贫之路[J].理论月刊，2021（7）：78-88.

[3] 赵东.乡村振兴中特色文化产业链构建及其实践[J].学术交流，2021（7）：130-140.

[4] 熊正贤.特色文化产业扶贫的特征分析与绩效问题研究——以武陵山区为例[J].云南民族大学学报（哲学社会科学版），2017（4）：108-115.

[5] 丁智才.民族地区少数民族特色文化产业发展研究[J].广西民族研究，2014（6）：147-156.

[6] 邵明华，张兆友.特色文化产业发展的模式差异和共生逻辑[J].山东大学学报（哲学社会科学版），2020（4）：82-92.

[7] 靳晓婷，惠宁.乡村振兴视角下的农村产业融合动因及效应研究[J].行政管理改革，2019（7）：68-74.

[8] 朱文博，陈永福，司伟.基于农业及其关联产业演变规律的乡村振兴与农村一二三产业融合发展路径探讨[J].经济问题探索，2018（8）：171-181.

级版和拓展版，其发展的源头是农业产业化。"[1]

第四，乡村振兴的文化产业视角研究主要集中于文化资源禀赋和文旅融合赋能乡村振兴发展两方面。范建华认为，特色文化资源与原生态自然风貌是众多乡村最大的优势所在。[2]齐勇锋、吴莉认为，在乡村振兴发展战略中，要发掘乡村文化资源，依托文化势能和产业驱动发展，使本土文化资源优势转化为产业优势和经济优势。[3]何璇认为，文旅融合与乡村振兴具有联动性，文旅融合战略的提出为乡村振兴战略的践行提供新的路径。[4]

第五，民族地区特色文化产业研究主要聚焦于实现路径方面。李建柱指出发展区域特色文化产业，需要发挥政府的主导作用、提高内容原创性、打造特色品牌、创新融资渠道、加强中外文化产业合作交流。[5]邱淑等提出了以特色文化产业推动民族地区包容性增长的实现路径。[6]王建华认为，要坚持文化产业化与产业文化相结合，文化产业与旅游扶贫融合发展，实现文化产业区域联动和聚集。[7]

第六，文化产业生态系统研究主要是将"产业生态"相关理论应用于文化产业。一般认为，产业生态研究起始于美国学者罗伯特·艾尔斯（Robert Ayres）1969年提出的"产业代谢"概念，以及于1972年提出的"产业生态"概念。[8]1989年，罗伯特·弗罗斯（Robert Frosch）和尼古拉斯·伽罗伯罗（Nicholas Gallopoulos）在

---

[1] 孔德议，陈佑成. 乡村振兴战略下农村产业融合、人力资本与农民增收——以浙江省为例[J]. 中国农业资源与区划，2019（10）：155-162.

[2] 范建华，邓子璇. 大力发展特色文化产业走可持续减贫之路[J]. 理论月刊，2021（7）：78-88.

[3] 齐勇锋，吴莉. 特色文化产业发展研究[J]. 中国特色文化社会主义研究，2013（5）：90-96.

[4] 何璇. 文旅融合与乡村振兴衔接问题研究[J]. 中国行政管理，2021（5）：155-157.

[5] 李建柱. 论区域特色文化产业发展的困境与对策——以吉林省为例[J]. 延边大学学报（社会科学版），2013（5）：118-123.

[6] 邱淑，杨丽. 云南民族地区特色文化产业推动包容性增长研究[J]. 云南民族大学学报（哲学社会科学版），2014（6）：121-127.

[7] 王建华. 人类学视野下的青海特色文化产业发展研究[J]. 人类学研究，2020（2）：109-116.

[8] 张文龙，邓伟根. 产业生态化：经济发展模式转型的必然选择[J]. 社会科学家，2010（7）：44-48.

《可持续工业发展战略》一文中首次提出"产业生态系统"概念，认为产业可以仿照生态系统形成从生产者流向消费者、再由分解者进行物质再循环的过程，在企业之间建立共生关系，进而将传统产业活动模式转型升级为产业生态系统，使之更为完整。[1]国内学者张文龙和邓伟根则在产业生态、产业生态系统研究的基础上提出"产业生态化"，旨在按照自然生态系统来构建产业生态体系，实现产业与自然的协调和可持续发展。[2]邵明华等以共生理论为视角，以共生单元、共生环境、共生模式三要素为切入点，探讨了特色文化产业生态系统构建所遵循的产业定位、环境优化和发展趋向问题。[3]

（二）研究的问题

基于学者对产业生态系统相关概念界定及其阐释可知，特色文化产业生态体系是指特色产业发展的高级形态，是由生产要素集聚、文化产品生产、文化产品交易、文化产品消费各环节，文化产品的生产者、交易者、消费者结成的社会关系，以及承载和支撑产业发展的内外环境所构成的有机复杂综合体，其核心要义是文化产业系统的生态化。乡村社会是民族文化的基因库，是传统文化的根与源。西部民族地区乡村社会具有特色文化资源和优美自然生态风貌的资源优势，在民族民间手工艺、民族歌舞演艺、民族节庆、民俗文化、饮食服饰等非物质文化遗产，传统古村落、文物遗存、传统民居等物质形态的文化资源，以及生物多样性和气候多样化、立体性等方面，具有中东部地区所不具备的当地性的特色资源禀赋和比较优势。与此同时，西部民族地区并不具备东部沿海地区所具有的交通、资本、现代科技、龙头文化企业等方面的资源优势。为此，学者提出将"特色文化产业"作为西

---

[1] FROSCH R, GALLOPOULOS N. Strategies for Manufacturing [J]. Scientific American, 1989, 261（3）：144-152.

[2] 张文龙，邓伟根. 产业生态化：经济发展模式转型的必然选择 [J]. 社会科学家，2010（7）：44-48.

[3] 邵明华，张兆友. 特色文化产业发展的模式差异和共生逻辑 [J]. 山东大学学报（哲学社会科学版），2020（4）：82-92.

部民族地区推进乡村振兴的选择。[1][2][3]西部民族地区在特色文化产业发展中形成了独特优势,如云南着力推进"金、木、土、石、布"特色文化产业发展,赓续了优秀文化基因,打造出了云南特色文化产业名片,基于富集的民族文化资源,大力发展旅游特色村、少数民族特色村寨,打造乡村旅游品牌,通过特色文化产业撬动全省文化旅游业发展。但是,乡村特色文化资源开发中也存在市场化运行水平低、文化资源过度开发、文化产品附加值低、产业链短、同质化竞争等问题,导致乡村文化在乡村振兴中"塑形"与"铸魂"功能弱化。为此,构建特色文化产业生态体系,成为推动乡村特色文化产业转型升级和推动乡村振兴的重要议题。基于产业生态系统理论,扎根西部民族地区乡村实际,在产业维度方面,通过产业融合延长产业链,提高产业附加值;在文化维度,强化乡村振兴政策问题的文化构建,推动文化赋能文化产业振兴,成为西部民族地区构建特色文化产业生态体系,推动乡村产业振兴的重要路径选择。

二、产业维度:通过产业融合延长产业链,提高产业附加值

"特色文化产业以满足人们的精神需求为目的,是文化资源、市场需求、技术进步和制度机制等因素共同作用的结果。"[4]推动产业深度融合,延长产业链,提高产业附加值,扩展产业发展空间,是推动乡村产业振兴的关键。特色文化产业及其相关产业融合发展,既是创新发展特色文化产业的途径,也是特色文化产业进入新发展阶段的基本特征。推动特色文化产业嵌入农村一、二、三产业融合是文化产业进入新发展阶段的必然选择,特色文化产业是西部民族地区推动乡村产业振兴的重要着力点。西部民族地区要想构建和完善特色文化产业生态体系,需要推动特色文

---

[1] 范建华,邓子璇.大力发展特色文化产业走可持续减贫之路[J].理论月刊,2021(7):78-88.

[2] 范霁雯,范建华.特色文化产业——中国西部少数民族地区脱贫的不二选择[J].云南民族大学学报(哲学社会科学版),2018(3):69-76.

[3] 李建柱.论区域特色文化产业发展的困境与对策——以吉林省为例[J].延边大学学报(社会科学版),2013(5):118-123.

[4] 周建军,张爱民.论特色文化产业的内涵和发展途径[J].社会科学研究,2010(6):119-121.

化产业与相关产业深度融合、延长产业链、提升产品附加值，嵌入市场机制、融入市场体系。

（一）向内整合式创新：特色文化产品生产和消费场景一体构建

从产品生命周期看，文化产品的生产、交换和消费贯穿于产业融合和产业链构建的全过程各环节。文化产品的生产、交换和消费环节的业态创新是贯通产业融合、产业链构建、产品附加值培育的有效路径。通过以文化、金融、技术、人才赋能产业的生产、交换和消费环节，将农耕、工艺、非遗、生态、历史、习俗、文史等特色文化资源融入文化产品开发、生产、加工、宣传、销售，以及文旅服务等方面的发展。

1. 特色文化产品生产要素集聚

特色文化产品的生产涉及各类生产要素，在生产中进行创新，势必要对生产要素组织方式和流程进行创新和优化，激发生产要素活力，以促进文化产业高质量发展。文化产品的生产要素主要包括人才、资本、创意、技术、文化资源等。**第一，在人才方面，要健全人才培养和引进模式**。将培养与引进、本土和外乡相结合，重视"农行家""土专家""文化传承人""文创人""乡创客"、县乡村委工作人员及当地能人，培育和吸纳农业、管理、经济、创新、文化等文化生产的各类人才。充分利用当地居民、能人、政府、企业、合作社的优势和能力，将其有机联结起来，探索建立"居民+企业""居民+合作社""居民+合作社+产业基地+企业""居民+政府+企业"等多位一体的文化生产组织模式，打破原有的文化产业小规模、分散生产的固有生产组织模式，形成规模化、集群化的生产模式。**第二，在资金方面**，发挥政府的先导作用，完善各类金融政策，创新融资和投资渠道，创建和用好文化产业发展专项基金，建立优惠税收政策，以推动多方力量参与文化产业发展，通过金融赋能产业发展，改善文化产业资金不足、融资困难、资金来源单一的现状。**第三，在土地方面**，坚持"多规合一"、一张蓝图绘到底，整合各类土地资源，预留特色文化产业用地，因地制宜合理规划和分配文化产业用地，将文化产业用地融入一、二、三产业用地中，合理布局农村产业发展空间和功能划分，形成文化产业和三产协调发展机制。**第四，在技术方面**，产业生产要与高新技术相结合，依托

5G、云计算、人工智能等技术，在生产机器、生产规模、生产线等方面进行技术改进，将高新技术融入文化产业生产，提升产品生产效率和质量，形成信息化、智能化生产模式。

2. 特色文化产品消费场景构建

特色文化产业具有明显的当地性、地方性，特色文化产品消费除具备一般性文化产品消费的特征外，还具有当地性特点，因此消费场景构建便成为特色文化产品销售的重要任务。**从文化产品消费的一般性、普遍性层面看**，民族地区特色文化产品消费市场拓展，需要考虑借助新的技术手段、大众传媒、共享经济平台，立足国内、走向国际，推动线下体验与线上销售的深度融合发展。线上消费可借助自媒体平台进行宣传推广，运用"云体验"技术，使消费者足不出户感受文化产品和服务，并借助直播、电商平台进行销售，形成"云展示"+"线上销售"，与互联网形成深度联动，建立信息化现代产销体系，拓展文化产业的产销渠道；线下消费可借助旅游，以旅游带动文化消费，实现以第三产业带动第一产业、第二产业消费模式，形成"文旅+消费"模式。有形和无形两种消费应注重产品特质，突出文化产品和服务的特色、质量。有形消费需要贴合市场需求，提升文化产品实物创意和质量；无形消费则要提升文化服务能力，增加消费者的文化体验感。国内消费需要重视国人的文化消费需求，将异质性、传统性与现代性相结合，适度迎合市场需求；国外消费需要注重本土文化和外来文化的融合，民族性和国际性相结合，打造既集聚民族风又国际化的文化产品，促进文化产业从本土性市场向全球化市场发展。**从特色文化产品的当地性看**，基于地方性知识、民族地区特定区域特色，特色文化产品消费的地方性场景构建的重要性便凸显出来。民族特色消费场景的打造是民族地区特色文化产品消费场景构建的核心环节。它要求我们在规划和设计消费场所时，要充分考虑和体现民族地区的独特文化元素。**一方面**，积极融入色彩、图案、饰品、雕塑等特色符号和元素，凸显民族文化的独特性，为消费者营造出浓郁的民族文化氛围；利用西部民族地区自然与人文资源，让游客、消费者在领略到民族地区的美丽风景和深厚文化的过程中进行特色文化产品消费；**另一方面**，面向消费过程中的体验和感受需求，通过工艺品制作工坊、民族服饰试穿、地方性文化讲解与互动等体验式项目的设计，提升特色文化消费的互动性和体验性。

（二）跨产业延展式融合：将乡村特色文化产业生态体系嵌入城乡产业体系

特色文化产业的跨产业融合，能够为乡村产业发展带来新理念、新模式和新技术，全面盘活乡村各种资源，带动乡村就业岗位增加、农民增收渠道拓展、自然生态环境保护、基础设施完善、吸引人才聚集、社会稳定有序、文化氛围营造。面向特色文化产业发展不平衡不充分问题，探寻农村特色文化产业融合不能就农村谈农村，而应该坚持乡村一体、城乡协同和产业融合的思路。

1."文化+农业+工业+服务业"混融化发展

利用好文化的渗透性和关联性，借助交通基础设施、物流体系、文旅线路，用特色文化产业串联一、二、三产业，将文化产业根植于一、二、三产业发展体系，扩展一、二、三产业的深度和厚度，拓展和延长产业链，促进产业转型升级和融合发展，形成"文化+农业+工业+服务业"混融化发展的新态势。"乡村特色文化资源的产业化开发，不仅可以在社会效益层面复兴绚丽多彩的乡土文化和民族文化，重塑乡魂乡情，还能发挥其联动辐射效应，激活农业多功能性，在经济效益层面带动乡民增收致富，促进乡村产业兴旺。"[1] 为此需要：**第一**，打破传统产业界限与区隔，根据地方不同的文化资源、生产要素、基础设施等禀赋条件，在促进文化产业自身发展的同时，不断向其他产业进行渗透，发挥特色文化产业带动乡村产业振兴的效能。**第二**，优化民族地区特色文化产业结构，横向拓展、纵向拓宽产业链，进行产业融合发展，充分挖掘乡村的特色文化资源，发挥当地文化特色，提高原创能力，并且利用城市的有关技术，引入文化产业复合型人才增强人才动力，从乡村文化资源的深厚内涵和底蕴出发，打造符合市场需求的当地特色文化产品品牌。在这个过程中既实现经济效益又能进行文化赋能，形成一条区别于其他地域的文化产业的特色发展道路，推动乡村文化产业形成独特的比较优势。

2. 完善特色文化产业发展的服务体系

乡村特色文化产业发展是一个阶段性的过程，其阶段有先后，开发程度有高低。在初级文化资源供给阶段，村民提供原材料、土地、劳动力等基本要素，通过

---

[1] 范建华，邓子璇. 大力发展特色文化产业走可持续减贫之路 [J]. 理论月刊，2021（7）：78-88.

政府、企业的参与，共同推动当地特色文化产业的发展；在产业发展到一定程度后，投入更多资金、人才、技术等生产资料，服务于开发特色文化产业，打造立体化的具有文化资源优势的乡村特色文化产业。乡村社会化服务体系有两个基本要件：一是服务的社会化，即乡村特色文化生产过程要依赖其他产业部门的服务活动；二是公共服务的系统性、协同化，即完善的特色文化产业政策及其执行体系，各产业部门依据其服务内容和服务方式，为乡村特色文化产业提供综合配套的服务。具体而言，需要深化城乡文化生产要素的市场化取向改革，落实市场在特色文化产业资源配置中的决定性作用，让西部民族地区能够更好地融入和对接国内国际文化市场；同时，完善特色文化产业的政策体系，提高政府部门间的协同性，优化文化企业的营商环境，完善特色文化产业发展的公共服务体系。

三、文化维度：强化政策问题的文化构建，推动文化赋能乡村产业振兴

政府作为规划者、引导者、支持者、保障者、推动者、协调者的多重角色及其职能的发挥，对特色文化产业发展产生深刻的影响，这些都需要体现在政策实施过程中。在文化赋能乡村产业振兴过程中，无论是发挥文化的引领和带动作用，还是坚持农民主体地位、扩大社会参与、推动市场化运作，都是在公共政策框架下实现的。因此，强化政策问题的文化构建，对于西部地区特色文化产业发展而言，一方面体现产业发展中政策干预对文化发展规划的尊重，另一方面体现了政策过程科学化的要求。

（一）政策问题的构建：乡村政策问题构建文化之维

1. "文化人"假设的嵌入

"管理人员对人的本性的假设左右着管理人员的行为。"亚里士多德把人定义为"政治的动物"，亚当·斯密基于人的"自利本性"提出"经济人"假设，赫伯特·西蒙基于"行政人"假设提出有限理性决策模式，乔治·埃尔顿·梅奥通过霍桑实验得到"社会人"假设，为管理活动及公共政策制定提供了特定视角的解释。

不同的人性假设从人性不同的层面为政策制定提供了自圆其说的合理性，但是，对于政策制定主体和目标对象的文化属性等缺乏足够考量。公共政策制定的主体、客体、环境间关系等并非单一和线性的，并非所有的文化需求都以文化产品和文化服务为载体，公众文化需求也会向其他的公共生活和服务渗透，公众文化需求的回应和满足并非文化政策的专属。政策绩效的影响因素是相互交织和渗透的，线性逻辑和单一的因果分析并不能为公共政策制定提供完整解释。文化无法从构成公共政策制定的环境中剥离开来。任何领域的公共政策都无法游离于文化环境，脱离公民文化需求而达成预期目标。

对目标群体的假设是文化产业政策制定科学化、完善公共政策制定体系的重要支点。德国哲学家卡西尔认为，理解人类文化生活形式的丰富性和多样性的文化形式都是符号形式，应当把人定义为符号的动物（Animal Symbolicum），来取代理性的动物，这样才能指明人的独特之处，也才能理解对人开放的新路———通向文化之路。❶人性有一个逐步展示过程，"理性的动物""社会的动物""政治人""经济人"等都是人性展示的不同方面，这些不同的人性面构成了人类的共同本——"文化人"❷。"所谓'文化人'，是指企业员工不仅是社会人，而且还是具有价值观念、道德规范、生活准则、理想人格和荣辱感、责任感、使命感的企业主体"❸，这是企业管理视角下的"文化人"假设。就文化产业政策过程而言，"文化人"假设实质上就是将政策的决策者、参与者、目标群体和利益相关者所持的价值观、习俗、信念、信仰以及文化需求纳入公共政策制定过程。"文化人"假设是政策制定的基本点，并以特定形式贯穿政策全过程，决定了文化产业政策的基本走向。将"文化人"假设嵌入政策制定中，并非要建立公共政策与文化之间的联系，而是为其正名；也并非对其他类型的人性假设的替代，而是期望通过将政策制定者、参与者、目标对象、文化需求及文化环境等文化维度的因素纳入政策制定中；其根本目的就是通过文化关切、文化考量、文化审视，解决公共政策制定中的"文化失调"问题。实

---

❶ 恩斯特·卡西尔.人论［M］.上海：上海译文出版社，1985：34.

❷ 黎红雷."文化人"假设及其管理理念——知识社会的管理哲学［J］.中山大学学报（社会科学版），1999（6）：96-101.

❸ 曹卫红.对"文化人"假设及其激励的探讨［C］.论中国式的社会主义现代化，2002.

践证明，并非所有的公共政策都以调节文化关系为客体指向，但是，文化关系却渗透和依附于各领域的公共政策。文化产业政策制定中的"文化人"假设嵌入并不能给政策绩效带来立竿见影的效果，但是，忽略或抛弃"文化人"假设却会带来较为持久的阻挠。理论层面的"文化人"假设并不能顺理成章、自然而然地进入政策制定实践，需要树立"以人为本"及"人民主体性"的理念，并建立健全基于及体现这一理念的体制机制及其有效实现形式。国家在文化产业和文化事业发展中确立的经济效益和社会效益价值取向，公共文化服务供给及文化传承发展等方面的"文化惠民"政策方面均不同程度地体现了"文化人"假设的考量，但是，受限于现行文化政策制定过程的民主化与科学化水平，以及其他领域公共政策制定的文化视角的审视及文化维度的关切不足，公众的文化需求和文化参与诉求回应及文化的社会治理功能发挥仍然存在不足。新时代社会主要矛盾转变的背景下，文化需求的多样化对公共政策提出了更高要求。国际经验表明，人均国内生产总值达到3000美元时，居民消费进入物质消费和精神文化消费并重时期；超过5000美元时，居民消费将进入精神文化需求的旺盛时期。随着我国人均国民生产总值的不断攀升，2018年我国人均国内生产总值9732美元，文化需求也将持续增长，居民的消费结构将由保障性消费向发展性消费转变，文化消费占总消费的比重将不断提升，文化消费的潜力巨大。公民日益增长的文化需求回应和满足，决定了公共政策制定能够充分考量政策目标群体的文化属性及其需求。"文化人"假设的嵌入，对于西部民族地区的文化政策制定而言，既是回应和满足公众文化需求的要求，也是重要的推动力。

2. 政策问题文化构建

文化产业政策过程是特定问题导向的活动过程，具有特定目标取向，政策问题构建是政策过程中资源配置的先导。"政策问题构建是政策生成的起点，在某种意义上，政策问题构建也可以说是社会治理的起点。"[1] 政策问题的文化构建强调文化发展及文化事务运行规律、公民的文化参与权力、政策目标群体的文化需求等在政策问题确立中的实质性体现，既是文化为政策赋能的基点，也是从文化视角和维度提升政策科学化和民主化水平的重要实现形式。政策问题的构建以"问题—社会公共问题—政策问题"为主线，是问题的客观存在与主观描述的统一过程。不同视角

---

[1] 张康之，向玉琼. 走向合作的政策问题建构 [J]. 武汉大学学报（哲学社会科学版），2016（4）：13-23.

的问题构建意味着政策执行过程中资源配置的不同组合。然而，政策问题解决的成功与否并不以政策问题构建中的主观意志为转移，任何一个问题并不是单一视角和维度能够完全描述和解释清楚的。尽管如此，文化视角和维度的检视和关切对于其他视角和维度的政策问题构建具有渗透性，但是，这并不意味着政策问题的构建就必然体现文化关切和文化维度的逻辑和价值取向。同样的问题，从不同的视角和维度进行构建，便会形成不同的政策问题，应对问题的政策也会截然不同。将文化构建嵌入政策问题确立过程，意在赋予政策议程以文化考量与权重，坚持通过文化价值引领及价值与理性的调适，实现政策问题构建和议程确立体现文化维度审视、文化关切、文化需求回应及文化适应。为此，需要扎根地方实际，探寻重大决策"文化听证"和"文化安全风险评估"的有效机制，考虑公共政策的地方文化适应性，让公民的文化参与权力、文化需求在公共政策过程中得以实现和发展，让公共政策决策者、参与者、目标群体及利益相关者的文化属性及文化需求能够在公共政策制定时得到足够的考量。

（二）特色文化赋能乡村产业振兴：从乡村文化资源到乡村文化优势

特色文化赋能乡村产业，其核心要义是乡村文化资源的保护与开发，基本要求和任务是：从时间与空间的维度，调适好文化资源的传统与现代、原生与外来的关系，从变现与增值的维度，处理好文化资源的资本化与增值的关系，从村治与治村的维度，发挥好文化资源的治理功能。❶具体而言，可以从两个方面推动乡村文化资源向乡村文化优势转变。

1. 乡村文化资源的识别与挖掘

基于当地的文化资源，通过引入文化创意，结合当地文化资源，开发出具有独特性和吸引力的文化产品和服务，塑造独特、有吸引力的特色文化品牌，增强乡村的文化影响力和竞争力。要想推动乡村文化资源向乡村文化优势转变，乡村文化产业发展既要与当地的民族、习俗、文化等人文特色相结合，也需要扎根当地的自

---

❶ 胡洪斌，柯尊清. 乡村文化资源保护与利用的三重维度 [J]. 理论月刊，2020(10)：99−107.

然地理生态环境。在文化产品生产过程中，需要深入挖掘和整合各类文化资源，将各类生产要素最优化，以"文"为优势特色，以市场为导向，以促进文化消费为目标，对文化资源、文化内容、文化产品、创意设计、包装营销等方面进行创新，对文化资源和文化产品进行创意开发，打造特色文化产业品牌，形成产品IP、形象IP、品牌IP。通过文创化和品牌化，提高文化产品、服务的异质性和附加值，增强其市场竞争力。西部民族地区乡村拥有较为丰富的文化资源，云南"金、木、土、石、布"的特色文化产业大多分布于民族地区。大理鹤庆的银饰（金）以其精湛的工艺和独特的设计享誉内外，剑川的木雕（木）历史悠久、技艺高超，作品充满了艺术的生命力，建水的紫陶（土）以其独特的颜色和造型展现了泥土的别样魅力，腾冲的玉雕（石）更是将玉石的质地和雕刻技艺完美结合，白族的扎染（布）以其独特的染色技艺和民族图案成为布艺中的一枝独秀。这些特色文化资源在最初大多是当地人生活中寻常的物品，具有很强的实用价值，然而，在作为文化资源进行开发后，它们被注入了更多的创意和设计元素，不仅保留了原有的实用价值，更增添了浓厚的艺术价值。

2. 构建文化产业助力乡村产业兴旺的衔接机制

"乡村文化的内在价值在于充满活力、生命力和创造力，且能维系、调适和发展人民群众的生产生活。当前，文化与经济、科技、旅游、创意的融合，以及新型城镇化过程的加速推动，不仅为文化资源向文化资本的转化提供了有利条件，而且为实现资源变现打下了坚实基础。"[1] 西部民族地区特色文化产业主要以在地性文化资源依托模式为主。通过识别和凝练文化与产业、经济与社会关系在乡村的机理，构建文化自身发展与"产业兴旺"的衔接机制，推动文化深度融入乡村产业体系，赋予产业发展更高的文化价值，提升文化赋能乡村产业化发展的效能。将文化资源与农业、旅游、教育等相关产业进行深度融合，推动特色文化产业嵌入城乡产业生态体系，拓展和延长文化产业链条，促进乡村经济的多元化和可持续发展。

建立健全文化产业利益联结机制，确保农民、企业、政府等各方利益得到有效保障和实现。通过股份合作、利润分成、租金收益等多种方式，创新农村文化产业的发展模式。一种模式是"公司+农户"。在这种典型的利益联结方式中，公司可

---

[1] 胡洪斌，柯尊清.乡村文化资源保护与利用的三重维度[J].理论月刊，2020(10)：99-107.

以提供资金、技术和管理经验，农户则提供土地、劳动力和文化资源。通过合作，公司可以利用农户的文化资源开发出具有市场竞争力的文化产品，农户则可以从中获得稳定的收入。另一种模式是"合作社+农户"，在这种模式下，农户自发组织起来，形成合作社，共同开发和经营文化产业。合作社可以提供集体的力量和资源，帮助农户更好地抵御市场风险，提高文化产业的发展效益。这些创新模式的推广和应用，不仅可以带动农民积极参与文化产业，提高他们的收入水平，还能促进乡村产业的多样化和繁荣发展。同时，这也为乡村社会注入了新的活力和创造力，推动了乡村的全面振兴。

数字化背景下古城旅游第三空间的构建逻辑
——基于喀什古城的扎根研究

◎ 华中师范大学国家文化产业研究中心　李　浩
◎ 联通数字科技有限公司数据智能事业部　俞晓鸣
◎ 华中师范大学国家文化产业研究中心　李　林

一、引言

　　党的二十大报告对"加快建设数字中国""发展数字经济"进行了战略部署，国家《"十四五"文化和旅游科技创新规划》中指出"旅游数字化发展"的重要方向，提出"研究5G、大数据、人工智能、物联网、区块链等新技术在各类文化和旅游消费场景的应用"。数字技术在旅游业的创新应用，培育出诸如智慧旅游、数字藏品展示、"云旅游"等类型的新业态与新模式，使旅游空间边界不断拓展，呈现出一系列新的空间特征。古城旅游是当代旅游的重要组成部分，近年来备受民众青睐。古城，顾名思义立身之本在于"古"，是指拥有深厚的历史文化积淀[1]，文化风貌独特且保存较好的城市聚落。在数字经济时代，古城所代表的"传统"不可避免地接受数字化的现代改造，技术与资本、知识、创新等要素一起，变革古城旅游空间的构建逻辑，深刻影响古城旅游未来的发展。本文尝试从空间视角出发，基于列斐伏尔的空间生产理论及索亚的第三空间理论分析框架，以新疆喀什古城为例，探讨数字化时代古城旅游空间的构成及其演进，进而解析古城旅游第三空间的构建。

---

[1] 阮仪三，吴承照. 历史城镇可持续发展机制和对策——以平遥古城为例［J］. 城市发展研究，2001（3）：15-17.

二、理论基础及研究综述

（一）理论基础

旅游空间研究的重要基础是空间生产理论。时间和空间是人们认识世界的基本方式，在亨利·列斐伏尔（Henri Lefebvre）之前，人文科学的研究多从历史研究的视角出发，空间长期淡出主流人文科学的研究。[1] 随着社会的发展，尤其是城市化与全球化，空间逐渐成为研究社会问题的突破点，亨利·列斐伏尔的《空间的生产》就是推进研究范式转向空间研究的重要理论著作。在《空间的生产》一书中，列斐伏尔围绕"空间"及"生产"两个核心概念，提出了空间生产理论的三元辩证法："空间的实践"是社会实践生产的社会空间，具有物质化的特征；"空间的表征"是概念化的空间，它是思维和想象的空间；"表征的空间"是"居民"和"用户"的空间，是被支配的空间，兼具实践意义和象征意义。

爱德华·索亚（Edward Soja）是一名新马克思主义城市学者，同时也是后现代学者中强调社会空间意义的集大成者。[2] 他在继承列斐伏尔提出的空间三元辩证法基础上，进一步完善并提出了第三空间理论。索亚的第三空间与列斐伏尔的"表征的空间"类似[3]，但他是在最广泛的意义上使用第三空间这一概念：**一方面**，第三空间既包含第一空间与第二空间；**另一方面**，第三空间"源于对第一空间与第二空间二元论的肯定性解构和启发性解构，是他者化——第三化的又一个例子。这样的'第三化'不仅是为了批判第一空间和第二空间的思维方式，还是为了通过注入新的可能性来使它们掌握空间知识的手段恢复活力"[4]。由此可见，第三空间

---

[1] 张林."第三空间"下的旅游音乐表演[J].中央音乐学院学报，2023（3）：45-55.

[2] 杜彬，李懋，覃信刚.文旅融合背景下旅游第三空间的建构[J].民族艺术研究，2020，33（3）：152-160.

[3] 张志庆，刘佳丽.爱德华·索亚第三空间理论的渊源与启示[J].现代传播（中国传媒大学学报），2019，41（12）：14-20.

[4] 爱德华·索亚.第三空间：去往洛杉矶和其他真实和想象地方的旅程[M].陆扬，等译.上海：上海教育出版社，2005：102.

既不同于物理空间和精神空间,又包容二者,进而超越二者[1],是一种向未来不断开放的模式,它展示了空间的复杂性,不接受任何形式的概括与总结。[2]

旅游第三空间是将第三空间理论作为一种研究视角,尝试打破传统旅游研究中"旅游地—游客"的二元论传统,既包含了旅游的物质空间与想象空间,还包含了在两者之上的更为开放的、更为复杂的实际旅游空间。**一方面**,旅游第三空间包含了旅游第一空间与旅游第二空间,旅游所在地的自然风景、建筑、服饰、表演等可被感知的要素,通过旅游开发者、旅游管理人员、旅游从业者、当地居民、旅游者的实践活动,赋予了旅游地特殊的地方性文化意义。同时,主体借助知识、经验和观念参与空间实践,两个空间相互依存交融不可分割。**另一方面**,旅游第三空间超越了两者,在旅游第三空间中既有真实与想象的空间,也有两者之外的虚拟空间和复杂的社会关系、意义、价值的空间。

(二)古城旅游空间

随着我国现代化、城市化的加速发展,越来越多的都市空间问题开始浮现,在旅游领域,学者也开始关注到旅游空间研究的必要性。较早时期,旅游研究者将空间视为绝对的地理学研究范畴,多针对旅游的空间分布及发展状况进行研究分析[3][4];之后逐渐开始有学者探讨空间生产理论在旅游研究中应用的可行性[5],结合具体案例开展旅游空间的生产研究。[6]

---

[1] 陆扬. 析索亚"第三空间"理论[J]. 天津社会科学, 2005(2): 32-37.

[2] 唐正东. 苏贾的"第三空间"理论: 一种批判性的解读[J]. 南京社会科学, 2016(1): 39-46.

[3] 陆林, 余凤龙. 中国旅游经济差异的空间特征分析[J]. 经济地理, 2005(3): 406-410.

[4] 汪德根, 陈田. 中国旅游经济区域差异的空间分析[J]. 地理科学, 2011, 31(5): 528-536.

[5] 郭文. 空间的生产与分析: 旅游空间实践和研究的新视角[J]. 旅游学刊, 2016, 31(8): 29-39.

[6] 郭文, 王丽, 黄震方. 旅游空间生产及社区居民体验研究——江南水乡周庄古镇案例[J]. 旅游学刊, 2012, 27(4): 28-38.

在古城旅游的空间研究中，学者们多从空间生产的角度出发，对古城社区空间生产与发展[1]、地方营造[2]、空间不正义[3]等方面展开研究，将古城旅游空间视为一个有机整体，研究旅游空间的构成维度、各要素的相互关联及作用，但古城"旅游第三空间"的成果较少见。事实上，古城旅游空间不是一个既定的、不发生改变的客观实体，而是动态的、不断自我生产的空间，是发生在古城空间的一系列现代化与旅游化的进程。在这个进程中，数字化以多种方式引导古城旅游未来的发展走向，影响着古城旅游空间的构建。从物质性视角分析，数字媒介不只是信息载体，而是蕴含着新空间性的技术物品[4]，通过图像、音频、文字等数字化符号在古城与游客之间构建了一种抽象的表征空间。从意识性角度来看，数字技术消除了表征空间与用户体验的边界，在抽象表征空间的基础上产生了一种非表征的情感与意义空间。可见，数字化对古城旅游空间的改造不仅局限在地理学意义的空间，而是涉及更广泛意义的空间。就此而言，索亚的"第三空间理论"无疑为数字化时代古城旅游空间的研究提供了新思路。

（三）旅游数字化

数字化正加速融入我国各项经济产业，对旅游产业的影响尤为深刻。[5]以5G、互联网、物联网、区块链、虚拟现实、大数据、云计算、人工智能等为代表的数字

---

[1] 吴志才，张凌媛，郑钟强等.旅游场域中古城旅游社区的空间生产研究——基于列斐伏尔的空间生产理论视角[J].旅游学刊，2019，34（12）：86-97.

[2] 年伦超，程励.空间生产视域下"古"镇旅游的地方营造——以恩施土家女儿城为例[J].旅游学刊，2023，38（3）：107-124.

[3] 刘宏芳，明庆忠，韩璐，等.民族古镇地方性生产中的旅游空间不正义表征及发生过程探究[J].人文地理，2023，38（4）：55-61.

[4] 王维涛，张敏.地理媒介与第三空间：西方媒介与传播地理学研究进展[J].地理科学进展，2022，41（6）：1082-1096.

[5] 周湘鄂.文化旅游产业的数字化建设[J].社会科学家，2022（2）：65-70.

化技术持续推进旅游产业的迭代更新[1]，改变旅游发展格局[2]，创造数字旅游[3]、智慧旅游[4]等旅游新模式，推进智能化旅游内容生产。[5]数字旅游产业与数字经济的融合发展已成为旅游高质量发展、驱动经济内循环的重要动能。[6]随着元宇宙数字技术的发展完善，元宇宙将与旅游进一步融合，为旅游提供广阔的应用场景[7]，是未来旅游数字化的重要发展方向。

在旅游数字化相关的研究中，虽然数字化对旅游的影响、作用、产业转型方式及路径等方面的研究成果较多，但关注数字化对旅游空间产生影响的成果较少。在数字经济时代，旅游与数字化的融合是未来发展的必然趋势，数字技术与其他要素的融合，不断消融传统旅游的空间边界，改变旅游的空间生产逻辑，提升旅游的空间价值创造，为旅游第三空间的构建提供了无限的可能性。

三、研究设计

（一）研究对象

本研究选取喀什古城景区作为研究案例，喀什古城坐落于新疆维吾尔自治区喀什地区喀什市，2015年7月正式挂牌成为国家5A级景区，是极具新疆风情的历史人文景区。喀什古城景区位于喀什市中心，总面积3.6平方千米，南至人民路，北

---

[1] 刘洋，徐振宇.文旅数字化的内涵演绎、现实挑战与推进机制[J].青海社会科学，2023（2）：80-93.

[2] 胡优玄.基于数字技术赋能的文旅产业融合发展路径[J].商业经济研究，2022（1）：182-184.

[3] 魏翔.数字旅游——中国旅游经济发展新模式[J].旅游学刊，2022，37（4）：10-11.

[4] 邬江.数字化视域下文旅融合推动智慧旅游创新研究[J].经济问题，2022（5）：75-81.

[5] 解学芳，祝新乐."智能+"时代AIGC赋能的数字文化生产模式创新研究[J].福建论坛（人文社会科学版），2023（8）：16-29.

[6] 解学芳，雷文宣."智能+"时代中国式数字文旅产业高质量发展图景与模式研究[J].苏州大学学报（哲学社会科学版），2023，44（2）：171-179.

[7] 陈意山，欧阳日辉.元宇宙与文旅产业融合发展的理论逻辑与实施路径[J].广西社会科学，2023（2）：132-140.

至色满路、亚瓦格路，西至尤木拉克协海尔路，东至吐曼河观光带。景区涵盖老城核心区、艾提尕尔清真寺、高台民居等18个游览参观点，其中老城是世界上现存规模最大的生土建筑群之一，街巷纵横交错、建筑高低错落，是目前国内唯一保存完整的以伊斯兰文化为特色的迷宫式城市街区。景区与居民生活区融为一体，是我国少有的特色迷宫式城市街区和生土建筑群，具有独特的旅游吸引力，素有"不到喀什不算到新疆""不到古城不算到喀什"的美誉。

（二）研究方法及资料来源

本文的研究方法为扎根理论，为质性研究中十分重要的一种研究方法，其宗旨是从经验资料的基础上建立理论。该研究方法起源于埃尔森·斯特劳斯（Anselm Strauss）和巴尼·格拉塞（Barney Glaser）两位社会学者在20世纪60年代在一所医院里面对医务人员处理即将过世的病人的一项实地观察[1]，并在之后得到了广泛的认可与应用。扎根理论研究的核心要求是进行资料编码，需依照相对严格的准则、步骤和程序，对所收集到的文字材料进行编码处理，逐级提炼出理论概念与过程机制。[2] 本文采用扎根理论的主要缘由如下：由于古城旅游空间具有多维性，且内涵关系较复杂，而旅游第三空间的构建蕴藏于空间实践过程中，需抽象出旅游空间的内在构成与相互联系才能厘清其构建逻辑，这与扎根理论适用于解读过程、发现联系[3]，最终形成理论的理念与思路十分契合。

课题组成员于2023年9月25日至10月11日对喀什古城实地调研，进行参与观察与访谈，同时结合微信、网站、微博、视频、数字报等，抓取"喀什古城"旅游评论作为研究样本，通过人工梳理及筛选，剔除重复、与研究主题无关，以及复制喀什古城介绍信息等无效内容，最终得到有效资料313275字，使用Nvivo12软件对有效资料进行扎根分析。

---

[1] 陈向明.扎根理论的思路和方法[J].教育研究与实验，1999（4）：58-63.

[2] 吴肃然，李名荟.扎根理论的历史与逻辑[J].社会学研究，2020，35（2）：75-98.

[3] 贾哲敏.扎根理论在公共管理研究中的应用：方法与实践[J].中国行政管理，2015（3）：90-95.

（三）编码过程

1. 开放式编码

开放式编码也叫一级编码、开放式登录，是扎根理论编码最基础的一环。在开放式编码过程中，编码人要秉持一种客观的态度，将收集的资料打散、概念化并重新组合。通过对资料进行仔细的阅读分析，从中发现有价值的信息，由于所获取的原始资料较为口语化，需进行概念化命名处理，并对概念维度进行分析，归纳总结出更高一级的范畴。通过开放式编码，共获取85个初始概念，并对概念进行范畴提取，共获得22个副范畴，所获取的部分初始概念及副范畴如表1所示。

表1 初始概念及副范畴示例

原始语句示例	初始概念	副范畴
西城的阿热亚路全长600米，是重点游玩儿之处，由花盆巴扎、坎土曼巴扎、木器加工、维医药巴扎、花帽巴扎5个巴扎组成	阿热亚路	特色街区
另一条特色街巷库木达尔瓦扎路，又名手工艺一条街，也叫职人街，这里有维吾尔民间乐器世家、喀什最大的铜器世家、传统薄木蒸笼生产、木兰旋木、棉絮翻新等作坊	库木达尔瓦扎路	—
吾斯塘博依几乎浓缩了喀什老城里所有的巴扎（集市），每走出一步，又会不想走下一步，我想，你们也会愿意多停留一会儿吧	吾斯塘博依路	—
花帽街拍照挺好看的，而且看到很多漂亮的帽子	花帽街	—
在清真寺马路对面就有汗巴扎，就是美食一条街了	汗巴扎美食街	—
最喜欢油画街，光线好还有棒棒的挂毯，非常出片	油画街	—
网红拍照点：百年老茶馆、油画街、彩虹巷、古董街、布袋巷等	古董街	—
巴格其巷民宿街是一个汇聚了各种民宿、酒吧、茶馆、旅游纪念品、特色小吃等的地方，将浓郁的民俗风情和现代文化相融合	民宿街	—
古城的夜景很美，酒吧街上还有很多表演可以听一听、看一看的，就是一个词：流连忘返	酒吧街	—

2. 主轴式编码

通过开放式编码所得到的22个副范畴含义较为广泛，无法察觉各部分之间相互的关联。因此在主轴式编码过程中，进一步将22个副范畴进行提炼、抽象与归纳，挖掘相互之间深层次的关联，得出主范畴。结合旅游空间相关理论，对副范畴进行关系性的深层分析，最终得到7个主范畴。主范畴编码结果如表2所示。

表2 主范畴编码

主范畴	副范畴	初始概念
景观与建筑	历史建筑	耿恭祠、巴依老爷的家
	宗教建筑	艾提尕尔清真寺、敦买斯奇清真寺
	特色街区	阿热亚路、库木达尔瓦扎路、吾斯塘博依路、花帽街、汗巴扎美食街、油画街、古董街、民宿街、酒吧街
	居民建筑	居民建筑
	热门打卡点	百年老茶馆、老城角落咖啡馆、空中花园、爷爷的爷爷的爸爸的馕、昆仑塔、布袋巷、彩虹巷、买买提的老房子（巴依老爷的家）、古丽的家、民间乐师古地茶馆
人文与艺术要素	建筑风貌	中西亚风貌、欧洲风貌、西域风貌、民族古朴
	异域风情	摩洛哥风情、中东风情、西域风情
	色彩呈现	民居色彩、建筑色彩、门窗色彩、城墙色彩
	民族特色	民族美食、民族歌舞、民族服饰、民族手工艺
	民俗表演	开城仪式、公主招亲、驼队巡游、茶馆表演、酒吧表演
	历史底蕴	古丝绸之路、疏勒城
社区与居民	居民	民族孩童、本地居民、维吾尔族同胞
	生活气息	孩童嬉闹、居民日常生活、慢节奏生活、花果绿植
	社区布局	迷宫式街区
商业与设施	特色商业	咖啡店、青年旅舍、手工艺店、旅拍店、民宿、汗巴扎美食街、美食店、茶馆
	景区设施	指示标识、公共休息区、便利设施
主观感受	体验	正面体验、负面体验
	情感	喜欢、感叹、满足、留恋、肯定、失望、气愤
认知构建	认同	文化认同、差异性认同
	想象	期待落差、想象印证
数字化场景	数字化服务	自助导览、电子地图、网上攻略、网上预订
	数字化应用	景区小程序、社交平台、旅游中介平台

3. 选择性编码

选择性编码是对已完成的编码工作的再一次检视与分析，通过对编码过程的复盘及对主范畴进行再一次的抽象与提炼，归纳出更具有概括性与理论性的核心范畴，并通过故事线的构建梳理主范畴与核心范畴之间的关系。结合列斐伏尔及索亚的空间划分结构，对前两步编码所得到的副范畴进行提炼归纳，共得到"喀什古城旅游第一空间""喀什古城旅游第二空间""数字化场景"三个核心范畴。核心范畴结果如表3所示，核心范畴关系如图1所示。

表3 选择性编码过程

核心范畴	主范畴
喀什古城旅游第一空间	景观与建筑
	人文与艺术要素
	社区与居民
	商业与设施
喀什古城旅游第二空间	主观感受
	认知构建
数字化场景	数字化应用与服务

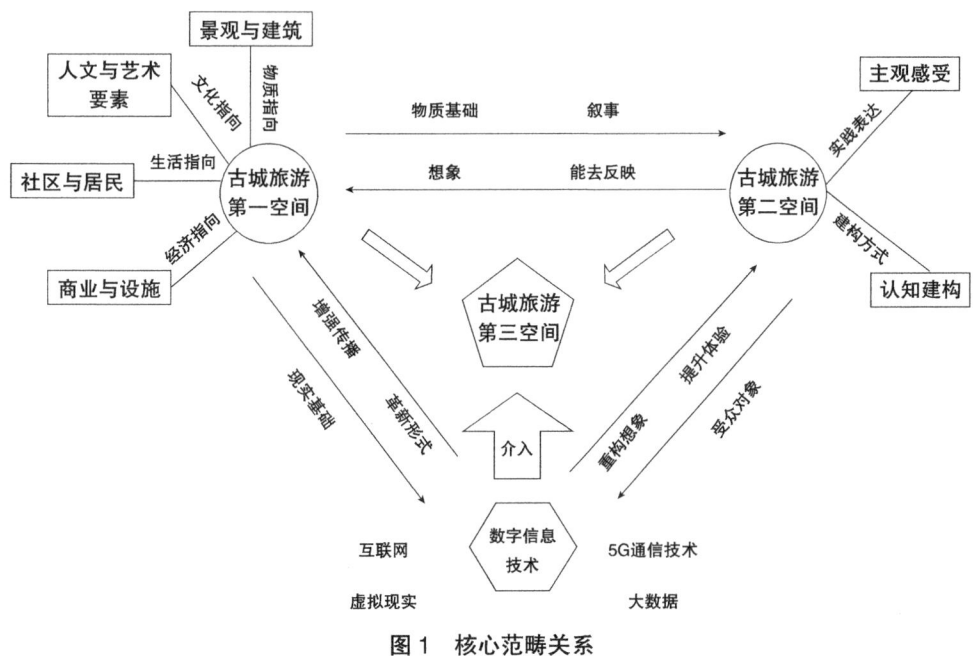

图1 核心范畴关系

古城旅游第一空间体现了空间的客观性，是古城旅游空间存在的物质基础，包含的景观与建筑、人文与艺术要素、社区与居民、商业与设施四个维度，分别对应了古城旅游空间的物质指向、文化指向、生活指向与经济指向，塑造了一个多层次的旅游空间符号体系，实现了对古城的历史、民族、风俗、生活等方面的地方性叙事，并在古城旅游第二空间中得以映射体现。古城旅游第二空间体现了古城旅游空间的主体性，通过对现实要素的实践感知及对古城空间符号的解读，在概念化的空间构建了古城的地方性想象，是古城旅游第一空间改造与发展的指导与动力。数字化场景体现了数字化相关技术在古城中应用情况，数字化融入古城旅游空间，通过多种形式变革旅游空间中内容生产与信息交互的方式，增强了古城旅游第一空间与第二空间的联系，提升了游客的旅游体验。

为了保证研究的信度与效度，保留近1/3的分析资料用于理论饱和度检验，检验未发现形成新的重要范畴及关系，且核心范畴重复出现，因此可认为分析结果达到理论饱和。

四、结论与讨论

（一）结论

本文基于空间生产理论及第三空间理论，使用扎根理论剖析了喀什古城旅游第一空间与喀什古城旅游第二空间的构成维度，深入探讨了喀什古城旅游第三空间的内涵及构成，分析数字化对古城旅游空间构建的影响与作用方式，主要得出以下结论。

1. 喀什古城旅游第一空间及旅游第二空间构成维度

（1）喀什古城旅游第一空间包含"景观与建筑""人文与艺术要素""社区与居民""商业与设施"四个维度的内容，是客观存在于古城现实空间的，可被旅游空间内主体直接感知的部分，借以实现古城旅游空间的地方性叙事。"地方性"是一个形容词，虽带有明确的空间内涵，带有"区域性""限制性"的含义，然而实际上，"地方性"更多是一种开放的、突破地域限制的空间概念，强调的是一种独特的、具体的文化语境。[1] 喀什古城的城墙、建筑表演等都可以被人通过"看"或"听"等方式，获取最直观的感受，展现的是古城旅游空间的物质性与客观性。古城旅游第一空间是空间形式的物质性具象与外在表征，构建了喀什古城地方性叙事

---

[1] 张澜，鄢玉枝. 从地方性知识角度看西方独特价值的普遍性叙事[J]. 江西社会科学，2006（6）：171-175.

的文化符号体系，文化符号通过符号的物质性或客观性的表征形式在旅游空间中得以体现，是主体进行实践活动的场所与中介。从"叙事"的角度分析，古城旅游实践空间正是通过文化符号的空间表征形态，在游客眼前展开古城千年的历史画卷。斑驳的城墙见证了古城的风雨变迁，明艳的色彩描绘了民族的风情，街巷中晒太阳的老人与嬉笑打闹的孩童绘制了生活的常态。这些场景交织在一起，向过往的人们娓娓诉说古城的故事，展现了古城地方性的独特风情。

（2）喀什古城旅游第二空间是概念化的旅游主体空间，是地方性空间文化符号在主观世界的反映，是一种地方性想象的构建。喀什古城旅游第一空间是古城旅游第二空间存在的物质基础，决定概念化空间的形式与意义。可以说，人们对喀什古城的想象来源于对喀什古城符号的接收与解读。但旅游第二空间并非纯粹被动的、被决定的空间，而是具备能动性的空间。主体对所接受或感知的古城符号，在思维世界中进一步处理加工，通过对意义的多次解读，参与旅游空间的生产与再生产，进而对喀什古城旅游第一空间产生影响。从"凝视"的角度来看，游客直接凝视地方景观，地方景观在游客的意识世界中反映，游客凝视景观的过程同时也是对一个地方的文化及历史解读的过程，这一过程还会受到游客的体验、情绪等方面的影响。在这种接收与解读反复进行的过程中，主体构建了喀什古城地方性的想象。

2. 喀什古城旅游第三空间内涵

（1）喀什古城旅游第三空间是包含了真实与想象的空间。喀什古城旅游第一空间是喀什古城旅游的物质基础，是喀什古城旅游空间存在的先验性条件，是其他空间存在的基础。喀什古城旅游第二空间是游客想象中的古城，是旅游开发者规划的古城，也是当地居民日常生活的古城，两者相互交织，构成了喀什古城旅游第三空间的基础。

（2）喀什古城旅游第三空间是多主体参与构建的空间。旅游开发者、旅游管理者、旅游从业者、当地居民、游客等都在喀什古城旅游空间中进行实践活动，相互之间存在着密切的关系。其中，旅游开发者在概念上规划喀什古城旅游空间，指明未来发展方向，实现古城旅游第一空间的落地；旅游管理者维持喀什古城旅游空间秩序，形成古城旅游的政策空间；旅游相关从业者则是改变了喀什古城的空间生产关系，通过商业生产、文化生产等途径推动喀什古城旅游空间的生产；当地居民则是古城旅游空间发展变化的见证者，古城也是居民千百年来的生活空间，古城旅游开发之后，居民与古城空间的关系发生了变化，不可避免地参与古城旅游第三空间的构建；游客是古城旅游空间的到访者，对古城的旅游空间符号进行不同的解读，赋予特殊的意义，形成多样的文化空间。

(3) 喀什古城旅游第三空间是充满矛盾的乌托邦空间。在空间范畴反思历史，人们往往自觉或者不自觉地构建各具特色的"空间乌托邦"，这些"空间乌托邦"有其存在的合理性。[1]虽然乌托邦在传统理解上常常与"空想""不科学"挂钩[2]，但却是人类理想中最美好的社会形态。喀什古城旅游第三空间的构建本质上就是在追寻一种乌托邦式的旅游空间构建，是人们所追求的最理想的旅游形态。然而，历史的发展表明，矛盾普遍存在于一切过程中，在古城旅游第三空间的发展过程中也充满矛盾，如传统与现代的矛盾、保护与开发的矛盾、原生态与商业化的矛盾等，这些矛盾是客观存在的。如何把握喀什古城旅游第三空间的主要矛盾，是趋近乌托邦式喀什古城旅游第三空间重要的一环。

3. 数字化对喀什古城旅游空间构建的影响与作用方式

数字化正深刻地影响和改变着经济社会，数字技术加快推动旅游产业的变革和发展，尤其是数字信息技术的创新，为旅游业提供了前所未有的发展空间。数字化通过营造与古城旅游相关的数字空间化场景，影响并改造着喀什古城旅游第一空间与喀什古城旅游第二空间。

(1) 数字信息技术拓宽了喀什古城旅游空间的边界，在喀什古城旅游第一空间与喀什古城旅游第二空间之外创造了一个虚拟空间。伴随着技术在旅游中的逐步深入应用，虚拟与现实之间的边界逐渐模糊，虚实空间趋向于融合。旅游虚拟空间指将旅游第一空间数字化，借助计算机、VR等硬件设备构建的虚拟空间。在线旅游平台、网络社交平台、短视频平台都存在互联网构建的虚拟空间中，为古城旅游者提供在线预订、自助导览等数字化服务，提升了游客的旅游服务体验，而虚拟现实技术的发展所推动的虚实空间融合，更为喀什古城旅游空间指明了拓展的新方向。

---

[1] 陈忠. 空间批判与发展伦理——空间与伦理的双向建构及"空间乌托邦"的历史超越[J]. 学术月刊, 2010, 42 (1): 17-23.

[2] 陈岸瑛. 关于"乌托邦"内涵及概念演变的考证[J]. 北京大学学报（哲学社会科学版）, 2000 (1): 123-131.

(2) **数字信息技术革新旅游表征作用于喀什古城旅游第一空间**。说到底，发展旅游就是发展新的区域经济增长模式，电子商务、直播等新型的数字经济形态正在慢慢改变喀什古城的旅游消费模式。在古城中，特产店、民宿、旅拍店等各类型店铺都通过电商或社交平台带货的方式进行线上销售，提高了本地商户的营业收入；在古城中游览，不乏开启直播的游客，边走边向天南海北的观众介绍喀什古城，展示最真实的喀什古城旅游空间，在夜晚的喀什古城东门，也有民族舞蹈的直播，这些直播吸引潜在游客关注到喀什古城；在互联网上，关于喀什古城的视频、图片、报道、游记、评论等，都在网络虚拟的空间中重新构建喀什古城旅游空间的符号体系，革新喀什古城旅游符号的传播方式，提升了旅游传播的效度。

(3) **数字信息技术重构旅游想象符号作用于喀什古城旅游第二空间**。技术的最终归宿是服务于人，数字信息技术在古城旅游中的应用，极大地提升了游客的旅游体验。喀什古城开发了"一机逛古城"小程序，整合电子导览、自助讲解、门票预订、旅游攻略等服务，极大方便了游客的游览体验；在大数据应用层面，喀什古城积极建设智慧景区，将物联网、大数据、数字信息化技术等深入应用到喀什古城智慧景区打造，建设面向管理者、用户、商户的多向智慧景区，提升景区的管理效度；短视频平台、新闻网站、旅游中介平台上关于喀什古城的信息曝光，为游客提供了解喀什古城真实样貌的便捷途径，同时游客通过对这些信息的接收处理，自主构建了对喀什古城的认知，这种事前认知引发屏幕前游客与喀什古城空间符号的共鸣，或提高或降低游客期待，从而影响游客的旅游选择与真实体验。

(4) **数字信息技术消除了喀什古城旅游空间中的二元对立，以一种"他者化"的方式影响旅游第三空间的构建**。"他者"最开始是作为一种意识出现在哲学中，和"自我"是一对相对的概念[1]，而在索亚的第三空间中，"他者化"是一种批判思维方式，旨在打破空间想象的二元枷锁，为第三空间的解构、重构注入新的可能。[2] 数字信息技术以一种"他者"身份介入喀什古城的旅游空间中，革新了喀什古城旅游空间的表征形式，改变了古城的旅游空间生产与再生产关系，消解了居民与游客、

---

[1] 童兵，潘荣海."他者"的媒介镜像——试论新闻报道与"他者"制造[J].新闻大学，2012（2）：72-79.

[2] 张志庆，刘佳丽.爱德华·索亚第三空间理论的渊源与启示[J].现代传播（中国传媒大学学报），2019，41（12）：14-20.

发展与保护、现代化与传统等方面的二元对立，改变了喀什古城旅游空间的意义生产，推进了喀什古城旅游第三空间的构建。

（二）讨论

1. 他者化：数字化背景下的古城旅游第三空间构建

古城旅游第三空间的构建需要考虑其空间含义及本质特征，并结合社会发展的趋势综合分析，方可探索出一条适应当下、面向未来的构建路径。当前的社会正发生重大变革，技术改变了社会各个领域的发展逻辑，旅游也不例外。正如前文所述，数字化以"他者"身份介入古城旅游空间的构建进程，深刻影响并重构古城旅游第一空间与第二空间，为古城第三旅游空间的构建提供了无限可能性。

（1）破除时空桎梏，提升古城旅游第三空间旅游体验。旅游可以被界定为"人们在一段离开惯常环境但位移为零的生存状态里，利用闲暇时间开展的体验活动[1]"。传统的旅游强调空间与时间的结合，形式上注重游客与旅游地的互动，重视游客的亲身体验。数字化打破了旅游活动中时间与空间的限制，**首先**，在互联网、5G通信、移动终端等技术与设备的加持下，古城旅游第三空间得到了无限的延伸。游客足不出户就可实现"云旅游"，通过直播、短视频、游记、新闻报道等多种形式了解、感知、体验远隔千里的古城景象。在这个过程中，虽然游客并未亲身抵达古城空间内，但却实现了对古城旅游空间符号的接收与解读，生成独特的文化意义空间。**其次**，借助自媒体的强大传播力，在提升喀什古城空间符号传播范围和效度的基础上，喀什古城成功塑造了多个网红打卡点，游客可在"百年老茶馆"品尝民族特色的茶水点心，欣赏民族特色歌舞，与当地人交流，获得多层次的空间感受；在"彩虹巷"打卡拍照，保留下极具异域风情的色彩记忆，并将这份古城的空间记忆带走；在"爷爷的爷爷的爸爸的馕"店，欣赏并体验手工馕的制作，参与喀什古城旅游空间生产过程。**最后**，虽然地理距离是阻碍游客前往古城旅游的重要因素，

---

[1] 陈海波. 旅游概念界定与旅游学科框架构建的一个新视角[J]. 旅游学刊，2016，31（4）：62-70.

但随着VR、元宇宙等技术的更新突破，多元地理空间的体验成为可能[1]，在赛博空间中重现喀什古城旅游空间，生动再现古城原生态景观，加入技术交互功能，为潜在的游客打造深入人心的数字旅游体验，使游客提前了解到喀什古城的风情魅力，为其前往古城旅游打下基础。

（2）重构空间关系，增强古城旅游第三空间发展联系。旅游的智慧化是未来旅游发展的趋势，智慧旅游是云计算、互联网、物联网、移动终端及人工智能等先进数字信息技术在旅游中的深度应用。[2]发展喀什古城智慧旅游，将重构喀什古城旅游空间关系。旅游地政府、涉旅企业、平台都要向游客提供信息服务内容，通过智慧景区的打造，游客可依照个性化需求在手机终端获取基础服务信息、电子地图、导览讲解等服务，进行表达与反馈，实现信息的双向流通；涉旅企业可借助虚拟现实、增强现实、夜游光影等技术开发沉浸式新旅游产品，更好地匹配新时代旅游消费者的需求，如联通数字科技有限公司开发"智游"5G+AI游记产品，基于5G技术与人工智能技术相结合，满足各景区智慧化感知的应用需求，加速景区与新技术的深度融合，给游客带来更生动的游览体验；旅游地政府及管理者可借助智慧旅游基础设施及后台管理系统，实现对喀什古城的景区信息实时收集与分析，管控景区商业行为，动态干预调整景区人流动线，收集游客反馈信息，完善并提升喀什古城空间游览体验感。

以往旅游者与旅游地是一种二元的"人地关系"，数字信息技术的介入改变了这种关系，在旅游者与旅游地之间构建了交互通道。古城可以借助互联网平台突破时空限制传播空间符号，旅游者则可以在感知并解读古城空间符号的同时，借助自媒体、短视频平台、旅游中介平台将概念空间中的喀什古城进行构建展示。在这种相互关联影响的情形下，旅游者与古城旅游第三空间的联系不断得到加强。

（3）共创空间价值，缔造古城旅游第三空间共同体。古城旅游第三空间是主体参与实践的第三空间，是实际存在的古城旅游空间，也是每个人心中理想的古城旅游空间。对游客而言，喀什古城是想象中异域风情的古城，来到这里可以体验到原

---

[1] 郑春晖，温云波，王祎.虚实融合旅游空间的人地互动与想象建构——以故宫深圳数字体验展为例[J].旅游科学，2024，38（1）：57-74.

[2] 张凌云，黎巎，刘敏.智慧旅游的基本概念与理论体系[J].旅游学刊，2012，27（5）：66-73.

生态的风土人情，参与喀什古城旅游空间的生产实践，获得不一样的旅游体验，数字化技术为游客提供了这样的机会，以多种形式参与喀什古城旅游空间的生产过程；对古城居民而言，喀什古城既是生活的空间，也是与游客发生交互的空间，旅游对当地居民的意义更多在于提高收入，改善生活居住条件，但同时也不可避免地在一定程度上改变了他们的生活方式。居民是古城旅游第三空间的重要组成，街道上打招呼的街坊邻居，在街巷中嬉笑打闹的孩童，是对古城旅游第三空间生活意义的阐释；对政府及旅游管理者而言，喀什古城既是区域文旅产品的品牌形象，也是地方经济发展的带动力量，古城旅游第三空间并不只是喀什古城，而是包含了喀什古城、香妃园等在内的旅游空间，即喀什古城第三旅游空间对政府管理者而言，是喀什地区全域旅游第三空间的概括。全域智慧旅游体系加强了区域旅游空间的联系，并将游客、涉旅企业、平台等相关方联系起来，共同缔造古城旅游第三空间共同体。

　　伴随数字化技术的进一步革新与发展，古城旅游数字化将进一步与元宇宙浪潮相融合，为未来发展提供无限的可能性。体验感是连接古城旅游空间与元宇宙共有的核心要素，元宇宙将变革古城旅游的体验形态，强化虚实空间融合，激发空间创造性生产力，实现游客"异地同游"的日常化沉浸体验。[1]人工智能技术在古城旅游空间的旅游消费、旅游管理、旅游营销、旅游服务等诸多场景中的应用更加成熟，提供精准且个性化的服务与体验。人工智能内容生成技术（AI Generated Content，AIGC）与用户生成内容（User Generated Content，UGC）充实了古城文旅元宇宙的空间内容生态，文化资源得以更好开发与利用，区块链、大数据等技术将促进古城旅游空间生产关系的变革，提高经济互动效率，拓宽经济互动的层次和领域。[2]总之，数字化技术作为"他者"介入古城旅游第三空间，所要实现的并非"否定"与"替代"，而是推进古城旅游第三空间"提升"与"进化"，不断向理想中的古城旅游第三空间趋近。

---

[1] 冯学钢，程馨.文旅元宇宙：科技赋能文旅融合发展新模式[J].旅游学刊，2022，37（10）：8-10.

[2] 张柏林.元宇宙赋能文旅产业的理论基础、实践前景与发展策略[J].河南社会科学，2022，30（11）：116-124.

2. 研究局限与展望

"第三空间"自身是一个富有争议性的话题,研究数字化背景下的旅游第三空间也是具有挑战性的选题,本研究还存在一些局限和不足。研究仅以喀什古城为案例地,虽在一定程度能体现古城旅游第三空间特征,但难以囊括国内众多古城的空间面貌及特征,研究结论必然存在片面性,未来需扩大研究对象范围,如进行多类型古城的横向比较研究,以增强研究结论的科学性;同时,数字化技术的迭代创新、对旅游空间影响的深刻性及泛在性等因素,使数字化背景下古城旅游空间的解构与重构更为错综复杂和具有不确定性。目前喀什古城数字技术应用处于初步阶段,未来随着数字化的深度介入,古城旅游第三空间的构建需长期的跟踪研究才能获取更科学精准的结论,因此保持对喀什古城的关注,开展纵向研究十分有必要。

进退维谷：小剧场产业的破局之路*

◎ 南京财经大学　杨　昆
◎ 南京艺术学院　李向民

中国小剧场如今已走过 41 个年头，作为一种新兴文化业态，方兴未艾。小剧场不仅是一个物理概念上的文化艺术空间，更是一种精神文化产品，兼具社会效益和经济效益，以灵活的形式发挥着文化引领功能，满足市民精神文化需求，引导夜间经济发展。

一、小剧场产业兼具艺术性和商业性

小剧场产业是由小剧场空间和小剧场演出共同构成的综合体。小剧场是一个面向社会公众，为戏剧、曲艺、歌舞等舞台艺术演出所用，演出形式灵活、演出内容多样、互动性强，规模在 50~500 座的小型室内空间，同时承载着培养孵化演员新剧目等功能。小剧场话剧是小剧场演出的主要代表，面向社会细分的小众群体，以实验性、先锋性的话剧创作为主要内容，进行社会问题的思考与表达。小剧场作为文化内容生产、展示、传播、经营的综合体，高度凝练地表达情感、传播文化，在小剧场看演出已逐步成为青年人的一种文化休闲方式。

（一）小剧场是综合的文化空间

小剧场作为一个物理空间载体，主要承载优秀传统文化转化出的剧目演出，同时也是创作团体的创意、生产、交流、传播、展示的文化空间载体，其灵活多样的

---

* 基金项目：本文系国家社科基金重大项目"视听艺术精品推动中华优秀传统文化创造性转化、创新性发展研究"（22ZDA083）、国家社科基金艺术学项目"数字文化产业业态变迁与政策优化研究——以用户生成内容 UGC 为例"（23BH163）阶段性研究成果。

特质，是创作者进行大量创作实验和创新实验的场所。小剧场的小型空间在物理上拉近了演员与观众的距离，除了更好的观看体验外，也能让演员和主创团队得到更加迅速、灵敏的内容反馈，有助于叙事结构等方面的创新突破与实验孵化。小剧场演出的内容受到历史时期和文化语境的影响，多关注当下社会热点、时代风貌，因此也成为当下年轻人追求心灵慰藉、寻找心灵共鸣的精神空间。

（二）小剧场产业发展需遵循产业逻辑

产业逻辑是小剧场运营的底层规律。小剧场演出近年来一直活跃在文化消费市场，取得了较好的社会效益。2022年，中国演出市场总体经济规模243.6亿元，其中小剧场、新型演出空间演出6.8万场，较上年同比降低4.19%；票房收入6.76亿元，较上年同比降低49.41%。在繁荣背后，商业层面的落差影响了艺术层面的创作，尤其是商业性小剧场面临着转型困局。小剧场话剧本身作为一种文化产品，兼具艺术创作、文化传播的社会功能和演出经营的经济功能。商业性小剧场空间首先是一个公司组织，其财务目标、运营规律需符合公司运营的商业逻辑，需要关注上座率、成本控制、盈亏平衡。

二、小剧场产业的现状及问题

（一）小剧场产业发展的现状

第一，注重载体和平台建设，推进小剧场的蓬勃发展。近两年小剧场产业得到了政府主管部门从理念到实践的顶层设计、从硬件到软件的大力扶持。上海、江苏、天津等省市的小剧场产业领先优势明显，呈现出剧场多、产量高、平台优、场次多等特征。以江苏为例，通过设立剧本创作孵化中心、举办紫金文化艺术节小剧场单元、评选小剧场精品剧场和剧目、承办全国小剧场优秀剧目展演等一系列举措，逐步成为全国小剧场产业发展的典范。2022年，全省已建成各类小剧场1156个，总座席数约25万个。全年小剧场演出总场次2.8万场，占全国总量的41.18%，观众 406 万人次，演出总收入 4035 多万元。❶ 政府出资参与建设的小剧场、基层文化馆（站）附属小剧场等公益性小剧场，是小剧场的主体。紫金文化艺术节、南京"新剧荟"和"紫金杯"优秀剧目展演三大活动同时举办，一个月间 46 部小剧场剧目上演，掀起了全国小剧场演出的高潮。

第二，观众群体底盘大，深受年轻人喜欢。小剧场戏剧传入中国后，经过与中国文化的融合发展，由"小众"逐步转为"大众"，吸引了更多观众，特别是年轻人的喜爱。在大城市，小剧场成为推进夜间文化消费的重要载体。2023 年上半年数据显示，以多艺术品类、多表现形式、丰富演出产品供给、拉动综合消费为主要方向的演艺新业态、小剧场新空间等是演出领域格外活跃的市场要素，呈现较大提升。第二季度数据显示，小剧场、新空间演出场次 5.77 万场，环比增长 89.51%；票房收入 13.88 亿元，环比增长 105.38%；观众人数 403.30 万人次，环比增长 95.59%。盐城的福星剧场引入了丰富多样的演出形式，包括先锋话剧、儿童剧、淮剧、昆曲、独奏会、室内乐等。联合笑果文化、《乐队的夏天》等 IP 提供了一系列演出，另外，剧场还与新华网、央广网、荔枝网等媒体合作宣发各类演出信息，在公众号、小红书等平台上搭建私域流量，扩大剧院影响力，吸引了年轻人的广泛参与。

第三，支持原创，主题创作成效喜人。近年来，小剧场产业在政策规范、创作孵化、人员培养、资金支持等方面的发展力度空前，打造了良好的产业发展平台。小剧场演出形成聚合效应，有利于拉动区域客流增长。成都、天津、河南等地均出现小剧场融合新场景的消费模式。河南中牟县的"只有河南·戏剧幻城"项目，以戏剧为主要载体，占地 622 亩，打造 56 个空间、21 个剧场，以黄河文明为创作根基，打造沉浸式戏剧演出，结合旅游消费，创造了较大的市场空间，吸引了大量游客，带动了当地经济发展。江苏颁布全国首个《关于推进小剧场建设的指导意见》，推进全省小剧场规范化建设、高质量发展。注重剧本创作孵化，连续两届的"剧本孵化营"打造出 30 部原创戏剧剧本，融合中华优秀传统文化，佳作迭出，孵化出话剧《生活在天上》、戏曲《金粉世家》、音乐剧《沧海一粟》、儿童剧《我的朋友

---

❶ 创新小剧场建设，解密江苏经验 [EB/OL]. (2023-02-02) [2023-10-20]. https://mp.weixin.qq.com/s?__biz=MzA5MjM3MDk3Ng==&mid=2650145120&idx=1&sn=dc2cccb913d7aedc6233deca391c6db5&chksm=886c802fbf1b09392f100fe454b1f55f8744019319afc58e1f8df1f75685ee10431a67225f30&scene=27.

叫墨菲》等 11 部剧目，在紫金文化艺术节小剧场单元进行集中展示，话剧《老人与海》《似是故人来》和戏曲《金粉世家》等入选江苏省小剧场精品剧目。并通过以奖促评、以评促长的方式推动小剧场产业的发展，有力推动了小剧场建设，调动了文艺院团创作小剧场剧目的积极性。创办首届全国小剧场戏剧"紫金杯"优秀剧目展演，吸引来自全国各地的 23 部小剧场戏剧会聚南京，涵盖话剧、戏曲、舞剧、儿童剧、音乐剧等多种形式，引起全国瞩目。

第四，大胆探索，佳作迭出。小剧场空间小而独特，拉近了观众与演员的距离，消除了观演界限感，有助于增强观众对戏剧内容的理解和对演员表现力的观察体味，更容易达到观众和演员的共情。小剧场戏剧源于先锋实验戏剧创作，具有内容丰富多样、表现方式灵活等特点。

（二）小剧场产业发展的主要问题

第一，发展脱离本质，大小剧场抢夺市场。一般而言，座位数 500 以下的剧场称为小剧场，因此，小剧场戏剧具有演出人员少、服化道相对简单、成本低的特点。但如今的小剧场戏剧包含创作和演出成本及剧场运营成本，动辄 10 万元的高成本，即使按 500 座位的 70% 上座率，平均 100 元/张票价计算，每场收入也不过 3.5 万元，无法实现收支平衡。除了座位数量的制约外，根本原因在于创作和演出成本较高，追求"大而全"的演员阵容、精美服化道，将大量财力、物力投资于形式，忽略了剧目的内容创作，从而不得不转向大剧场演出。例如，南京原创话剧《蒋公的面子》本是按照小剧场戏剧的模式创作，但如今演出基本转入大中型剧场。

第二，小剧场收益率较低，产业化水平不高。小剧场戏剧演出场次虽然总量较高，佳作迭出，但票房收入却不尽如人意。2022 年，相较于音乐剧产出市场，小剧场、新型演出空间演出场次占比 44.43%，但票房占比仅为 15.46%。2022 年，小剧场、新型演出空间平均每场收入 9941.18 元；2023 年第二季度，平均每场收入为 24055.46 元，每场票房收入有了较大程度的提高，但票房水准仍远未达整体演出市场水准。[1]

第三，市场化程度不够，政府成最大客户。近年来小剧场戏剧多为政府引导的主题创作，以政府采购、高校巡演为主，无法产生票房收入，真正走向市场的商业

---

[1] 数据来源：中国演出行业协会发布的《2023 年中国演出市场年度报告》。

演出占比较少。与此同时，小剧场自身缺乏"造血"能力。大部分商业性小剧场无法通过戏剧演出维持正常运转。以江苏为例，调查发现，千余家小剧场中近86.85%为公益性剧场，商业性小剧场只占13.15%。不少小剧场的经营者本身也是戏剧演员、编剧、导演，他们需要通过大量的外出演出、承接项目，靠获得演出收入、项目收入填补小剧场的支出。而且小剧场缺乏驻场剧目的问题突出：一方面项目采购增加了宣发和经营成本；另一方面采购的剧目良莠不齐，影响剧场口碑。

小剧场缺乏成熟专业的运营团队，无论是戏剧主创团队还是小剧场管理，都缺乏成熟的经营团队和运营经验，均没有成熟的商业模式。小剧场戏剧最大的客户是政府，大量剧目的经费来自政府财政支出。因此，虽然小剧场戏剧的内容主题创作较多，但商业化、先锋实验性的戏剧发展困难。

第四，中介体系不健全，产业链尚未形成。小剧场项目的完成大多依靠主创人员自己在圈中的人脉关系，外行人员即便心怀激情、手握剧本，没有"介绍人"，也很难找到制作团队和剧场，难以进入行业圈中。这个行业面临小剧场期待好项目，主创团队手握好项目找不到演出场所的尴尬境地。项目与小剧场、编剧与导演演员团队、小剧场与政府、小剧场与宣传机构各环节间的信息不对称，极大地阻碍了小剧场产业的发展。

三、小剧场产业陷入困境的原因

小剧场演出由于高昂的成本和难以提升的收益，导致其呈现出长期亏损的现象。这给富有激情和情怀的创作团队带来不断的打击，也逐渐浇灭了社会投资人的热情。但其实，根据鲍莫尔定律，演出艺术的生产率效益偏弱，亏损是持久的。[1]演出艺术的生存注定依赖于一些外部财源的投入，主要采用公共或私人资助的形式，例如补助、基金、赞助等。

---

[1] 洛朗·克勒通．电影经济学［M］．刘云舟，译．北京：中国电影出版社，2008：8—12．

（一）成本与收入不配比

小剧场演出的特性导致其"成本病"严重，很难通过提高票价来平衡不断增加的成本开支，因此该产业形成持久性亏损。**首先**，作为一类演艺类产品，小剧场演出的可变成本较高。小剧场演出的关键在于内容创造，是由编剧、导演、演员及工作人员等团队合力完成，但在创作初期，更多的是由个体自行完成的。人员成本短期来看是不变的，但长期来看，随着人员自身身价的提高和社会平均收益的增长，人员的成本是呈上升趋势的。以话剧《蒋公的面子》为例，如今的演出成本已远远高出2012年首演时的成本，但11年来的票价并没有明显提高。导致其如今的演出想要不亏损，再也难走入小剧场，只能去寻求更多票量的大剧场演出。小剧场演出的固定成本包括每次演出过程中需要的灯光、道具等设备耗材以及构思、排练和布景的成本，会跟随统一剧目演出场次的增加而降低平均成本，长期来看是呈下降趋势。因此，同一剧目的小剧场需要通过增加演出场次来降低其平均成本。但这种方式效果甚微，一是由于固定成本在一个剧目的总成本中占比较低，二是由于长期演出节省的成本不及增加的成本。**其次**，小剧场演出无法避免沉没成本较高的问题。演出项目的价值形成过程的中心在于前期的生产创作。与大剧场演出项目相比，小剧场演出在前期创作工作中很难压缩其成本，除非减少演员或减少著名演员、降低剧目创作的质量，但这与其以社会效益优先的使命背道而驰，而且很多演员不具备可替代性。此外，除了政策性原因导致的沉没成本外，观者具有较强的不确定性，在一个项目上映之前无法预估其社会反响，意味着一旦作品演出不成功，前期投入难以收回，则会造成极高的沉没成本。

（二）风险与收益不匹配

小剧场的自身特性导致其存在盈利难而风险高的问题。对于一个成熟的投资人而言，小剧场演出并非是一个较好的投资项目。**首先**，从理性经济人角度来看，投资人投资项目会考量其收益能力。但小剧场演出的特性是需要通过长期投入、不断演出，以彰显主创团队的才能和作品的价值，才能使项目逐渐靠近盈亏平衡，而投资时期的延长无疑会大幅度增加投资风险。作为社会投资者而言，优先考虑短期效益，期望在最短的时期内获得最大的营业收入。[1]因此，小剧场演出的投资人来源主要有主创团队和政府结构，难以吸引到社会资本的青睐。**其次，**与电影、电视节目不同，小剧场演出的投资方很多即主创团队，导致创作者对剧场演出承担直接风险。艺术和投资的风险难以分割，虽然给主创团队较大的创作空间，但经营风险较高、融资范围有限，在收回成本维持运营的压力下，极易影响创作者的艺术选择。长此以往，容易形成行业垄断，行业中优秀的剧本、创作人、演员、宣发不断向资本聚集，形成行业集中化发展，虽然缩小了各环节间的贸易空间，降低了交易成本，但却脱离了小剧场多样性发展的本质和初衷。例如，开心麻花就通过强大的创作团队及优秀的前期产品，形成上市公司开始规模化发展。

（三）边际效用与边际价值不平衡

小剧场演出不同于一般的产品，对消费者而言呈现出边际效用逐渐降低而边际价值逐渐升高的矛盾现象。无论演出作品的水准质量如何，在保证内容、演员、服化道等不变的前提下，对同一消费者而言每多看一次，其感受效用都在逐步地降低。因此，大多数的消费行为产生于第一次观看中。在消费者总量稳定的市场中，同一场小剧场演出的门票销售量很难在一段时间中呈现持续上涨的趋势。但其现场演出性又导致同一小剧场剧目需要通过不断增加演出场次和演出频率来提高其 IP 价值和社会认可度。在演出作品质量较高的前提下，随着其演出场次的增加，消费者对其内容的记忆度加深，社会热度增强，作品本身的边际价值和社会效益也会随之提高。这种矛盾导致创作团队很难在社会效益和经济效益中找到一种平衡。

（四）供给与需求的审美错位

小剧场话剧的初衷是实验性、探索性，但如今这种特性缺乏方向性的指标，导致小剧场的话剧作品缺乏其应有的深度与思考。文化产品的特点在于它是一种由供给引导需求的消费。消费者对于作品的质量并没有很好地了解，或者对不同种类的

---

[1] 杨昆，李向民. 科教赋能国有文化企业创新发展路径研究 [J]. 山东大学学报（哲学社会科学版），2021（6）：43-53.

风格和质量感到困惑。尤其是对于小剧场话剧这种极度细分的文化产品，消费者需要符合自我文化圈的 KOL 的引导和一段时期的市场培养。批评家与艺术专家对小剧场演出项目的成功与价值影响较大。[1] 因此，消费者的审美需要优秀的内容、突破性的创意、多样化的作品去培养和引导。这虽然是一个漫长的过程，但有益于产业的良性发展。

四、小剧场产业未来发展的建议

小剧场产业发展如火如荼、佳作迭出，在产业繁荣的背后，仍存在市场化程度不够、中介体系不健全、产业链未形成等问题，需要进一步完善机制，保障小剧场戏剧精品，保障小剧场产业持续发展。

第一，改进投入机制，构建小剧场金融支持体系。进一步转变现有财政补贴资助模式，综合采用以奖代补、购买服务、建立基金等方式，引进社会资本投入，构建政企银商联动协同的金融支持体系。对具有发展潜力的小剧场和特定获奖剧目给予奖励，鼓励文化企业、社会机构、产业基金赞助小剧场戏剧，并给予相应的税收减免。将文化消费券、票务补贴等资助切实落实到小剧场消费中，改进补贴方式，培养消费市场。

第二，重视品牌创新，回归戏剧本质。需要引导小剧场戏剧的创作着力点，提升其核心竞争力。**首先**，要增加小剧场精品驻场剧目，通过创作、收购版权等方式，掌握核心资源。**其次**，要找准风格定位，"开心麻花""德云社"的成功，离不开其源源不断、推陈出新的内容创作。北京的爆火小剧场"鼓楼西"就十分重视戏剧版权的创作与收购，打造了《枕头人》《断手斯城》等数十部小剧场自制剧，拥有大量版权，购买了如由卡夫卡原著改编的独角戏《一只猿的报告》、法国新浪潮大师侯麦的作品《降 E 大调三重奏》等一系列国外戏剧版权，进行本土化改造，取得了不错的效果。**再次**，小剧场要有明确的特色和独特的宣传，打造剧场品牌，细分消费市场，保证消费群体。打造更多非遗特色、文旅实景、名家名事等特色小剧场，引进行业中拥有一定声誉的优秀剧作家、导演、演员驻场，发挥名人效应。例如上海徐家汇的上剧场，

---

[1] 露丝·陶斯.文化经济学[M].周正兵，译.大连：东北财经大学出版社，2016：74.

由赖声川亲自设计并担任艺术总监，依靠其名人效应，推出《暗恋桃花源》《宝岛一村》等具有明显"赖氏风格"的剧目，拥有稳定的消费群体，从而能维持稳定的文化消费。**最后**，要回归小剧场低成本、高频次、实验性、探索性的本质。将重心放在内容创作中，实现社会效益和经济效益的双效统一。例如改编话剧《喜剧的忧伤》，仅有两位主要演员，有效地控制了成本，获得了盈利，该剧本还曾被英国《泰晤士报》称为"当今世界上最高级的喜剧"，取得了社会效益和经济效益的统一。

第三，运营创新，提升市场化运作，完善产业链运营。完善中介机构和平台建设，构建小剧场产业链。提升小剧场综合盈利能力，解决基础生存问题。权力分割是一个新兴事物从业态到产业发展变化的必经之路。小剧场产业需进行创作团体、经营团体、投资团体的分离，有效分割小剧场产业的创作权、经营权和投资权，从而解放经营压力对艺术工作者的束缚，给艺术家更多的创作时间和空间，同时也解放经营者对艺术的担忧与迷失，给投资人更多的融资空间，单纯地从资本的角度扶持小剧场产业的发展。突出小剧场的核心竞争力，打造以小剧场戏剧为核心的IP，并围绕戏剧IP开发衍生品，增加文创产品、广告赞助、艺术教育、线上演出等收入，提高整体产业链盈利。

第四，融合创新，提升"小剧场IP+"的产业融合力。小剧场作为文化艺术空间，可承载戏剧、戏曲、音乐会等多类型的演出，内容形式灵活多样，可有效融合城市文旅、传统文化、非遗资源，打破产业壁垒，突出城市文化主题，创作出反映文化特色的优秀作品。[1]打造小剧场IP+产业园区，小剧场IP+旅游景区的深度融合发展。近年来的沉浸式演出、AI技术、多媒体融合等方式有效地将小剧场与文旅产业、短视频进行融合，全方位提升了文化产业的发展。例如江苏省苏州昆剧院的园林实景版沉浸式《游园惊梦》，将昆曲与文旅巧妙地融合在一起，为昆曲赋予了更精美的艺术表现，也为园林文旅提供了更高的艺术内涵。位于南京老门东街区的德云社、秦淮非遗馆的长乐剧场等，为传统街区吸引了流量，带动了餐饮、文创、旅游等相关产业的文化消费。未来，随着小剧场的进一步科学布局，坚持以文塑旅、以旅彰文，将小剧场纳入文旅线路规划中，激活"小剧场IP+"业态创新，探索出文化产业的无限可能。

---

[1] 傅才武. 文化空间营造：突破城市主题文化与多元文化生态环境的"悖论"[J]. 山东社会科学，2021（2）：66-75.

文化基因视域下的城市文旅品牌构建与创新营销
——以"淄博现象"为例

◎ 北京理工大学人文与社会科学学院　信　滢

一、引言

　　淄博，作为一个辉煌不再的老工业基地，一座长期以来在全国乃至山东省内存在感都颇低的城市，2023年3月出人意料地因为烧烤火遍全网，并迅速发酵为现象级事件。同年7月末8月初，随着刀郎新专辑《山歌寥哉》中《罗刹海市》等作品在全国乃至世界范围内的爆火，淄博凭借"聊斋故里"的独特文化身份及相关文化旅游资源再次得到网友广泛关注，掀起聊斋文化旅游热潮。淄博作为前者的事件主体和后者的事件相关方把握风口承接流量，使"淄博现象"成为一个文旅城市品牌构建与营销的经典案例。有学者认为，淄博烧烤的火爆出圈是政府部门和大众在媒介融合的大背景下共同合作的传播结果。[1] 然而，仅将这一现象作为传播事件进行解读显然有失偏颇。淄博的"出圈"看似偶然，但从文化基因视角深入分析后就会发现这并非"歪打正着"，实则是事出有因。文化是一个民族的灵魂所在，钩沉与记录着城市的前进足迹与思想信息。[2] 除却防控政策放开后消费需求的复苏、自媒体流量的驱动、地方政府高效有为的应对举措及全体市民和商家的齐心协力等多方因素外，淄博深厚的历史文化底蕴及其造就的特色地域文化旅游资源是成就"淄博现象"的核心要素。"淄博现象"具有重要的启示意义，本文尝试在文化基因视域下对这一现象进行复盘和归因分析，为全国各大同类型城市的文旅业发展和产业转型升级提供参考借鉴，提升城市吸引力和美誉度。

---

[1] 汤培哲，王文姮. 议题、凝视与狂欢："淄博烧烤"的网络出圈与其塑造的城市形象传播研究[J]. 科技传播，2023，15（12）：7-10.
[2] 刘易斯·芒福德. 城市文化[M]. 宋俊岭，等译. 北京：中国建筑工业出版社，2009.

二、"淄博现象"的阶段性复盘

（一）酝酿期：政府超前谋划，市场需求复苏

淄博烧烤爆火的背后有一个广为流传的故事。2022年5月，山东大学在对重点人群进行健康筛查时发现一例疑似病例，随后学校师生被转移并暂时安置到了济南、淄博、泰安、德州四市，其中有12000多人被安排到了淄博。在此期间，淄博市政府为学生们提供了周到的服务，临淄区还在送别前的最后一餐请孩子们享用了一顿烧烤，并与他们相约来年春暖花开时再次光临淄博。这顿烧烤成为淄博烧烤爆火的"善因"。2023年3月，大学生们带着亲友重返淄博品尝烧烤，兑现了10个月前的约定。

事实上，淄博作为全国唯一一座集资源枯竭城市、独立工矿区、城区老工业区三种类型于一身的城市，面临着巨大的产业转型压力。相较于山东省内其他城市，淄博既没有省会地位的加持，也没有沿海城市的港口优势，想实现转型只能依靠大力引才，另谋出路。近年来，淄博市围绕打造"青年发展友好型城市"推出了一系列举措：2017年12月，出台"淄博人才新政23条"；2019年12月，再次出台"淄博人才金政37条"，对"淄博人才新政23条"进行整合及升级完善；2022年8月，又推出了升级加强版的"淄博人才金政50条"，将本科、硕士一次性购房补贴由原来的5万元、8万元，分别提升至8万元、12万元。基于此，前面的故事就不难理解了——面对送上门来的985高校学子，求才若渴的淄博怎么会放过这个表现诚意、释放魅力的大好时机呢？

政策的放开，为文化和旅游业复苏奠定了先决条件。同时，由于许多行业受特殊环境影响并不景气，多数游客群体消费愿望高涨但消费能力有限。特别是大学生群体，出行时间受限、自身没有固定经济收入但又希望用尽可能少的时间和费用游览尽可能多的景点，"特种兵式旅游"由此应运而生。在此背景下，物美价廉且极具社交属性的淄博烧烤就成了这类游客的首选。

（二）上升期：敏锐抢抓流量风口，上下齐心维护城市形象

淄博烧烤真正出圈，始于自媒体平台上相关短视频的广泛传播。2023年年初，

前来淄博吃烧烤的大学生在各大自媒体平台上频频打卡，吸引了更多年轻网友的关注，形成了"种草式"的传播效应。随之而来的是，"淄博"一词在自媒体平台上的搜索量迅速冲顶，淄博这座城市的吸引力也开始超出烧烤本身而上升到城市人文环境层面上来。

借助自媒体平台精准定位年轻客群，只是淄博烧烤出圈的第一步。在自媒体成功引流后，淄博市政府没有在权衡利弊中迟疑，而是敏锐地抢抓机遇，在第一时间作出响应，采取了开设"淄博烧烤"公交专线、开通高铁"烧烤专列"、青年驿站半价收费、凭高铁票免费兑换景区门票等连环举措，为前来淄博"赶烤"的游客提供了全方位、一条龙服务。从接警到办案只有20秒、接到投诉立即解决反馈和72小时修两条路的"淄博速度"都有效提升了外地游客的体验感。

在商户方面，以往惯常在热门景区和网红城市出现的"劣币驱逐良币"现象在淄博无迹可循。全城各大烧烤店坚持在不涨价的前提下保证餐品质量，以热情的服务态度迎接全国各地"进淄赶烤"的食客。在市民方面，淄博烧烤爆火之后，当地市民如同被灌输了集体潜意识般自觉一致地维护城市形象，珍惜城市口碑。有市民自发利用私家车免费接送外地游客，有市民主动邀请没有预订到宾馆酒店的游客来自己家中过夜，还有"鲁C"车主被外地车辆剐蹭后担心影响对方对淄博的印象而放弃追责，更有甚者在每一辆外地牌照的车上都放置了赠送的当地特产……为了确保外地人在淄博的良好体验，淄博市民可谓"无所不用其极"，以实际行动诠释了"全国文明城市"的真正内涵。

（三）爆发期："五一"假期登顶，交出优秀"烤卷"

据统计，淄博游客数量在2023年3—4月较2022年同比增长68.29%，"五一"假期，该数据与2022年同期相比增长了743%，5月1日当日更多达95万余人次。整个"五一"期间淄博站客运累计发送旅客24万人次，较2019年同期增长55%，住宿预订量较2019年上涨865%。

目光超前的淄博市政府早在2023年3月10日就谋划在"五一"期间举办首届淄博烧烤节，并在选址确定后以雷霆速度建设起"淄博烧烤海月龙宫体验地"，严阵以待"五一大考"。据报道，"海月龙宫"占地100多亩，现场设有数百个烧烤摊位，可同时容纳近万人就餐，汇集了淄博各大知名烧烤店和特色品种。4月28日，首届淄博烧烤节如期开幕，来自全国各地的游客在此尽情品尝美食，畅享人间烟火。在"吃喝"之余，游客还可以在淄博随性"玩乐"，或打卡网红景点，或参观人文艺术圣殿，或亲近自然山水，激活了文化和旅游全产业链条。

回顾"五一大考"，淄博市政府和商户、市民共同为游客营造了良好的消费环境，保障了游客消费体验，全市未出现欺诈宰客、临时涨价等不良经营现象，未出现消费纠纷、客商矛盾等负面舆论，交出了一张优秀的"烤卷"。

（四）新常态期：适应"顶流"新常态，探索长效治理机制

"五一"过后，淄博作为热门旅游目的地仍热度不减。以网红打卡地八大局便民市场为例，"五一"假期中，它以单日最高接待游客19万人次的成绩位居全国景区排行榜首位，被网友称为"五星级菜市场"。"五一"假期后的一个月内，其日均人流量仍维持在8万人次左右，远超4月之前的正常水平。

在淄博烧烤热度尚未退去的7月下旬，退隐歌坛多年的著名歌手刀郎携其新专辑《山歌寥哉》强势复出。专辑中《罗刹海市》等歌曲在借鉴《聊斋志异》文学母本故事的基础上，融入当代语言表达和流行音乐技巧，以其传神的讽刺手法引发了听众对于歌词内容所指的猜想，并逐渐发酵为一场可以被载入中国流行文化史的"全民网络狂欢"。随着"聊斋热"的升温，淄博作为"聊斋故里"再次被网络流量"眷顾"，原定于8月15日正式开放的蒲松龄纪念馆"被迫"在8月4日提前营业。据报道，该馆自8月4日重新开馆后一周内已接待预约游客超过5.5万人，聊斋园则超过10万人。[1]

如果说"五一"假期结束前的淄博还处于一种应对前所未有局面的"战备"状态，那么"五一"假期结束后，淄博将在可以预见的一段时间内继续保持高客流量的状态，形成"顶流"网红城市光环下的新常态。新常态下，一系列新问题也考验着淄博执政者的治理智慧、创新能力及整座城市的承载能力和发展韧性：怎样更好地承接短时间内激增的游客人流压力？怎样平衡好外地游客的体验感和本地居民的日常生活品质？怎样有效控制八大局市场、海岱楼等热门目的地的商业资本侵蚀及

---

[1] 王佳声. 用好客温度呵护聊斋文化亮度[N]. 大众日报，2023-08-15（009）.

其网红商品的同质化蔓延趋势？怎样处理好文旅业迅猛发展与其他产业平稳发展之间的关系？面对自媒体流量时代的新生事物，淄博也正在实践中不断摸索各方面应对举措，并使之形成常态长效治理机制。

三、文化基因视域下"淄博现象"的归因分析

（一）何为"文化基因"

"基因"原本是一个生物遗传学概念，是破译生物信息的密码。1975年，牛津大学进化生物学、动物行为学家理查德·道金斯（Richard Dawkins）在其著作《自私的基因》中对达尔文的自然进化论进行了深层阐释，指出基因既是遗传的基本单位，也是自然选择的基本单位，并仿照基因（Gene）的构词方式，首次提出"模因"（Meme）（中文译为"谜米""觅母"或"文化基因"）这一概念，世界性的关于文化基因的研究进程由此开启。道金斯认为"Meme"是一个与生物遗传基因相对应的概念，是文化传播或模仿的单位。一种文化要想生存和发展，就必须搞清自身的文化基因密码，坚守文化基因的遗传性和传承性。具体到我国的文化语境之下，中华文化的基因谱系序列主要体现在中华民族的精神气质和中华文化的经典体系之中，主要包含生生、自然、礼乐、仁义、中和、民本等思想理念。

（二）淄博文化基因谱系图构建

文化基因谱系图是对文化基因的直观呈现。它就像是一条载有文化系统遗传信息的DNA链，链上的遗传信息通过交换、重组甚或突变完成文化基因的传承。本研究在构建文化基因谱系图时遵循三条文化基因类型划分的基本原则，即对地域文化有无识别功能、是否主导文化属性、是否具有良性变异价值。

在参考大量淄博市历史文化相关资料的基础上，本文试图构建淄博文化基因谱系图。按照文化形态的区分，主要从物质文化基因与非物质文化基因两个维度入手。**一**是物质文化基因主要体现在自然生态文化、建筑文化、生产文化和饮食文化等方面。其中自然生态文化较具代表性的有潭溪山、沂源鲁山溶洞等；建筑文化主

要包括临淄齐国故城、蒲松龄故居、稷下学宫和周村古商业街、淄矿德日建筑群等；生产文化中的商业文化主要包括齐商文化、旱码头文化，工业文化主要包括扳倒井窖池群及酿酒作坊❶等；饮食文化主要包含博山菜、淄博烧烤等。二是非物质文化基因主要体现在历史文化和技艺文化两个方面。在历史文化方面，淄博拥有丰富的民间文学、民间音乐和传统戏剧文化遗产，如孟姜女传说、聊斋俚曲、五音戏等，也有元宵节（淄博花灯会）、周村芯子等传统民俗文化遗产；在技艺文化方面，最具代表性的是淄博陶瓷烧制技艺和琉璃烧制技艺，也有传统美术［内画（鲁派内画）、淄博刻瓷］和传统体育、游艺与杂技（蹴鞠）等文化遗产。通过对淄博物质及非物质文化遗产的挖掘、解构，构建出淄博文化基因谱系（见图1）。

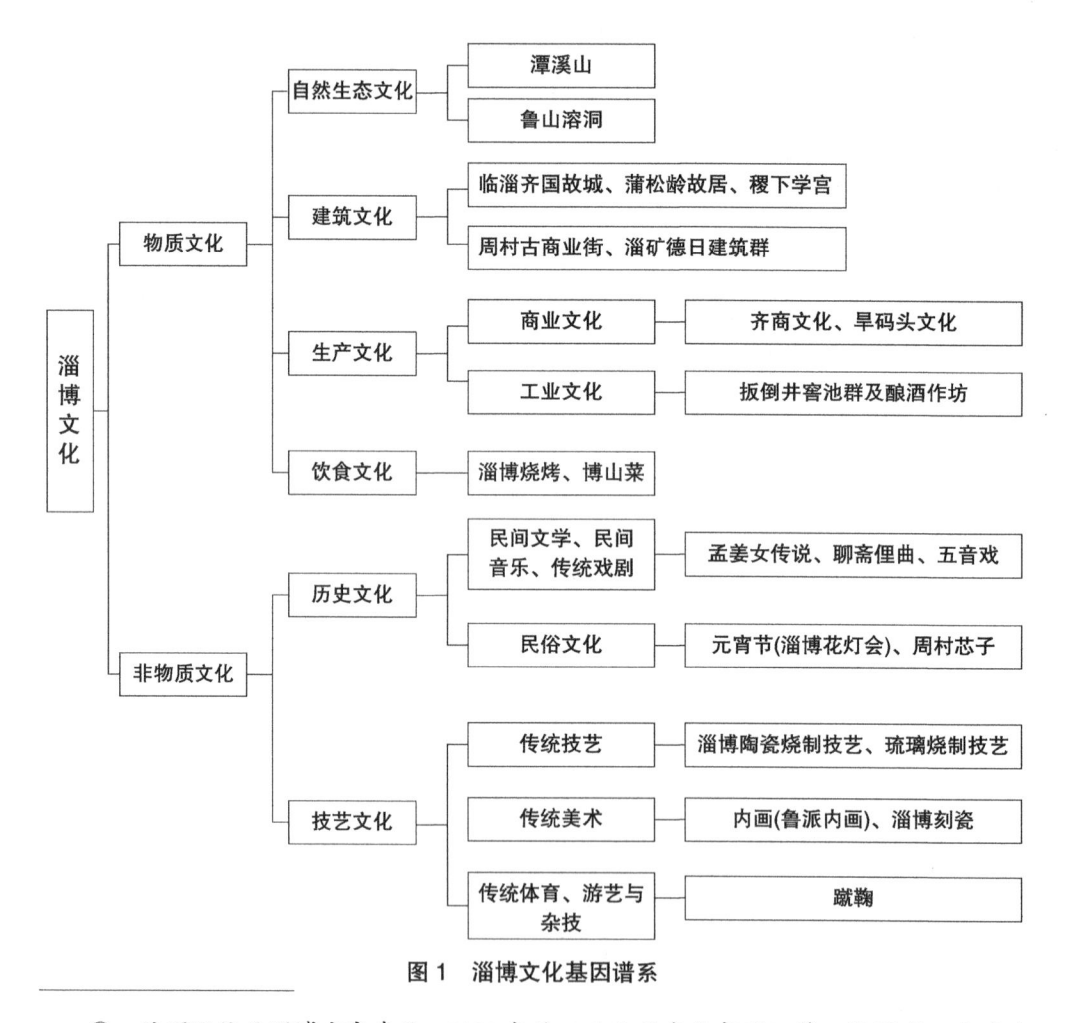

图 1 淄博文化基因谱系

---

❶ 该项目位于淄博市高青县，2020年被工业和信息化部列入第四批国家工业遗产名单。

"淄博现象"本质上是一种文化现象。一个地区的文化基因储存着该地的文化信息，隐藏着该地的文化密码。从构建文化基因谱系图入手对淄博文化基因进行解码，可以帮助我们很好地认知"淄博现象"生成的深层文化原因。

（三）文化基因视域下"淄博现象"的归因分析

1. 齐商文化塑造商业文化伦理

开放、包容、创新、重商是齐文化的精髓。纵观我国商业发展史，春秋战国时期的齐国在当时普遍"重农抑商"的社会背景下提倡发展商业，首开重商之风气，使齐国成为春秋五霸、战国七雄中首屈一指的大国。身处于海岱之间的齐国商人在经商活动中兼具沿海文化的开放与儒家文化的忠厚，在传承发展中形成了"开放包容、求变创新、以人为本、诚信厚道"的齐商文化。

商业伦理是商业活动合理有序发展的前提和基础。其中，诚实守信是商业伦理的重要原则。诚实和守信既是社会层面的基本道德规范，也是商业活动中的首要行为法则。齐文化代表人物管子就认为不守信用的人不得经商——"是故非诚贾不得食于贾"。随着改革开放程度的不断深入，在生产环节、管理环节和销售环节都存在着不同程度的信用危机，严重损害了社会主义市场经济的有序运行。以"淄博烧烤"个案为例，烧烤产业主要涉及三类营商主体：餐饮业、交通营运业和住宿业。在目前所有关于淄博烧烤的自媒体和官方媒体的报道中，描述基本一致：价廉味美、氛围很好、商家主动赠送凉菜饮料，甚至帮忙烤串。正如一位烧烤店老板所说："我们现在已经不是为了赚钱，而是为了淄博的荣誉而战。"至于交通营运业和住宿业，出租车司机严禁拒载、规范打表，各大酒店宾馆不仅没有恶意涨价趁机牟利，一些酒店甚至还在淄博市相关部门的指导下主动下调五一期间房间价格，令网友惊呼"坐地降价，闻所未闻"。

作为以人为本思想在商业活动中的集中体现，服务至上也是商业伦理的基本原则之一。从免费为排队顾客发放热气腾腾的包子的热心大妈，到主动推荐顾客到其他店铺就餐的烧烤店老板，从快速组建淄博烧烤协会指导全市烧烤行业良性发展，到"熏黑的烧烤小哥"，在一个个鲜活的消费场景中，淄博各行各业商户践行着新时代齐商精神，使外地消费者在购物过程中感受到超出预期的热情招待和被重视的服务体验。被"宠坏"了的顾客以自媒体平台为载体,将这种良好消费体验在互联网上不断分享推送,不仅吸引更多潜在客户前来消费,也为商户带来了强有力的正反馈;商户在正反馈的激励下,激发出更大的动力提升自身经营质量,反过来又给顾客带来更好的购物体验,形成了良性交互关系。

2. 特色地域文化旅游资源加持

特色地域文化是某一地区文化基因的集中表现,也是与其他地区形成差异化文化竞争优势的关键所在。蒲松龄创作的文言短篇小说集《聊斋志异》是一部文化宝藏,自清代起至今的300余年来,由其衍生出的文学艺术作品层出不穷,如郭沫若的《聊斋艳谭》、张恨水的《娃娃神话》、评剧《花为媒》、电视系列剧《聊斋》、电影《倩女幽魂》《古墓荒斋》《画皮》等。刀郎专辑《山歌寥哉》中的11首歌曲,虽然在曲调方面分别选取了11种民间小调,但在歌词方面,除《序曲》和《未来的底片》等少数作品外,创作素材全部来源于《聊斋志异》。"寥哉"即在表达我国音乐界山歌类型作品寥若晨星的同时,也是"聊斋"二字的谐音,一词双关。

由于《罗刹海市》《花妖》等作品的关注度在网络上的持续升温,聊斋文化随之又一次进入公众视野。淄博作为古典文学巨匠蒲松龄的出生地和主要生活地,拥有不可替代的独特文化身份——"聊斋故里"及相关文化旅游资源。聊斋文化资源是指以蒲松龄及其《聊斋志异》等作品为核心而形成的一种独具淄博特色的地方文化资源,具体包括蒲松龄的生平与思想、蒲松龄故居、《聊斋志异》及其系列衍生作品和聊斋风俗民情等表现形态。正在装修改造,原定于8月15日正式开放的蒲松龄纪念馆(蒲松龄故居)在游客和刀迷的反复催促下被迫提前(部分)开放,成为我国旅游史上无出其右的"被迫营业景区"。客观来看,聊斋文化旅游资源存在区域生态环境尚须改善、资源整合不足及管理机制不够顺畅等问题,对于突发性大批量游客到访的承载能力略显不足。但在如此背景下,淄博市淄川区文旅部门为满足广大聊斋文化爱好者的诉求,仍然做出了免收门票的决定,并联合交通、公安等部门共同做好接待保障工作,不仅彰显出"好客山东"的待客之道,也说明当地文旅部门具有把握流量窗口,充分发挥特色地域文化旅游资源优势进行文旅品牌营销的自觉意识。

3. 城市人文环境优化消费体验

在"淄博现象"生成的过程中,淄博普通市民的"全民式参与"是既往此类现象级事件中极为罕见的情况。上至 80 岁老人，下至幼儿园孩童都投入志愿服务中。淄博百姓的积极参与、倾力配合不仅让淄博市政府减少了很多后顾之忧，而且为整个事件的良性发展起到了保驾护航作用。

回溯到春秋时期，同为东方诸侯大国的齐、鲁两国由于自身发展需要交往日繁，文化交流也比西周时期更为密切。作为儒家文化源头的鲁文化通过盟会、战争、联姻等方式将其崇文尚礼的文化特性传至齐地，促进了齐鲁文化的交融。自荀子在其著作《荀子·性恶篇》中首次将"齐鲁"作为统一地域概念使用后，"齐鲁"逐渐成为一个较为固定的地域概念和独立的地域文化概念，"礼仪之邦"也成为齐鲁大地的代名词。

作为一个"老牌文明城市"，淄博曾在 2011 年、2014 年、2017 年和 2020 年四届蝉联"全国文明城市"称号。2022 年 3 月，在中央文明办通报的 2021 年全国文明城市年度测评结果中，淄博市在全国 114 个地级全国文明城市中位列第 29 名，全省排名第 1 位。淄博的成功告诉我们，城市的文明不应仅停留在整洁的市容市貌、良好的社会治安层面，更在于诚信的社交环境、积极的精神风貌和上下一心的高度集体荣誉感。

4. 多元化文旅资源满足游客需求

2023 年上半年淄博烧烤的火爆，不仅令直接相关的餐饮、交通营运和住宿等产业在短时间内迅速获利，更带动了文旅需求的集中释放。而在文化和旅游领域，淄博则早已虚位以待。从修葺一新的海岱楼和坐落于其中的"中国最美书店"钟书阁，到中国陶瓷琉璃馆、唐库文创园，从传统景点周村老街、潭溪山冰瀑，到新晋网红"北方小丽江"红叶柿岩、颜神古镇，从人文景观到自然风光，淄博的原生文化资源和近年来精心打造的多元化旅游景点能够在相当程度上满足各类游客群体的需求。

城市的灵魂在于文化。在"灵魂烧烤三件套"走红后，淄博又从本地文化基因中汲取灵感，乘势推出了"文化灵魂三件套"——陶瓷、琉璃和丝绸。在品尝烧烤之余，游客可以走进中国陶瓷琉璃博物馆、陶琉大观园，欣赏陶瓷琉璃文物藏品、艺术品，购买陶瓷用具和琉璃工艺品；也可以走进聊斋园和蒲松龄故居，感受奇异玄妙的聊斋文化魅力。游客在旅途间隙还可以就地品尝除烧烤之外的其他特色美食，如被誉为鲁菜起源的博山菜（四四席、酥锅等），购买周村烧饼、炒锅饼、青梅居牛肉干等特色产品作为伴手礼。

四、"淄博现象"对文旅业发展的启示

随着"淄博现象"的持续发酵,其为文化和旅游业所带来的正面效应不断放大,淄博市在整个事件过程中的一系列极富示范性的做法,对其他同类型城市文旅业发展具有颇具价值的启示意义。

(一)以人为本,坚持正确价值导向

如果说聊斋文化的火爆是机缘巧合下的"喜从天降",那么淄博烧烤的出圈则是广大游客投票的结果。康德说:人是目的,而不是手段。反观我国的旅游业现状,一小部分旅游景区为追逐眼前利益,把游客当成了"待宰的羔羊"和"收割的韭菜"。仅当年"五一"假日期间,就出现了酒店翻倍涨价、民宿老板临时失联毁约、饭店钓鱼式菜单等宰客现象。而淄博的做法恰恰相反,不仅限制酒店涨价,还注重提升游客的旅游体验,使游客在这里得到了作为一个"人"的充分尊重。从这个意义而言,淄博的成功并非有所谓"高人指点",只是回归了一个基本常识——以人为本。

以人为本,是中华传统文化的核心价值。而"人本"正是齐文化最突出的特点之一。春秋时期齐国相国管仲是最早明确提出人本思想的哲学家、政治家。在目前有据可考的文献中,"以人为本"四个字最早出现于《管子·霸言》中:"夫霸王之所始也,以人为本。本理则国固,本乱则国危。"意思是霸王的事业之所以有良好的开端,也是以人民为根本的;这个本理顺了国家才能巩固,这个本搞乱了国家势必危亡。此外,管仲还有许多关于人本思想的论述,诸如"王者以百姓为天""齐国百姓公之本也"等。其著作《管子》主张把"人"作为生产之"本"来看待,主张把生产的进行和经济的发展建立在以人为本的基础上。处于齐国故都所在地的淄博,是齐文化在当代中国的主要继承者。人本思想体现在齐地社会生活的各个层面,与新时代中国特色社会主义"以人民为中心"的发展理念相互契合,不仅为社会主义市场经济健康发展奠定了坚实的思想基础,也明确了其正确的发展方向。

反观某些城市，为"出圈"而盲目跟风复制"网红"，这些浮于表面的绣花功夫注定只能得到短暂的流量，而无法转变为长效的"留量"。地方政府只有躬身入局，从游客的体验和需求出发，扎扎实实练好内功，打造自身文旅"硬实力"，才能把流量变"留量"，网红变"长红"。

（二）政商合力，筑牢诚信经营底线

地区经济的高质量发展依赖于良好的营商环境，而政商关系是影响营商环境的重要因素。在"淄博烧烤"这一案例中，政商之间的良性互动、合力共进起到了至关重要的作用。一方面，商户自身拥有诚信经营的传统，经得起"随机查秤"考验；另一方面，在政府的积极倡导下，商户提高了思想认识站位，自觉抵制市场利益诱惑，履行社会责任，已然形成政府引导下的行业自律。尽管不乏有人诟病淄博市政府"五一"期间限制涨价是过度干预市场调节的行为，但不可否认此举为游客带来了切实的利益及舆论的垂青。因此可以说，淄博烧烤的成功既是"有效市场和有为政府更好结合的结果"，也是社会主义市场经济的胜利。

淄博经验启示我们，良好的政商关系是城市经济发展的必要前提，完善健全市场信用体系是市场经济发展的重要保障。构建亲清政商关系并非目的，而是起点。在政商关系中，不仅要避免"亲而不清"，更重要的是做到"清而有为"。

（三）深挖地方文化基因价值，开发特色地域文旅资源

地方品牌 IP 的打造需要在深挖地方文化基因价值、文化符号和地方精神的基础上书写品牌故事。"淄博现象"表明，成功打造城市文旅品牌的要义在于一个城市的历史文化底蕴及其造就的特色地域文化旅游资源。因此，只有在深入挖掘地方文化基因价值的基础上，注重城市软实力的塑造和文化特色的传播，才是在文旅产业发展中获得持续优势的关键。

一般认为，旅游包括"食、住、行、游、购、娱"六大要素。对于大部分城市来说，或吃或行或游或娱，总有一个或几个优势要素。就"淄博现象"而言，淄博就是以"食"这个要素为突破口吸引流量，进而在"游""购""娱""住""行"等方面提

供配套措施,形成了一条集饮食、游玩、购物、娱乐等于一体的文旅产业链条。

(四)政府主动作为,探索城市网络营销

近年来,网红城市不断涌现,越来越多的城市积极优化城市发展策略,调动资源配合城市互联网营销,以增加城市网络流量和发展城市经济。与成都、西安、三亚、丽江等初代网红旅游城市相比,淄博只是一座传统旅游资源并不丰富的三线小城。凭借烧烤爆火的淄博和因《狂飙》而走红的江门这类中小城市的"破圈"预示着我国旅游业态正在发生转向——网红城市已经不是大城市或者传统旅游城市的专属。正如人人都有出彩的机会,如今城城都有出圈的机会。而在自媒体时代,能否出圈的关键就在于是否能够充分认识到数字经济、注意力经济等新经济模式的运作规律并掌握城市网络营销策略,通过提升城市网络流量激活游客的潜在消费动机。

旅游目的地营销的准公共产品性质使得该项工作主要由政府部门来承担。因此,城市政府部门要主动作为,突破财政、制度和观念等方面的制约,立足自身资源禀赋,选取优势要素为突破口,开发特色旅游或专题旅游资源,形成差异化竞争优势。同时,还须在此基础上完善其他要素方面的基础设施和配套措施,为游客提供全方位、高品质的文旅消费体验保障,形成特色文旅产业发展模式。

五、结语

"淄博现象"看似是一场互联网流量时代的偶发性事件,它的出现本质上是自媒体文化生态下淄博本土文化基因孕育出的果实。建议当地政府在保护和传承淄博历史文化遗产的基础上,注重总结经济结构优化和产业转型的独特经验,探索形成"淄博模式",实现地域文化的可持续发展,并为同类型城市发展提供参考样板。

虽然"淄博模式"也许难以复制,但其经验定然值得学习借鉴。全国各地诸多与淄博类似正在寻求转型的城市应深入分析"淄博现象"背后的深层原因,立足自身文旅资源优势,自觉探索地域文化基因的提取和价值挖掘,打造城市特色文旅品牌,将文化和旅游资源转化为文化价值符号,早日找到产业转型的突破口和城市突围的契机。

共同富裕视域下的旅游减贫助力可持续发展实践研究
——以内蒙古阿尔山市为例

◎ 赤峰学院法学与商务学院　周永振

一、引言

消除贫困、改善民生、逐步实现共同富裕，是社会主义的本质要求[1]，消除贫困是中国特色社会主义建设通往共同富裕这一最终目标的必经之路。中国在反贫困过程中，立足国情，不断吸收国际减贫经验，走出了一条有中国特色的减贫道路，形成了中国特色的反贫困理论。在我国反贫困的具体行为过程常用"减贫""扶贫"来表述，聚焦"扶持谁""谁来扶""怎么扶""如何退"四大问题，探索建立起有中国特色的脱贫攻坚制度体系。党的十八大以来，我国实施精准扶贫、精准脱贫，全面打响了脱贫攻坚战，扶贫工作取得了决定性进展[2]，让在贫困线下近1亿贫困人口脱贫，消除绝对贫困。反贫困的措施主要有整村推进、产业扶贫、转移就业扶贫、易地扶贫搬迁、教育扶贫、社会保障扶贫、健康扶贫等，这些都产生了较为显著的减贫效果。

旅游减贫（也常称之为"旅游扶贫"）是产业扶贫的重要领域，是指有利于贫困人口的旅游，是以贫困地区特有的旅游资源为基础，以市场为导向，在政府和社会力量的扶持下，大力发展旅游业，吸引游客来旅游和消费，使旅游资源产生效益，使旅游产品的生产、交换、消费在贫困地区同时发生，逐步实现财富、经验、

---

[1] 梁佩. 我国共同富裕研究文献可视化分析[J]. 合作经济与科技, 2023(3): 48-50.

[2] 厉彦林. 精准铲"穷根"[J]. 党员干部之友, 2022(4): 52-53.

技术和产业的转移,增加贫困地区的"造血功能",从而使其脱贫致富。❶

中国是最早提出并实施可持续发展战略的国家之一,1994年中国政府发表《中国21世纪议程——中国21世纪人口、环境与发展白皮书》,就提出了中国可持续发展的总体战略、对策和行动方案。❷党的十八大以来,在习近平新时代中国特色社会主义思想指引下,中国的可持续发展迈入新时期。党的十九大报告更是将可持续发展战略确定为决胜全面建成小康社会需要坚定实施的战略之一,在新发展理念指引下,加快构建新发展格局,经济、社会、环境三者统筹发展更全面,人民对美好生活需求得到更好满足。中国推动旅游发展一直坚持可持续发展的指导定位,特别是党的十八大以来,以践行"绿水青山就是金山银山"理念为核心,根据人民群众对美好生活的向往,立足市场需求,不断推动旅游可持续发展。2019年,国内旅游人数达60.06亿人次(同比增长8.4%),全年实现旅游总收入6.63万亿元(同比增长11.1%)。自2020年以来的三年,尽管受到疫情的影响,旅游业仍表现出强大的韧性和活力。以"两山"理念为遵循,正确处理旅游发展与生态保护的关系、科学制定旅游发展战略等诸多举措,不断以创新为手段推动旅游多层次发展,开辟了中国旅游高质量发展新道路。

二、旅游减贫助力可持续发展

旅游减贫因其在贫困地区和帮助贫困人口的重要作用,备受重视。1999年由英国国际发展局提出的PPT战略(Pro-Poor Tourism,即"贫困人口优先获益的旅游"❸),首次将旅游与减贫直接联系起来,使得旅游减贫在全世界范围内成为一种

---

❶ 朱晓萌.开发贫困地区旅游资源 共创新时期扶贫新模式[N].中华工商时报,2012-09-04(012).

❷ 中国21世纪议程编辑委员会.中国21世纪议程:中国21世纪人口、环境与发展白皮书[M].北京:中国环境科学出版社,1994.

❸ 1998年英国国际发展局(Department for International Development)等机构委托起草了名为《可持续旅游与消除贫困》的报告,首次使用了PPT这一概念,1999年联合国第七届可持续发展大会上使用了PPT这一概念,在国际上首次把旅游与减贫有效结合起来。

新的被认可的减贫手段。[1]在我国，20世纪90年代"产业扶贫"被列为脱贫工作的重要方式之后，通过旅游开发带动脱贫致富的方式不断涌现，部分省级旅游行政部门根据国家扶贫总体部署，认真总结本区域贫困地区旅游开发带动脱贫致富的经验（如广东省），提出了"旅游扶贫"（暨旅游减贫）的口号。30年来我国旅游减贫效果显著，一方面使得许多贫困人口通过旅游开发实现了脱贫致富，另一方面也促使贫困地区诸多高品位风景区陆续被发现和开发，逐渐发展成为游客喜欢的旅游胜地。[2]我国持续推进的旅游减贫工作普遍是建立在生态环境的承受能力之上，较为适合当地经济发展状况和社会道德规范，并且始终重视旅游的可持续发展，强调要能够适应当前贫困地区居民和游客的需求，同时也要能够适应未来居民与游客的需求，由此可以看到旅游减贫助力可持续发展具有其自身的逻辑和效用，主要体现在：

（一）经济效用高且带动作用大

合理开发和积极利用旅游资源，大力发展旅游业，是推进扶贫开发、统筹城乡发展的一项重要内容，是迅速提高贫困群众生活水平、促进贫困地区经济社会跨越式发展的一条重要途径，也是转变经济发展方式、实现可持续发展的内在要求，可以迅速带动当地百姓致富、增加就业。旅游减贫（旅游扶贫）作为一种新的减贫（扶贫）方式，是以贫困地区的旅游资源为基础，在不影响群众利益、损害游客利益下，大力挖掘旅游业的发展潜力，将旅游经济作为拉动贫困地区区域发展的牵引力，实现贫困地区的自主发展，开创"旅游带动、景区开发、繁荣经济、富裕人民"的良好局面。

（二）实现从输血到造血的根本性转变

旅游业作为带动产业，关联效用巨大。因此，旅游业的发展对贫困地区的经

---

[1] 宋德义，李立华. 国外旅游减贫研究述评——基于经济学理论研究和旅游减贫实践的视角[J]. 地理与地理信息科学，2014（3）：88-92.

[2] 王金伟，张丽艳，鹿广娟. 旅游与减贫：中国旅游扶贫研究回顾与展望[J]. 中国旅游评论，2020（4）：79-86.

济发展具有很强的促进作用,开展十多年的广东边远贫困地区的旅游扶贫实践充分显示❶,发展旅游业的确是贫困地区实现脱贫致富的好路子。相对于工农业投资数额多、市场风险大等特点来说,旅游扶贫投入则是一劳永逸。尤其是旅游业丰厚的经济回报,吸收了贫困地区闲置劳动力、林业企业和城镇下岗人员,能够极大地发展旅游交通、兴办旅游餐饮、开发旅游景点、加工小型食品、开发纪念品,带动了一批失业、无业人员等贫困人群走上致富之路。

(三)旅游减贫生态效益最好

旅游减贫(旅游扶贫)实现由破坏性开发到可持续开发的根本性转变。以往的减贫(扶贫),往往使用粗放式经营,形成了贫困—开发—脱贫—返贫的恶性循环,以牺牲环境为代价。近年来,随着旅游业的飞速发展,人们的环境意识普遍增强,充分认识到环境就是潜力、是生产力、是发展力,坚定了"绿水青山就是金山银山"的贫困地区发展底线,打造了生态文明这道亮丽的风景线。

三、阿尔山市旅游减贫促进可持续发展实践案例

(一)阿尔山市旅游发展概况

阿尔山市是位于内蒙古兴安盟西北部的县级市,1996 年建市,东西长 142 千米,南北长 118 千米,面积 7408.7 平方千米。阿尔山市现辖四镇(白狼镇、五岔沟镇、天池镇、明水河镇)、四街(温泉街办事处、新城街办事处、林海街办事处、伊尔施街办事处),驻有阿尔山、五岔沟、白狼三个县级林业局,另有解放军部队、边防检查站等 7 个军警部队。

阿尔山市具有良好的区位优势,是内蒙古继满洲里市、二连浩特市后第三个边境口岸城市,辖区内中蒙边境线长 93.434 千米,设有中国阿尔山—蒙古国松贝尔

---

❶ 比如广东省制定的《关于我省旅游行业精准扶贫精准脱贫三年攻坚实施方案》(2016 年),针对做好旅游扶贫工作,提出总体要求和七大项主要任务,通过 3 年攻坚,为 117 个旅游扶贫重点村提供约 5 万个直接就业机会,实现了旅游增收 10 亿元的目标。

国际季节性开放口岸,是联合国开发计划署规划的阿尔山—蒙古国乔巴山铁路的中枢,是第四条亚欧大陆桥的桥头堡。

"十三五"时期,阿尔山立足市情,依托"生态、旅游、口岸、矿泉"四大优势资源,积极实施资源综合开发战略、开放带动战略、转型发展战略、矿泉产业化战略,全面建成小康社会目标如期实现,建成宜居、宜业、宜游的现代化森林城市取得实质性进展。"十三五"时期,阿尔山市地区生产总值实现年均增长4.2%,2020年达到20.64亿元,人均地区生产总值3.04万元,比2015年增长23.1%,经济运行处于合理区间。❶

(二)阿尔山市区域发展面临挑战

阿尔山市坚持推动转型发展,经济结构不断优化升级,在生态建设大力推进、脱贫攻坚等方面取得了切实成果,社会发展进步明显。但是当前阿尔山市经济社会发展仍面临许多困难和问题,主要是经济总量小、发展质量不高的问题没有从根本上解决,经济结构仍需优化,优势产业亟须转型升级,发展动能亟待增强,创新人才支撑不足;基本公共服务均等化、优质化水平有待提升,就业、教育、医疗、住房、养老和社会保障等民生领域仍有不少短板,与群众日益增长的需求还有一定差距。❷❸

(三)阿尔山市旅游减贫历程

阿尔山市是典型的森林资源型城市,2002年阿尔山市率先实现国有林场全面停伐,以林业为主体的经济面临重要转型,是典型的林业资源枯竭型城市。

阿尔山市1996年建市伊始时,成熟林和过成熟林已开采殆尽,其90.87%的用材林为中幼龄林,加之国家实施"天然林保护工程"(简称"天保工程")对森林开

---

❶ 阿尔山市发展和改革委员会. 阿尔山市国民经济和社会发展第十三个五年规划纲要[Z]. 2016:16—22.
❷ 阿尔山市发展和改革委员会. 阿尔山市国民经济和社会发展第十四个五年规划及二〇三五年远景目标纲要[Z]. 2022:5—6.
❸ 王晓欢. 2021年阿尔山市政府工作报告[Z]. 2021:6—7.

采的限制，阿尔山市的森林资源枯竭趋势明显。阿尔山市的森林资源已经枯竭，木材蓄积量大幅减少，于2009年被国家列为第二批资源枯竭城市，是全国69个资源枯竭城市之一（林业资源枯竭城市）。2013年，国务院印发了《全国资源型城市可持续发展规划（2013—2020年）》，将262个资源型城市划分为成长型、成熟型、衰退型和再生型4种类型，阿尔山市又被列入衰退型城市。

2000年以后，伴随着林业这一主导产业的衰退，而新的产业转型尚未到位，导致阿尔山市社会经济发展一定程度上滞后。虽然阿尔山市全境矿产资源种类较为丰富，但储量小，考虑生态环境保护的需要，国家已将阿尔山市列为禁止开发区。2011年7月，阿尔山市被纳入大兴安岭南麓区集中连片特困地区（见表1），同年10月被纳入国家级重点贫困区。

表1　大兴安岭南麓区集中连片特殊困难地区分县名单

所属省区	所属盟市	具体县市名称
内蒙古（5）	兴安盟	阿尔山市、科尔沁右翼前旗、科尔沁右翼中旗、扎赉特旗、突泉县
吉林（3）	白城市	镇赉县、通榆县、大安市
黑龙江（11）	齐齐哈尔市	龙江县、泰来县、甘南县、富裕县、林甸县、克东县、拜泉县
	绥化市	明水县、青冈县、望奎县、兰西县

近年来阿尔山市紧盯脱贫攻坚、经济转型发展的目标，坚守"绿水青山就是金山银山"的初心，探索出"旅游+"扶贫新模式，紧紧围绕"两不愁三保障"标准，全力完成"现有建档立卡贫困人口全部脱贫"的目标任务。"十三五"时期，阿尔山市累计整合各类扶贫资金及投入产业发展资金1.6亿元，累计发放金融扶贫贷款2.81亿元。

通过奋力攻坚，2019年4月阿尔山全市脱贫摘帽，贫困村全部出列（6个自治区级、1个盟级重点贫困村），建档立卡的582户贫困户、1426人，全部实现稳定脱贫。旅游减贫效果明显，阿尔山市60%以上的建档立卡贫困户通过参与旅游实现了增收，贫困户人均年收入达1.3万元。

（四）阿尔山旅游减贫的主要做法："五小经济"成为脱贫致富的"大产业"

1. "五小经济"概述

"五小经济"主要是指小种植、小养殖、小商业、小合作、小劳务，阿尔山市立足于自身的生态优势和丰富的旅游资源，探索"五小经济"产业扶贫的新思路和新模式，针对不同区域情况，因地制宜地发展产业和项目，针对有自主发展意愿和劳动能力的贫困户实施"五小经济"覆盖到户，让贫困群众借助"小经济"在有效减贫的同时，有效促进了阿尔山市旅游商品丰富，形成不断助力阿尔山市旅游发展的"大产业"。

2. 阿尔山市"五小经济"的主要形式

"小种植"主要是依托庭院和林下独特环境，通过发动困难群众从事种植经济作物活动，不仅增加了收入，还极大丰富了阿尔山市旅游特产。这些旅游特产，主要是：①高寒矿泉水稻、榛子、赤松茸等（如明水河镇西口村）；②食用菌种植（如五岔沟镇）；③花卉（如白狼镇）；④卜留克（如天池镇）。

"小养殖"主要是利用自家庭院发展庭院经济或寄养模式的特色养殖产业，如种植经济价值较高的农作物（经济作物）或者养牛、羊、鸡等，通过对接商超、市民或旅游者获得收入。

"小商业"是指在城镇及主要景点周边，依托阿尔山市旅游旺季到访游客较多的情况，通过多种政策支持，帮助有经营能力和意愿的贫困户发展个体经济，销售针对市民、游客的各类商品取得收入。

"小合作"是指针对无自主发展产业意愿和无劳动能力的建档立卡户，将产业发展资金和金融扶贫贷款投入龙头企业、合作社或能人大户的产业之中，采取入股分红、代养代种等形式，获得资产性收入和合作分红。

"小劳务"是指具有劳动能力的贫困就业人口，在旅游企业（也包括一部分社会公益性岗位）等单位被优先安排就业，通过自身的务工获得工资性收入。

3. "五小经济"助力旅游减贫与可持续发展情况

阿尔山市围绕旅游这一主业，把"五小经济"作为脱贫攻坚工作的重要抓手，因户施策推广小种植、小养殖、小商业、小合作和小劳务五种模式，通过多年的努力，阿尔山市60%以上的建档立卡贫困户以"五小经济"为载体通过参与旅游实现了增收，贫困户人均年收入达1.3万元以上。

通过"小种植"在促使贫困户实现了脱贫增收的同时，极大地丰富了阿尔山市的旅游特色农产品。例如，五岔沟镇充分利用自身丰富的森林资源和优越的气候条件，发展起了食用菌产业。一方面，这一举措为全市提供了独具特色的旅游产品；另一方面，以黑木耳养殖基地为代表的林家乐项目也逐渐兴起，成为游客体验乡村旅游的重要目的地。近年来，阿尔山市有143户贫困群众通过参与"小种植"，实现户均增收10900元以上，人均增收达到4700元以上。

通过"小养殖"有效地促进了阿尔山市鹿产业、林俗业的有效发展。例如，白狼镇通过旅游扶贫特色养殖示范小区，饲养梅花鹿近600头、野猪近500头，并以此为基础，进一步挖掘自身林俗特色，建立了白狼镇林俗村、鹿村，培育出了"产业+旅游""动物寄养"的发展模式，已经成为游客体验林俗风情的打卡地，吸引了大量游客，带动林俗村贫困户年人均增收24100元。

通过"小商业"如开办林家乐小饭馆、小旅店、小商店、小手工作坊等，丰富了阿尔山市的旅游供给，并促使建档立卡户在政府贴息贷款和产业借款等系列政策帮扶下，主动创业、积极作为。阿尔山市扶持发展"小商业"建档立卡户共39户，户均增收11000元以上，人均增收达4800元以上。同时，"小商业"也在明显助力阿尔山市旅游业的发展，不仅丰富了旅游产品供给，还促进了特色种养殖产品的销售，使其成为受欢迎的旅游特产。

"小合作"有效形成专业公司（团体），通过集中销售，有效提升参与人员的收入。例如，阿尔山市林俗文化产业发展有限公司（2015年成立，阿尔山市精准扶贫基地）的树皮画制作与销售是公司的重要项目之一，通过有效运营把树皮画这一非遗代表性项目活化，公司从几个人发展到带动就业200人以上。通过"公司+工坊+农户"的模式，在让更多的居民、贫困户掌握这项非遗技艺的同时，促进了树皮画这门非遗技艺得到有效传承，使得李艳红、谢彩云等一批非物质文化传承人（见表2）在公司专业化运营中得以更好地成长，并带动白狼镇数十名贫困户参与树皮画制作。2016年以来，该公司累计为46户72名贫困群众发放分红近30万元，达到了有效带动贫困群众脱贫致富的目的。再如，天池镇昊达庄园在已经完成的餐饮住宿业计划融入贫困户股份500万元，折合股份500股，股份分红不低于10%，年返红利50万元，促使贫困户户均收入达到1万元，有效增加了贫困家庭的收入。

表2 阿尔山市树皮画非物质文化传承人谱系

传承谱系	代表人	主要传承特点
第一代传承人	贾韩氏（1889—？）	经常用桦树皮制作出一些生活用品，如鞋垫、粮盒等
第二代传承人	冯玉梅（1921—1987年）	用桦树皮制作生活用品的同时也制作了很多简单的树皮画（白狼林俗树皮画）
第三代传承人	李淑英（1964年至今）	兴安盟非物质文化遗产传承人
第四代传承人	李艳红（1976年至今）	自治区级非物质文化遗产传承人
	谢彩云（1980年至今）	阿尔山市林俗文化产业发展有限公司负责人
第五代传承人	赵桂华、周艳辉、顾长云、张玉琴等人	师从李艳红，致力于将祖辈留下来的树皮画创新发展

数据来源：作者根据阿尔山市树皮画非遗传习体验中心相关资料整理而成

"小劳务"主要通过提供工作岗位，使贫困家庭按人口获得稳定的工资性收入。例如，内蒙古大兴安岭阿尔山旅游发展有限公司（5A级景区——阿尔山国家森林公园的运营商）每年向阿尔山市注入100万元扶贫基金，同时针对建档立卡贫困户提供了75个景区管护就业岗位，通过有效的劳务岗位提供，帮助困难群众通过劳务增加收入。

四、结语

旅游减贫助力可持续发展可以概括为："以政府为主导，市场为导向，企业为主体；以当地居民受益为目的、以脱贫致富为目标；以环境保护和实现地区经济的可持续发展为原则。"政府主导型是旅游减贫助力可持续发展的基本模式（见图1），也是最主要的模式。这是基于贫困地区生态脆弱、社会经济发展落后，社会组织等社会力量严重不足，贫困人口与旅游活动参与机会有限、参与能力弱而精准施策。如果没有政府主导，旅游减贫就很难起步和发展。要想实现旅游业的快速发展，并使其成为当地群众脱贫致富的重要途径和新的经济增长点，就必须坚决实施"政府主导型"战略。

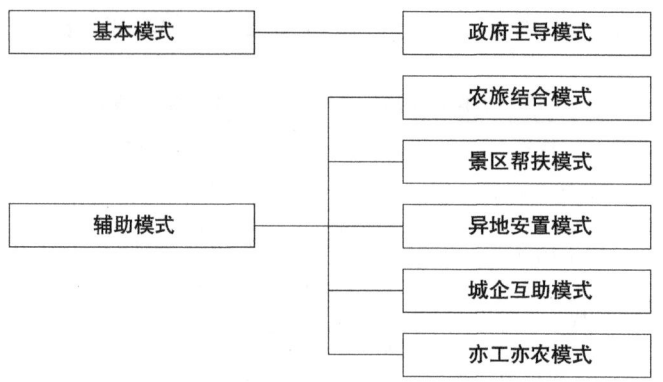

图 1 旅游减贫助力可持续发展主要模式示意

旅游减贫的基本模式是政府主导模式，而且政府主导的模式还需进一步完善成型，所以旅游减贫要因地制宜地构建多种开发模式。单一的开发模式不能适应贫困地区旅游业迅速发展，以及困难群众改变自身状况的迫切需求。因此，必须将多种模式相结合，因地制宜地引导旅游减贫开发与发展实际结合，采用农旅结合、景区帮扶、异地安置、城企互助、亦工亦农等辅助模式。

基于"公路品牌"视角的环湖带文旅融合一体化发展路径探究
——以"环太湖1号公路"为例

◎ 苏州太湖国家旅游度假区管委会党政办　武文杰

2021年，文化和旅游部印发《"十四五"文化和旅游发展规划》，提出推进文旅融合发展，支持建设集文化创意、旅游休闲等于一体的文化和旅游综合体。国内部分地区已开展文旅融合一体化运营的探索。例如，浙江省杭州市余杭区鸬鸟镇成立旅游平台公司，通过专业化运营、标准化管理、数智化治理对镇域景区、村庄进行统一运管；河南省开封市更进一步，以"宋文化"为牵引，对万岁山大宋武侠城、粮食五库景区及开封城墙景区旅游资源进行了整合，通过景区通道贯通、产品内容互补、特色项目开发等，盘活全市11处旅游资源，实行景区一票通行。

环湖公路既是出行目的地，又能够串联沿线景区，具有文旅融合一体化运营的先天优势。以"公路品牌"塑造为牵引，发挥其串联、辐射作用，能够盘活沿湖小散弱景区，辐射带动沿湖带文旅融合发展。然而，目前开展一体化运营的地区，或是行政力量主导下的资产整合，或是对毗邻景区资源盘活，缺乏品牌引领下的大区域、多点位资源盘活。

目前，有关景区一体化发展研究主要聚焦在景区社区[1][2][3][4]、景区村落[5]、景区城

---

[1] 熊有璞，刘敏.景区社区一体化模式发展分析——以西江千户苗寨为例[J].北京联合大学学报，2020，34（1）：34-40.

[2] 张继军，席军良.红色旅游景区与区域治理一体化——基于王家坪社区"三区联动"的考察[J].社会科学家，2019（10）：84-89.

[3] 刘宏红，蔡君.浅谈历史村落"社区与景区"耦合作用机制——以山西省榆次后沟为例[J].北京林业大学学报（社会科学版），2016，15（3）：29-34.

[4] 胡雪芹.基于社区参与的旅游与社区一体化发展意义研究——以百色市澄碧湖景区为例[J].中国市场，2014（12）：140-142.

[5] 徐瑾.景区一体化成就美丽乡村——以临安市龙井村美丽乡村规划为例[J].浙江建筑，2015，32（4）：12-14.

区[1][2][3]一体化等方面。其中，景区社区、景区村落一体化比较偏重基层治理机制的探索；景区城区一体化偏重规划角度设计，主要通过景区与周边居民生活、界面环境的融合发展实现品质提升。关于景区一体化运营的具体实践，浙江杭州、河南开封等地对景区一体化运营管理进行了探索[4][5]，然而，其驱动一体化运营的主要因素是景区与景点间在地理位置上毗邻，旨在通过一体化运营，打通毗邻景区间运营管理通道，提高景区的影响力和运营收益，也塑造了"宋城品牌""双西品牌"等，但其主要是对既有品牌的提升而非构建。总体而言，目前的主流实践探索主要基于产品升级和提升品牌形象，对品牌塑造带动产品运营的探索不足，特别是缺乏大"IP"区域，本身在"目的地旅游"方面缺乏吸引力，更加需要品牌构建。

本文将以环湖带景区景点资源整合为研究对象，基于苏州太湖国家旅游度假区塑造"环太湖1号公路"品牌，以"环太湖1号公路"为牵引，推进区域农文体旅融合发展一体化运营的实践案例，探索环湖带基于"公路品牌"开展文旅融合发展的现实路径。

一、现阶段景区一体化推进的问题现状

目前，基于文旅融合发展思维理念，部分地区探索景区一体化运营或景区社区（村落）一体化运营，短期经济效益、人流效应明显。但是，从远期规划看，目前一体化工作在品牌形象塑造、基础设施建设、运营管理机制等方面仍存在薄弱环节。

---

[1] 沈怡辰，赵宇雯，陈天等. 基于景观生态学的"景区—城区"一体化设计路径探讨［C］// 中国城市规划学会，杭州市人民政府. 共享与品质——2018中国城市规划年会论文集.2018：789-798.

[2] 刘水良，尹华光，袁正新. 景城一体化发展研究［J］. 城市学刊，2016，37（4）：42-47.

[3] 黄明华，张祎然，王阳. 华阴城区与华山景区城景一体化发展思考［J］. 规划师，2013，29（7）：110-113.

[4] 章湧. 以市场激发活力，推动双西一体化运营大提升［J］. 杭州，2020（20）：22-25.

[5] 田宏杰. 开封景区：一体化运营开新局［N］. 开封日报，2022-10-14（008）.

（一）景区一体化运营品牌形象难塑造

目前，景区一体化运营商业逻辑是以文旅品牌做串联，一方面对纳入一体化运营的毗邻景区重新进行"文化叙事"；另一方面，将景区现有文化内涵与区域主流文化相融合，实现互促发展。品牌塑造的核心是具有识别性的价值符号塑造，这一价值符号具有独特的文化属性，并能关联产业资源，是品牌价值的体现。[1]因此，一体化运营关键在于整体品牌的塑造及营销，但在文化积淀不够深厚、文化特点不够突出的地区，品牌形象塑造难度大。

短期来看，一体化运营效果比较显著的是乡镇一级主导的镇域景区一体化运营。一方面，乡镇有特色文旅主导产业；另一方面，镇对村、社区具有"强考核、强约束"力，域内资源调配顺畅。例如，湖南省长沙市长沙县江背镇通过一体化运营村落景区，并将各个村的旅游资源进行串联包装，以"全域旅游"概念推动旅游业发展，宣传口径为"农文旅融合壮大村集体经济""乡村振兴"等，市场化特色不够鲜明。此外，辖区内村落发展各有侧重。例如，金州村结合法治乡村建设打造了"法治研学产业链"，五福村结合金银坝遗址打造了"花海IP"，镇域内部资源并未实现有机融合。并且，尽管乡村旅游活动的形式越来越多样化，大多数仍然处在休闲观光为主的初级阶段。农家乐等类型的乡村旅游仍然居于主流地位。[2]

除了强有力的行政手段能够助力品牌形象塑造，主导单位的思维理念、景区景点的整体质量都对品牌形象塑造起关键作用。特别是环湖带地区，因生态环境红线管控，难以在项目招商中直接引进成熟型"大IP"，并且由于环湖带狭长的地形，拉大了景区景点间的物理距离，甚至可能跨区甚至跨市，进一步推高了一体化运营的难度，影响统一品牌形象的塑造。

为此，亟须发挥品牌牵引带动作用，通过塑造、营销有影响力的一体化运营品牌，为后续硬件建设、软件包装、活动植入指明方向，形成未来围绕产品设计谋划的主线。

---

[1] 刘甜，林家阳.文化基因视域下文旅特色小镇品牌塑造实践研究[J].包装工程，2020，41（2）：89-96.

[2] 李武玲.论乡村旅游核心竞争力的提升路径——基于文旅融合的视角[J].农业经济，2021（9）：54-56.

（二）环湖沿线更新升级阻碍多

由于环湖带景区多与林地、农田、湖泊相毗邻，加之新发布的《生态保护红线生态环境监督办法（试行）》，明确对生态保护红线内的有限人为活动实行严格的生态环境监督，因此，通过大规模基建直接提升旅游业态的难度较大，新的文旅"龙头项目"难以落地，沿湖地带现有载体的"微更新"及"载体盘活"成为现实选择。

"城景割裂"是快速城镇化进程中风景区与其毗邻的城区之间存在的普遍现象。[1]因此，在"微更新"中，要对环湖带整体形象设计、业态引入、功能规划等方面提出新要求，如果更新工作缺乏顶层设计，零敲碎打、各自为政，容易二次陷入"小、散、乱"陷阱，因此亟须对一体化运营品牌及机制进行总体统筹。

除了生态环境保护的限制，在一体化工作推进中，还存在一体化运营的迫切性与景点基础设施不完善的矛盾。一体化运营推进的动机即是为了破除景点本身"小、散、弱"的现状，通过资源整合提质增效。但是，在景区经营不善局面下，投资回报绩效难以测算，更新改造决策会更加谨慎，并且如果缺乏统一有力的品牌做牵引，也难以招引有实力、有兴趣的社会资本参与合作开发，进一步提升更新难度。

总之，综合生态管控与财政绩效评价原因，很难通过快速大规模旅游基础设施建设增强环湖带产品供给。需要在品牌牵引下，通过"微更新""微改造""存量更新，资产盘活"的形式，逐步统一形象界面，提升区域发展能级，并借此进一步吸引"文旅合伙人"，反哺旅游业态提升。

（三）景区一体化运营推进难

一体化运营景区多是"政府主导，国资落实"，如河南省开封市提出"全域保护、全域规划、全域管理、全域经营、全域旅游"，从市级层面推动一体化运营；杭州市统筹风景名胜区、西湖区、余杭区三个行政单位，共同出资组建杭州西湖西

---

[1] 黄明华，张祎然，王阳.华阴城区与华山景区城景一体化发展思考[J].规划师，2013，29（7）：110-113.

溪旅游建设管理集团有限公司，推动"西湖西溪"一体化运营。

然而，全市战略性规划与旅游发展方向联动，如开封文投借助规划的"东风"推进一体化运营的机遇可遇不可求；乡镇一体化运营体量规模虽然小，比较适宜作为景区村落融合推动"乡村振兴"的有益补充。景社一体化模式的关键在于利益相关者之间的博弈，如何处理好各主体间的关系成为最大的难题。[1]从环湖带的区域特点看，其"延伸性"特点使其串联景区涉及权属众多；国有景区的"公益性"特点使相关工作人员容易路径依赖；环湖带发展"差异性"特点使景区界面良莠不齐，人流带动作用主要集中在知名度高、交通便利的大型景区，人流与营收"二八效应"明显。

从景点权属来看，有事业单位、国资景点、私营景点等，国资景点又有市属、区属、镇属等，权属复杂，跨区域、领域协调难度大；从人员角度看，既有传统意义上的编制员工，又有企业职工，还有外包员工，人员构成比较复杂，重新整合难度较大；从景点运营看，景点建设规模、标准、文化沉淀的差异带来了景点运营效益的不同，大景点易产生"虹吸效应"挤占边缘景区的发展空间；从管理角度看，一体化运营涉及权力再分配，既涉及定价权、营销渠道的集中管理，又涉及人员考核管理，触及利益面较广。

因此，面对景区多年运转中积累的"惯性思维"和"既得利益"，推进工作流程再造与利益再分配阻力较大时，亟待运用市场化思维、引入市场化力量、制定市场化标准、开展市场化运营，以特色鲜明的品牌引领一体化发展。

二、基于"环太湖1号公路"品牌的苏州太湖探索

苏州太湖国家旅游度假区是1992年10月经国务院批准成立的全国首批12个国家旅游度假区之一，经多轮区划拓展，目前下辖金庭镇、东山镇、光福镇、香山街道，管辖陆地面积272.51平方千米，太湖水域面积921.05平方千米，占苏州全市55.7%。度假区围绕"环太湖1号公路"品牌，深化环太湖旅游资源整合，大力推进景区一体化运营，赋能资源要素集聚和文旅融合发展，打造文旅融合示范样板。

---

[1] 熊有璞，刘敏．景区社区一体化模式发展分析——以西江千户苗寨为例［J］．北京联合大学学报，2020，34（1）：34-40.

(一)塑造"环太湖1号公路"品牌

城市旅游是指以现代化的城市设施为依托,以该城市丰富的自然和人文景观及周到的服务吸引要素而发展起来的一种独特的旅游方式。[1]苏州太湖度假区着眼环太湖沿线旅游资源开发与全域旅游打造,围绕环湖公路进行统一包装并针对性设计活动,丰富沿线旅游业态,推动沿线湖、路、景、人等要素相互赋能,塑造并丰富"环太湖1号公路"品牌形象内涵。

在品牌概念设计方面,发挥"环湖公路"景观优势,面向社会公开征集"环太湖1号公路"标识形象,于2022年1月1日正式发布。吴中区通过沿路视觉标识整体布置,赋予环湖公路新的"蓝道"形象。在品牌形象宣传方面,围绕区域特色活动进行包装宣传,以"路景融合,商旅支撑"理念,围绕环湖公路,策划"环太湖1号公路马拉松""XTERRA夜跑苏州"等一批特色赛事;此外,以沿途景区为载体,组织碧螺春茶文化节、太湖梅花节、太湖民宿节等特色品牌,进一步丰富了区域内农、文、体、旅融合的业态,拓展了品牌辐射面。

在品牌内涵建设方面,围绕"环太湖1号公路"品牌,推动沿线文旅项目更新、塑造特色文旅产品。在硬件建设方面,按照"存量更新,优化提升"的原则,策划环太湖8千米黄金湖岸线提升方案,推进提升湖滨湿地公园、渔洋山等重点旅游景区环境;推进"一山一策""一岛一策"修复山体生态环境,开发文旅新产品。在文创产品设计方面,开发"太湖礼物"文创产品IP,对环太湖文创产品整体进行开发、包装、设计、营销,打造鲜明的"太湖旅游"品牌形象。

在营销推广一体化方面,通过市场运作方式的整合,可使某一区域的旅游产品和文化产品统一在一个市场知名度较高的品牌之下,提升产品的竞争力等。[2]为了提升营销推广工作效率,苏州太湖度假区成立专业化营销公司,集合景区、酒店、民宿等销售资源渠道,重点运用抖音、小红书、视频号等热门媒体平台开展整合营销,实现产品供给、消费场景、信息触达协同发力,提升营销推广效力。

---

[1] 王英.文旅融合背景下的乐山景城一体化战略分析[C]//中国旅游研究院,携程旅游集团.2019中国旅游科学年会论文集,2019:508-512.
[2] 张海燕,王忠云.旅游产业与文化产业融合发展研究[J].资源开发与市场,2010,26(4):322-326.

总之，苏州太湖度假区基于"公路品牌"串联旅游景区及农、文、体、旅相关资源，对环湖带、滨湖区品牌形象构建和品牌营销等方面进行了探索，并以品牌赋能一体化运营工作，为提升区域旅游资源整体运营效益做好了品牌概念设计。

（二）"公路品牌"串联沿线资源，推动存量更新

"环太湖1号公路"全长186.7千米，其中主线146千米，串联了太湖沿线文旅资源，将山水风光、乡村风情、人文风貌有机融合；6条连接线40.7千米，串联新四军太湖游击队纪念馆、渔洋山、东山等风景名胜区，借助公路串联，旅游资源呈带状散布，与常见的点状分布、团块状分布有所不同，这也是公路串联的典型特点。

景城一体化是景区和城市（镇）各自向对方靠近的过程，通过景观环境的协调和塑造最容易增加景城印象。[1]因此，除了整合更多的旅游资源，环湖公路本身即是一道独立风景线，打造"环湖公路"特色品牌，能够"以线带面"促进农、文、体、旅资源进一步融合。以苏州太湖度假区为例，"环太湖1号公路"串联了其下辖的全部乡镇、街道，赋予了一体化运营的先决优势；同时，由于各乡镇、街道各具特色的农文体旅资源（如金庭镇、东山镇农业种植、光福镇苏工苏作与渔港风情、香山街道足球、高尔夫等休闲运动），使环太湖1号公路资源业态更加丰富、游客受众更加广泛。

此外，"公路品牌"打造也助力"环湖带"基础设施提升改造。以环湖公路为景，立足品牌整体形象设计，通过"微改造""微更新"，既符合生态管控区要求，又能够更好发挥一体化景区串联作用。"环太湖1号公路"品牌发布后，以其优美的风景、独具特色的"太湖蓝道"，在社交媒体上频频刷屏，上榜交通运输部2022年度"十大最美农村公路"，影响力进一步扩大。

并且，旅游领域更多侧重市场和产业发展，产业成分更大，经济属性更加明

---

[1] 刘水良，尹华光，袁正新.景城一体化发展研究［J］.城市学刊，2016，37（4）：42-47.

显，事业特征相对不明显。[1]向民生服务事业借力，能够更好地解决旅游领域资金投入难题。将道路更新与"民生实事项目"相关联，利于向上筹措更新资金。例如，太湖度假区东山镇政府申报吴中区"民生实事项目"，立项"环太湖1号公路"东山段微景观提升工程对21千米沿线公路进行VI创意设计及沿线广告标识标牌、环卫设施、微景观、车位等进行整合提升改造，进一步完善了沿线基础设施建设。

在"存量更新"方面，苏州太湖度假区注重现有资源盘活及社会资本引入，依托"环太湖1号公路"品牌影响力，推出"太湖生态岛文旅伙伴计划"，挖掘辖区内闲置载体资源，分2批推出60处可活化利用价值高的载体空间，招商方向涵盖民宿、旅游商业、餐饮、旅游主题酒店、文创、研学基地等，以"品牌建设"推动项目招引、以社会资本推动载体更新，已落地了风语筑、LIM咖啡等一批项目。

总之，依托环湖公路打造特色公路IP，能够拓展景区一体化运营的地理空间范围，增进农、文、体、旅、商融合发展范围。通过"微更新"统一主视觉效果后的公路，既能单独成景，吸引关注与人流；又能够借此完善沿线停车、景观等基础设施改造；还能进一步通过品牌建设，推动文旅项目招引，盘活存量闲置载体等，为争取经济薄弱区、生态敏感区红线中求发展提供了思路。

（三）推进"环太湖1号公路"沿线景区一体化运营

公路的"牵引性"使得酒店民宿、餐饮康养、运动休闲等资源辐射范围进一步扩大，但其"延伸性"也导致串联的景区权属复杂，管理难度大，影响一体化运营品牌打造与体系塑造。其中，利益分配是最关键的问题，旅游资源一体化管理能否成功就在于此。[2]太湖度假区遵循流量与盈利两大核心目标，以市场导向为根本遵循，围绕运营、营销、产品、品牌"四个一体化"，重塑景区管理、考核、分配机制，提振发展活力。

---

[1] 黄先开.新时代文化和旅游融合发展的动力、策略与路径[J].北京工商大学学报（社会科学版），2021，36（4）：1-8.

[2] 孙冬冬.海螺沟景区旅游资源一体化管理初探[C]//中国地质学会旅游地学与地质公园研究分会，甘肃省国土资源厅，张掖市人民政府.中国地质学会旅游地学与地质公园研究分会第27届年会暨张掖丹霞国家地质公园建设与旅游发展研讨会论文集.北京：中国林业出版社，2012：57-62.

首先，推进运营管理一体化，在运营权属方面，归集"环太湖1号公路"沿线景区景点运营权属，组建苏州太湖文化旅游开发（集团）有限公司（金庭片区、东山片区、光福片区、吴中国裕集团、吴中区文旅集团、太湖度假区太旅集团均有占股），并签订运营管理协议，对29个景区开展委托运营，初步解决权属多元问题，构建利益共同体。

其次，在管理机制方面，构建"总部—片区—景区"三级运管体系，聚焦"降本增效"，太旅集团、片区分公司、景区各司其职、各有侧重开展日常管理运营。集团总部强统筹、片区公司强执行、景区景点强落地，提升运管质量。在人员管理方面，总部集团统一人事管理，对分公司人员进行统一管理与考核，优化人力资源配置与人员结构，提升管理效能。

最后，在利益分配方面，按照"先总后分"的形式，总部集团归集各片区营收，再行划转各分公司，既有保底金额，又设置增量分成，最大限度激发片区分公司活力；在新增投入方面，景区资产不涉及权属变更，按照"远近结合"的方式进行管理，新改扩建工程项目由集团总部统一制定方案并实施，片区公司负责项目支出；短期独立运营项目由集团公司支出，并给予片区公司分成比例，弥合一体化运营中的利益分歧。

总之，在权属复杂的情况下，苏州太湖度假区通过分步推进、委托运营的形式，平衡了运营主体与分区的利益分配，凝聚了管理合力，为"环太湖1号公路"串联下的景区一体化运营破除了发展障碍。

三、"公路品牌"视角下的环湖带融合发展新路径

通过"环太湖1号公路"的实践案例，打造"公路品牌"，进一步推动了湖文化、路文化与地方人文、旅游资源的融合，通过塑造一体化运营品牌形象，提升沿线景区景点运营曝光度、知名度、运营效益等，形成"公路品牌"带动环湖带文旅经济发展新模式。

（一）"公路品牌"塑造景点串联内在逻辑

河南省开封市借助"宋文化"开展文旅融合一体化运营及杭州市余杭区鸬鸟镇主导镇域旅游一体化运营，其或是借助"强品牌效应"，或是借助"强行政管理"，对品牌标志不明显、景点分散的环湖带并不适用。根据钱明辉等对文旅融合模式的定量分析研究，将文旅融合模式分为七类。其中，结合数据来看，内容开发型、休闲综合型已成为主流模式，其余五种模式占比极小，即文旅融合聚焦于资源融合、产品融合。[1]

因此，基于"公路品牌"构建景点串联的内在逻辑也在于资源与产品的融合。通过景点整合营销，推动传统"观光型"旅游向"度假型"旅游过渡，这也符合文旅部倡导的旅游度假区发展方向。从客群因素看，环湖带文旅融合一体化运营的目标客群集中在自驾旅游人员，该客群主要集中在双休日、小长假出行，停留时长潜力大。围绕"公路品牌"串珠成链效应一体化运营，能够延长客群停留时间，进一步突出域内"旅游度假属性"，带动休闲类项目招引。此外，围绕"公路品牌"进行营销包装，能够进一步增强环湖带吸引力、知名度，凸出会奖旅游属性，吸引会议、培训、疗休养等资源，与"假日旅游"在时间上互补。从景点因素看，"公路品牌"能够发挥"握指成拳"的效应，在文旅叙事融合一体化体系中消除"孤立景点"概念，将塑造其作为"湖区"大景区的子景点，并根据景点文化特点，推出相应主题旅游文化线路，丰富客群选择，最大限度盘活景点存量资源，延长游客停留时间。此外，通过一体化运营，主流景点的特色文旅资源也能够进一步下沉，通过活动一体化包装设计，进一步辐射中小景点发展。从发展角度看，借助"公路品牌"的概念，能够进一步争取资源，推进道路及路侧基础设施"微更新"，通过"品牌"与"界面"的互促，实现良性循环。人流的增加一方面能够丰富环湖带专线交通微循环，另一方面也能够催生旅游新业态及农、文、体、旅相关项目招引与丰富。

与"大运河"品牌相似，文化带文旅品牌本质上属于一种区域品牌，是基于文

---

[1] 钱明辉，李胡蓉，孟廷廷. 面向中国式现代化的文旅融合模式分析与评价研究 [J]. 图书馆建设，2024（3）.

化带区域内形成的文旅产业集群的品牌形态。[1]"公路品牌"的塑造能够使环湖带扬长避短，围绕景点、客源两大关键点探索一体化运营商业模式，以文旅融合发展的理念增强环湖带吸引力与曝光度，赋能旅游新业态、新模式的发展。

（二）公路沿线文旅融合发展丰富品牌内涵

作为构建而成的"公路品牌"，其文化内涵既需要沉淀与塑造，又需要吸纳公路沿线的人文、风土文化。各类特色体育运动、节庆活动、打卡景点、专题路线等的塑造，能够丰富"公路品牌"所承载的文化内涵，进一步提升其文化吸引力及品牌标识度。

从"农旅融合"角度看，可以充分利用公路沿线等原产地的特色农产品资源，通过"采摘体验+农家乐""家庭农场+亲子游""种植农场+研学营"的形式，瞄准家庭出行群体设置产品，推动公路带动乡村振兴。从"文旅融合"角度看，乡村旅游振兴应更加注重培育文化旅游新业态，助推乡村旅游经济可持续发展[2]，公路沿线的特色文化传统、风土人情、文化产品等具有相对一致性。一方面，能够在品牌建设中将文化元素信息融入沿线"微更新""微改造""微地标"中，丰富公路文化内涵；另一方面，围绕全年各阶段特点，组织特色旅游文化活动，持续引流客群；此外，针对特色文化艺术产品，还能够发展特色手工业基地、电商直播园、短期研学营等，进一步丰富文旅融合业态。

从"体旅融合"角度看，体育经济日渐发达。例如，环青海湖国际公路自行车赛拉动了青海经济和其他产业的发展，带来了显著的经济效益。又因为湖岸线生态环境保护限制，"公路运动"成为推进"体旅融合"的直接选择，特别是马拉松运动衍生的"马拉松品牌"能够与湖、路元素深刻绑定，既增强品牌的"破圈效应"，又能在延续举办中沉淀文化品牌。此外，依托公路连接作用，在沿线的休闲运动、团体拓展基地等新业态，能够适应休闲运动、青少年培训等全龄人群需要，丰富区

---

[1] 王艳红，秦宗财.文化带传统文旅品牌的形象塑造与国际传播[J].安徽师范大学学报（人文社会科学版），2020，48（2）：107-114.

[2] 耿松涛，张伸阳.乡村振兴背景下乡村旅游与文化产业协同发展研究[J].南京农业大学学报（社会科学版），2021，21（2）：44-52.

域文体旅业态。

总之,"公路品牌"内涵依托农文体旅融合发展而不断丰富,而具备影响力的"公路品牌"也能助力行业重大文体旅项目招引、推进重大活动落地,进一步"相辅相成,互相支撑",反哺地区旅游发展。

(三)运营管理一体化强化"公路品牌"聚焦

构建政府、市场、社会多角度、多层面沟通协调机制,是优化文旅产业融合发展大方向的重要措施。[1]旅游资源一体化改革同样是政府与市场、国资与民营、供给端与消费端现状的重构与升级,调动各方资源打造特色鲜明的一体化运营品牌,通过"公路品牌"构建沿线景区一体化运营体系,能够增进优质文旅项目招引、推动区域文旅资源有机更新。

在组织架构层面,"政府主导,国资推进"的一体化运营涉及权力"集中与再分配"。在集权中,运营公司统一了各个景区的发展战略、形象塑造、营销渠道等,能够根据市场需求统一包装项目;在分权中,景区剥离冗余业务,聚焦运营执行,进一步提高文旅产品供给质量,提升品牌形象,是存量景区景点专业化运营的有益尝试。

在利益分配层面,传统景区市场化思维不强,对"自收自支+财政补助"机制存在路径依赖。特别是小景区易陷入"营收不足—缺乏更新—内容僵化—人气下滑—营收不足"的恶性循环,长期依赖"输血"。因此,借助景区一体化集中运营机制,重塑利益分配机制,运用市场化思维探索营收分成机制,淘汰、分流冗余人员,能够进一步降本增效,激发活力。

在整合营销层面,一体化运营的关键是整合景区资源,拆分工作环节。为此,在资源整合中统一运营标准、视觉形象、文创体系等,增强景区逻辑的关联性,助力统一品牌打造;在项目营销中拆分工作环节,剥离景区营销职能,专业化营销公司取代景区开展市场化营销活动,根据市场需求设计个性化农旅融合、文旅融合、体旅融合等特色旅游产品、特色文创产品、"景点+"优惠产品等,同时在旅行社、

---

[1] 赵嫚,王如忠.中国文化产业和旅游产业融合发展动力机制与发展评价[J].生态经济,2022,38(2):121-129.

OTA 平台之外，通过特色活动、达人引流、本地生活直播等，进一步推动"一体化品牌"深入人心。例如，推动西溪西湖景区一体化后，杭州双西统一举办"双西合璧系列活动暨第十六届西溪火柿节"，同时设置西湖花圃、西溪洪园两个分会场，分会场与主会场之间通过视频互动，即是整合营销的典型写照。

总之，一体化运营是推动品牌从分散到聚焦，再从聚焦到融合的过程。在此过程中，通过人员再组织、利益再分配、形象再包装，通过专业化、市场化渠道运营公司围绕一体化产品开展多维度整合营销，丰富品牌内涵，助力品牌扩散，逐步破除小、散、弱景区的路径依赖。

四、结语

环湖带文旅融合一体化发展关键在"全人群、全龄段"品牌形象构建，围绕环湖公路品牌构建，通过形象标识设计、沿路景观"微更新"、存量资产"合作盘活"、公路马拉松等特色活动导入，解决了生态管控下资源再开发痛点。同时，既塑造了特色鲜明、内涵突出的"公路品牌"，又在"公路品牌"支撑下，进一步发挥其主线、支线对景区的串联牵引作用。并且，通过旅游资源一体化改革，打造一体化运营管理体制机制，对存量景区景点管理、运营、收益资源重新分配，助力文旅产品资源开发及新业态、新模式植入，破解了小散弱景区发展困局，能够促进环湖带农文体旅商融合发展，丰富"两山"转化路径新实践。

商业银行助力文旅产业发展的实践及创新
——以华夏银行为例

◎ 华夏银行股份有限公司北京分行文创产业管理部　金睿奇

一、探索实践——华夏银行助力文旅产业发展的做法

（一）组织架构方面

2017年10月，华夏银行总分行党委为进一步响应北京作为全国"文化中心"发展定位的重要战略部署，在总行成立了文创产业中心，同时在北京分行成立文创产业管理部，参照二级分行管理，形成了总分支三个层面"一中心、一部、六核"的文化产业服务体系。

（二）管理机制

1. 专营组织机构的管理方面

一是积极参与首都热点活动，为传播华夏文创声音再添活力。二是搭建专业化支持平台，为整合资源、全景布局再添动力。三是建立常态化培训机制，为专业化服务再添实力。四是打造服务文化企业创新产品，结合文创企业特点，梳理整合并创新现有的传统信贷业务、小微企业金融业务及投资银行、金融市场和资产管理等产品，形成文创贷、文创融、文创投、文创贸四大产品体系，为文创类企业客户提供"投—融—顾—信"全方位一体化金融服务。

2. 文化企业授信审批模式方面

一是创新审批模式，利用大数据技术，运用市委宣传部、市文资中心、金融工

作办公室等相关部门搭建的"文创金融"信息平台,深挖企业核心价值。二是成立专业评审小组,实施差异化客户准入和信用评级。三是运用投行产品,抓"大"不放"小"。针对文创民营企业特点,破除担保为抵押物的惯性思维模式,以投行思维帮助文创客户解决融资难题。

3. 文化企业信贷业务的考核激励机制方面

一是在资源配置上向特色机构倾斜,匹配专项规模,给予内部利润定价优惠,对于新投放文化产业业务,增加其模拟利润测算系数至一般贷款业务的两倍,提高特色机构业务拓展的积极性。**二是**制定适当宽松的风险容忍度和不良资产考核指标,细化文化金融特色机构和信贷人员的尽职免责要求,合理降低特色机构风险考核的顾虑。**三是**鼓励特色机构探索形成有效识别和支持高成长的潜在独角兽企业的业务模式,给予专项奖励,提高专营机构主动发掘行业机会、进行行业前瞻研判的意愿。**四是**引进和培养一批既了解文化产业发展模式又熟悉金融业务运行特点的客户经理、产品经理、专职审查审批人员,构建专业化的人才队伍。**五是**在信贷资源有限的情况下,专项资金优先支持满足符合国家重点信贷业务及文创产业业务的融资需求。

4. 文化企业贷款利率定价机制方面

对文化企业设置灵活的贷款利率、期限和差异化不良贷款容忍度。基于文化企业客户信用、产业政策等确定贷款利率,根据不同文化企业的实际情况,建立符合监管要求的灵活差别化定价机制。同时,针对部分文化产业项目周期特点和风险特征,以及项目周期的资金需求和现金流分布状况,科学合理确定贷款期限。

(三)全生命周期的文化金融产品

华夏银行针对文化产业不同阶段的特点,制订了一套全生命周期产品方案,为文化企业提供全方位、一站式的金融服务,具体如表1所示。

表 1　华夏银行文化产业全生命周期产品服务

序号	阶段	客户金融需求	产品名称	基本条件	适用客群
1	建设期	我要建设景区	固定资产贷款	与贷款同比例的资本金已足额到位，项目实际进度与投资额相匹配	景区建设方
2	建设期	我要建设景区	重点项目前期贷款	项目为国务院、发改委、省级政府正在批准的项目，省会城市、计划单列市、三大战略区域中综合财力超过1000亿元的地级市政府或市发改委发布的重点项目名单内的项目。借款人在我行信用评级为A级以上	—
3	建设期	我有租赁物	直接租赁	以新建景区为租赁物，由租赁机构发放租赁本金，景区运营方按期向租赁机构支付租金，到期以自身收益归还租赁本金获取景区所有权	大型文旅企业
4	建设期	我要高额度贷款	银团贷款并购贷款	筹资金额大，贷款期限长	景区建设方
5	运营期	我要在线支付、资金结算、分户核算、交易资金存管	平台通保	底层账户支撑体系，提供在线支付，资金清/结算，分户核算、交易资金存管等金融服务，支持跨行、全流程线上操作	有相应结算需求的文旅企业
6	运营期	我要景区票务服务	智能缴费	围绕客户资金收缴的计费管理、缴费管理、缴后管理、自动对账及日常经营管理，通过智能缴费业务平台系统，提供包括场景化综合缴费管理、线上线下收费、账单管理、发票打印、电子商务管理、查询统计等服务	—
7	运营期	我要代发工资	代发工资	申请办理代发业务的单位在我行申请开立银行结算账户	—
8	运营期	我要便捷支付	单位结算卡	单位申请单位结算卡时，必须由单位指定单位结算卡持卡人，申请开立单位结算卡时需签约我行企业网银单位结算卡功能	—
9	运营期	我要资金归集	资金归集	借助银企直联通道，实现多银行账户信息查询、跨行账户资金划拨	—
10	运营期	我要资金跨行管理	跨行通宝	提供跨行现金管理服务，实现现金管理、预算管理、资金监控、移动决策等一体化立体式管理	—

续表

序号	阶段	客户金融需求	产品名称	基本条件	适用客群
11	运营期	我要活期、定期、通知等存款统一管理	人民币单位一户通	按资金来源、性质和期限进行分户核算，不用重复开立多个账户	—
12		我要多层级账户管理	账务通	在客户统一计算账户下开设多层级的明细核算簿记，记载资金收付明细和余额等信息，协助客户对账户资金进行分类分层管理和分项核算	—
13		我要集团成员单位账户统一监控、操作	集团账户管理	集团总部可实时监控和管理成员单位账户，模式灵活，支持银企系统对接、企业网银等	旅游集团企业
14		我要向客户收款	收单	提供线上线下一体化服务，支持微信、支付宝、云闪付等多种支付方式的扫码收单工作	景区、旅行社等有收单需求的企业
15		我要置换项目建设债务借款	项目营运期贷款	项目已建成投入营运，并已产生持续稳定的现金流，借款人在我行信用评级为"A-"及以上。借款人为项目公司的，其股东应满足以上评级条件，借款期限原则上不超过10年	景区运营方
16		我有日常流动资金需求	流动资金贷款	短期流动资金贷款和中期流动资金贷款	—
17		我有租赁物	售后回租	已投入运营的景区、景点的配套公用工程、景观设施及娱乐设备、索道、观光车等动产设备均可作为租赁物	大型文旅企业
18		我想随借随还	循环贷	循环授信不超过3年，贷款期限不超过1年	小型文旅企业、景区上下游小企业和商户
19		我正在创业	创业贷	为创业及再就业的小微企业提供最长2年的流动资金贷款	—

续表

序号	阶段	客户金融需求	产品名称	基本条件	适用客群
20	运营期	我要支付租金	租金贷	贷款期限原则上不超过5年，原则上单户贷款额度不超过300万元	—
21		我有房产可抵押	房贷通	贷款期限最长可达30年，房产包括商业住用房、住房、工业用房	—
22		我要便捷续贷	年审制贷款	可向小微企业发放最长5个融资时段的流动资金贷款，单个融资时段最长不超过1年	—
23	稳定期	我要资金保值增值	单位大额存单	大额存单期限包括1个月、3个月、6个月、9个月、1年、18个月、2年、3年和5年共9个品种，起点认购金额不低于1000万元	有资金保值增值需求的文旅企业
25		我有品牌宣传和联合获客需求	信用卡联名卡	景区、旅行社等	—
26	成长期	我外部评级较高	短期融资券、超短期融资券、中期票据、非公开定向债务融资工具、债权融资计划	大型文旅企业	—
27		我要将资产盘活	企业资产证券化	—	—
28		我要用途灵活的资金	保险债权投资计划、保险项目资产支持计划、保险资产管理产品、信托计划	—	—
29		我要股权融资	保险股权投资计划、保险股权投资基金	—	—

二、发展之困——文旅产业融资的困难所在

文旅产业特别是景区开发过程中,投资规模大、回报周期长,依靠地方财政长期投入不具备现实可行性。2016—2019年,我国旅游景区年度投资金额保持在300~4000亿元区间,平均年化投资增长率超过11%。从全国一般公共预算支出来看,2010—2020年,用于文旅行业的投资呈现逐年增加趋势,从2010年的529.54亿元增长至2020年的1950亿元,但仍有约2000亿元的资金需要通过其他融资路径解决。

(一)股权融资方面

面临门票需剥离、经营权不稳定、财务指标不达标的难题。截至2022年年末,旅游景区类上市公司共计20家,其中沪深主板12家、创业板1家、新三板7家。自2015年以来,在核准之下成功上市的文旅企业只有九华旅游、天目湖和西域旅游三家。2023年2月全面注册制实施以来,被受理的旅游企业IPO包括青都旅游和鄂旅股份两家。

(二)银行贷款方面

面临固定资产规模小、抵押物不足的难题。大量开发性贷款及商业贷款构成文旅企业发展的基础性资金,导致其资产负债率长期高企。同时,文旅行业固定资产投资相对分散,投资规模较小,无法提供足额的抵押担保物。此外,门票经营权的估值有限,且存在严重的重复抵押问题。

(三)公司债及资产证券化等公开市场融资方面

满足公开市场发行条件的主体极少。截至2022年年底,主体信用等级有效的旅游行业存续债券发行人共30家,其中AAA级别5家、AA+级别12家、AA级别10家、AA-级别1家、A+级别1家、BBB级别1家。2012—2021年,旅游企

业实际发债及发行资产证券化融资规模远低于其他行业。2018年发行规模最大时也仅为63.10亿元。

(四) 非银金融间接融资方面

期限短、规模小、融资成本高。只能阶段性满足旅游企业短期流动资金需求，无法满足长期建设资金需求。增加还本付息压力，短借长投的模式无法维系景区的正常运营。同时，非标资产违约事件频发，损害了企业的资信水平。

三、创新之路——文创 REITs 应运而生

在重视传统信贷业务的同时，华夏银行积极推动不动产投资信托基金（Real Estate Investment Trust，以下简称 REITs）等创新产品的运用，通过与有经验的投资机构合作，协助 5A 景区实现 REITs 上市，利用 REITs 的融资方式盘活这些稀缺的遗产或 5A 级景区，从而带动更多优质文旅资产的开发，为文旅产业的发展提供更加灵活、高效的金融支持。

(一) 政策支持

（1）国务院办公厅。2022 年 5 月，发布《关于进一步盘活存量资产扩大有效投资的意见》，明确将旅游列为盘活存量资产的重点领域。

（2）国家发展和改革委员会。2021 年 6 月，发布《关于进一步做好基础设施领域不动产投资信托基金（REITs）试点工作的通知》，将自然文化遗产、国家 5A 级景区纳入基础设施 REITs 申报范畴。

（3）国家文旅部。2022 年 12 月，印发《国家文化产业和旅游产业融合发展示范区建设指南》，提出在文化和旅游领域稳妥推进基础设施领域不动产投资信托基金（REITs）。

（二）产品优势

（1）实现轻资产运营。打造投、融、管、退（REITs）新模式，促进轻资产运营模式转型，实现资源的重新高效配置，形成新的商业模式和核心竞争力。

（2）盘活存量资产，改善财务指标。加快资金周转，盘活现有资产，为发行人引入增量资金，发行后可持续扩募装入新的基础设施资产，极大提升再融资效率，可以有效降低公司资产负债率。

（3）享受政策支持。尽早发行可享受政策红利和税务优惠，在申报过程中，发行人还能获得国家及地方政策的大力支持。

（4）基金份额分红及卖出。公募REITs具备价值提升和资产循环的特质，流动性高、收益稳定、安全性强，公司持有不低于20%的基金份额，每年可获得基金现金分红；在自持份额锁定期结束后可通过二级市场转让获利。

（5）资产上市，估值提升。基础设施资产作为REITs发行，上市阶段可能取得溢价收益，资产流动性得以提升，带动资产升值，提升企业估值。

（6）取得运营管理费收入。发行人受基金管理人委托，作为运营管理机构对基础设施项目进行运营管理，取得运营管理费收入。

（三）REITs业务开展情况

华夏银行通过与外部机构合作，在已经公告的11单5A景区项目中达成初步合作意向3单，为其提供保理服务、REITs托管、REITs投资、REITs代销等多元化服务，在同业中名列前茅。具体为：

（1）河南洛阳龙门石窟5A景区。

（2）山东龙岗5A景区。

（3）湖北武当山5A景区。

（四）关注要点

（1）目标景区的经营现状与收入结构。根据公募REITs发行规定，首次发行规模原则不低于 10 亿元，以行业估值经验看，年化净现金流以不低于 1 亿元、内部收益率（Internal Rate of Return，IRR）≥ 5% 为佳。同时，需要具备首次发行规模 2 倍的可扩募能力，即不低于 20 亿元的储备资产，原则上应同样为文旅资产，可不局限于发行人所在地，但须为发行人直接或间接投资的资产。在选择入池资产的过程中，要尽可能涵盖附属经营性项目，增加多元化业务收入。

（2）关于财务报表及现金流预测。受疫情影响导致景区收入普遍下降，财务报表情况不佳不影响公募 REITs 的申报工作。文旅企业的原始财务报表不适合直接开展申报工作，需根据拟入池资产的历史收入成本情况编制备考报表。同时，现金流预测要根据景区正常年份收入成本情况进行推演，综合考虑政策支持、经济环境、人文因素、自身发展等进行合理预测。由于融资规模与内部收益率呈反向变动，因此发行企业不能单纯期望提高融资规模，需要在基础资产上市后满足一定的内部收益率要求。

（3）关于基础资产的合规性问题。由于自然资源归全民所有，文旅 REITs 基础资产以经营权为主，其他附属资产具有规模小、类别杂、数量多的特点，且多数投资建设手续不全或缺失，需要在业务开展初期厘清上述问题。涉及的景区建设、转让的手续合规性，要做到应补尽补，或通过管理机构的无异议函、同意函来完善合规性。根据国家发改委 958 号文规定，入池资产涉及土地的，性质不可以为商业，少量必要的配套设施除外。因此，与景区经营相关的部分酒店、商业、职工宿舍等可入池，但是有一定的比例限制。

（4）关于门票收入无法上市的问题。2008 年，国家发改委、财政部等七部门联合发布《关于整顿和规范游览参观点门票价格的通知》，规定不得以门票经营权、景点开发经营权打包上市。因此，门票收入不能上市的问题是文旅类 REITs 项目的共性问题，尚缺针对门票收入纳入 REITs 基础资产的合规性的政策文件。通行的做法是构建特许经营权，以政府支付运营管理费的形式实现项目公司经营收入。同时，鼓励适当降低景区门票收入的占比，尽可能地丰富基础资产的现金流来源，构筑更加多样化的收入结构。

（5）影响估值的主要因素。专业的评估机构要对基础资产开展评估工作，原则上以收益法为主要的评估方法，重要影响因素包括：土地使用权或经营权剩余期限、运营收入、运营成本、运营净收益、资本性支出、未来现金流预期、折现率。

现金流优异的资产的评估价值将更高。

（6）关于发行企业的负债问题。如果 REITs 的估值水平不高，对于历史负债较多的企业来说，净募集资金无法覆盖会影响发行企业的意愿。如拟入池资产的相关负债，又如门票收益权质押贷款，需要在发行前进行偿还或解除权利负担。净募集资金的一定比例可用于偿还与景区运营直接的负债，其余负债需以其他资金来源进行偿还，如新增银行授信或政策统筹安排。

（7）关于发行企业自持份额问题。发行企业须自持不低于 20% 的 REITs 份额，如考虑基础资产的控制权问题，可自持不低于 34% 的 REITs 份额。企业自持的份额需要真实出资购买，可通过银行的并购贷款、不动产信托投资基金的前融端（简称 pre-REITs）等形式来获取。企业自持部分的份额同样享有分红收益，是企业发行公募 REITs 的真实收益之一。自持比例的高低直接影响企业在公募 REITs 持有人大会机制的主导权，也可考虑吸引战略一致行动人，以增加控制份额的比例。

（8）关于募集资金用途问题。募集资金主要用于在建项目、前期成熟的新项目的投资。不超过 30% 的净回收资金可用于盘活存量资产项目。不超过 10% 的净回收资金可用于已上市基础设施项目的小股东退出或补充发起人（原始权益人）流动资金等。对于扩募资产，应与原资产类型保持一致，且拟购入基础设施项目的标准和要求及尽职调查与基础设施基金首次发售要求一致。

（9）关于涉及政府隐性债务问题。开展公募 REITs 须在基础资产现金流预测范围内，保障政府运营管理费支出需求，须详细识别和测算特许经营权模式下当地政府的各项财政支出责任。景区经营者所收取的运营管理服务费不超出景区的实际门票收入和风景名胜资源有偿使用费，不牵涉政府隐债问题。

（10）主要的发行成本。主要包括资产定价成本，即公募 REITs 发行要求资产预计未来 3 年净现金流分派率原则上不低于 4%，产品发行后投资者收益由资产承担；税务成本，公募 REITs 发行要求项目公司 100% 持有资产，项目公司重组过程中可能涉及土地增值税、契税、企业所得税等税务成本；执行成本，即涉及基金管理人、财务顾问、律师、会计师、评估等中介机构相关费用。

四、未来可期——打造成为 REITs 的综合服务机构

为更好地开展公募 REITs 业务，实现对重点客户的综合服务，下一步，华夏银行将联合同业机构，力争实现 REITs 产品的综合服务。

（1）在 REITs 发行前，组建 pre-REITs 基金，为具备发行潜质的优质景区资产提供前期股权融资，提前按照发行条件对项目公司进行尽职调查、合规管理，从而缩短申报及上市周期。

（2）在项目申报过程中，提供传统的基于保理、流动资金贷款的金融服务，区别于以往融资为目的的融资，在扩大融资规模的同时更关注于如何提升景区的估值水平、实现收入的多样性、建设扩募资产等问题。

（3）在项目发行过程中，为 REITs 的发行提供托管、监管等金融服务，保障交易的资金安全。同时，通过理财子公司、私行代销的形式，参与到 REITs 产品的投资中来，为银行的私行客户提供优质资产，实现 REITs 产品的投资者多元化、分散化。

（4）在项目发行后，持续关注 REITs 产品的估值表现，在合适的时机将 pre-REITs 资产装入，从而扩大募资规模。在 REITs 市场表现存在波动的情况下，开展投资者教育工作，引导优质资产回归合理的估值水平。

文旅融合背景下的青年产业人才培养探索
——基于广东文旅兴趣营的行动研究

◎ 广东省文化和旅游发展与保障中心　缪小清
◎ 中山大学　周悦茵
◎ 暨南大学　何蕊希　邝瑞影
◎ 广东省旅游协会投融资专业委员会　吴　丹

一、引言

"十四五"时期，我国进入新发展阶段，文化和旅游消费在稳增长、扩内需中发挥着重要作用，产业提档升级、提质增效持续推进。党的二十大报告中明确指出"坚持以文塑旅、以旅彰文，推动文化和旅游深度融合发展"。而文旅深度融合发展的内驱力在于人才。[1] 当前，文旅人才结构性短缺和培养滞后于产业发展的现象突出，新业态发展瞬息万变，人才紧缺、供需错位等始终是行业的攻关课题。[2]

在人才需求特征方面，《"十四五"旅游业发展规划》中提出"加大旅游业领军人才、急需紧缺人才和新技术、新业态人才培养力度，打造一支与旅游业发展相适应的高素质人才队伍"，强调了对文旅融合背景下新型人才培养的重视。《"十四五"期间文化和旅游人才发展规划》中也就"产业发展人才队伍"提出"视野宽、懂产业、会经营、善管理"的高质量复合要求。尽管学术界也对这些政策话题作出了回

---

[1] 康思本. 图书馆文旅融合模式与路径系统研究[J]. 图书馆，2020（6）：61-66.
[2] 马晓芬，戴斌. 旅游人才高质量培养的新时代课题[J]. 旅游学刊，2022，37（8）：10-12.

应，但目前关于旅游人才培养的探讨大部分停留在宏观的理念解读与阐释[1][2][3][4]，相对而言缺乏微观的实证研究。

在人才培养模式方面，《"十四五"旅游业发展规划》中提出"支持旅游行业协会等中介组织积极发挥作用，为企业创业创新、交流合作、人才培养等提供平台服务"。2023年教育部新闻发布会上提及推进构建高质量高等教育体系时，也强调需全面提升有组织的人才自主培养能力。但目前学术界中对此的讨论多聚焦在理论层面，实证回应较为缺乏；同时，在当下的旅游人才培养领域中，备受关注的仍然是以学校或校企合作为主导的模式探索，在某种程度上忽视了多元主体的更多可能性。大量研究探讨了校企联合下产学研一体化的模式，包括德国的"双元制"模式[5]、瑞士的洛桑模式[6]，以及国内的"订单式"模式[7]等。

因此，本文试图从产业需求及青年主体视角出发，以"广东文旅兴趣营"公益项目为研究案例，通过行动研究，探讨文旅深度融合背景下的青年产业人才培养模式及需求特征，为政策话语提供现实注脚和生动实践。

二、相关研究：旅游人才培养

自21世纪初，我国旅游业迎来迅猛发展后，旅游人才培养也成为热点话题，大量专家学者围绕为什么要培养人才、培养怎样的人才和如何培养人才等现实问题

---

[1] 白长虹. 文旅融合背景下的行业人才培养——实践需求与理论议题[J]. 人民论坛·学术前沿, 2019（11）：36-42.

[2] 曹炳政. 文旅融合背景下高职旅游类人才培养模式创新研究[J]. 北京经济管理职业学院学报, 2019, 34（3）：50-54.

[3] 李乐京, 姚小燕, 李楠楠. 基于产业学院视角的文旅融合型本科人才培养策略研究[J]. 贵州师范学院学报, 2022, 38（12）：35-41.

[4] 马谊妮, 姜芹春. 文旅融合背景下复合型旅游人才培养的实践与路径优化[J]. 玉溪师范学院学报, 2023, 39（1）：119-125.

[5] 雷正光. 德国双元制模式的三个层面及其可借鉴的若干经验[J]. 外国教育资料, 2000（1）：78-80.

[6] 蔡礼彬, 宋莉. 瑞士洛桑酒店管理学院（EHL）人才培养模式探究[J]. 职业技术, 2017, 16（1）：5-12.

[7] 苏勇军. "订单式"人才培养模式在高等院校旅游专业中的应用研究——以宁波为例[J]. 宁波教育学院学报, 2009, 11（1）：8-10.

展开了论述与研究,且随着文旅融合的深入推进,相关探讨热度更高。

旅游高等教育伴随着旅游业的发展而产生,其目的在于面向产业,为旅游业提供智力支持与人力资源保障[1],但现实中旅游管理专业人才培养模式的缺陷却制约着我国旅游业的持续发展和竞争力的提升。[2]早在21世纪初,不少学者已经发现:目前的旅游教育体系搭建尚待完善,在观念上与产业发展脱节;在教学内容上,课程体系相对松散滞后、缺乏理论深度与实践前瞻;在教学方式上,则存在方法单一、师资力量薄弱等问题;最终导致旅游新兴人才结构性失衡,人才供给与产业实际需求错位。[3]时至今日,这些问题仍然存在,而在文旅融合纵深发展、新一轮科技革命与社会革命的深度融合、旅游行业从传统劳动密集型向资本和技术密集型转变等多重变革性背景下[4],传统旅游人才培养模式带来的问题越发凸显。重技能而轻素质的普通劳动力资源虽然数量众多,却难以满足行业需要更多实践应用型、战略性、理论性研究和跨界复合型人才[5][6]的新要求。高质量人才的储备空缺,让其他行业的人才能够较为轻易地进入旅游行业中,导致了明显的替代效应。另外,尽管文化与旅游在产业上走向融合,文化与旅游人力资源整合开发却仍存在行业藩篱,难以产生双向介入与相互借势的人才效应等。

尽管不少专家学者探索着困境的出路,但仍有如下缺点。**首先,**在培养模式

---

[1] 马勇,唐娟.旅游管理专业人才培养模式与质量保证体系研究[J].旅游学刊,2003(S1):127-130.

[2] 吴国清,叶欣梁.旅游人才培养与高等旅游教育的职业化发展[J].旅游学刊,2004(S1):15-18.

[3] 张培茵,赵阳,石长波.关于旅游人才培养模式和教育方法的思考与实践[J].旅游学刊,2004(S1):113-116.

[4] 李君轶,贺哲.以学科交叉推动旅游复合型创新型人才培养[J].旅游学刊,2022,37(8):7-9.

[5] 毕绪龙.从人才培养角度看文化和旅游的关系[J].旅游学刊,2019,34(4):9-10.

[6] 李萌.本科层次旅游人才培养模式的创新[J].旅游学刊,2008(2):8-9.

的讨论中，"三位一体"[1]"四轮驱动"[2]等新潮概念频出，中外模式的借鉴分析对比[3][4]常有，但基本上都围绕着提高复合实践能力、以市场需求为导向、树立创新融合思维、分层培养等方面展开[5][6]，讨论较为宽泛，对文旅深度融合等时代特性的把握较弱。其次，大部分文章停留在"主张"层面，少有长期培养创新案例，缺乏实践检验，可推广性未知。再次，无论是人才培养笔谈还是学术研究，往往聚焦于高校教育层面，把学校视为最主要的培养方，却忽视了其他社会团体的作用，模式构建主要围绕高校课程体系设计[7]、产学研一体化模式搭建[8][9]等展开。最后，这些讨论的设计大多自上而下演绎，对青年自身的特性、需求及主体性选择的关注较弱，也没有直面人才培养所涉及的复杂主体关系与诸多行业环境变量，更未综合考量青年学子成长的时代性、引导性等问题。[10]

青年是国家经济社会发展的生力军和中坚力量[11]，而当前文旅领域的青年成长环

---

[1] 刘芬，盛正发.旅游管理专业三位一体人才培养模式探析[J].湖南商学院学报，2008（3）：53-55.

[2] 马勇，魏卫，邓念梅.旅游管理专业人才培养模式构建与实施效果评估[J].旅游学刊，2005（S1）：62-66.

[3] 刘宁宁.旅游人才教育培养模式的国际比较[J].山东行政学院山东省经济管理干部学院学报，2003（3）：45-46.

[4] 谢春山，赵莹莹.中外旅游人才培养模式的比较分析[J].嘉应学院学报，2014，32（10）：86-91.

[5] 张丹宇.高校旅游管理专业应用型创新人才培养模式[J].学术探索，2015（2）：73-77.

[6] 周霄，马勇，刘名俭.高校旅游管理专业应用型人才培养创新模式系统构建研究——基于"素能结合"的导向[J].现代商业，2012（6）：41-42.

[7] 韩丁.我国体育旅游专业人才培养模式及课程体系设计[J].天津体育学院学报，2000（3）：9-11.

[8] 王木丹，周江林.以产学研结合搭建旅游人才培养的平台[J].桂林旅游高等专科学校学报，2004（2）：54-58.

[9] 赵鹏，汤利华.构建旅游院校"产学研一体化"办学模式的几个问题探析——以北京联合大学旅游学院为例[J].北京联合大学学报（人文社会科学版），2007（3）：79-84.

[10] 石培华，李成军.我国旅游人才队伍建设的问题与对策思考[J].旅游科学，2011，25（1）：88-94.

[11] 罗敏.从"离乡"到"返乡"：青年参与乡村振兴的行动逻辑——基于H省Z市1231名青年的问卷调查分析[J].中国青年研究，2019（9）：11-17.

境与中国式现代化建设的新要求、文旅深度融合发展的新形势、广大青年的新期待相比，仍有许多待提升的空间。如何使基于文化自信的文旅深度融合成为旅游教育发展的新动能[1]，如何从行业与青年双主体视角推动青年产业人才建设，仍需更多深入的实践。

三、研究案例与研究设计

（一）研究案例基本情况

"广东文旅兴趣营"（以下简称"兴趣营"）公益项目[2]由广东省旅游协会投融资专业委员会于2021年3月策划发起，开展产业学习、产业研究、产业实践，构建以学生群体为核心的行业协会、高校和企业的价值共创体系。2022年3月，研究团队基于开展一年来的实践对"为培养面向未来的文化和旅游行业人才，各类培养主体的角色和功能应如何进行定位"及"不同培养主体之间如何进行协同"等问题进行回答，探讨了旅游行业协会在价值共创视角下构建的"青年+产业共创"模式，为文旅领域的产学研协同育人提供路径参考。[3] 2022年4月至2023年9月，为进一步探索"文旅融合背景下，需要怎样的青年产业人才"，研究团队开启了新一轮的行动研究。兴趣营所依托的行业组织作为企业赋权与政府赋权的结合，在联系政府、企业、社会中发挥着中介作用[4]，其具有的信息平台[5]、资源连接[6]等功能既保证了对

---

[1] 张朝枝."十四五"时期旅游教育基本背景及其发展路径思考[J].旅游学刊，2020，35（6）：12-13.

[2] 2022年3月，广东文旅兴趣营入选中国旅游研究院人才培养"15+1"创新案例。

[3] 何蕊希，蔡博，周悦茵，等.基于行业组织的文旅产业青年人才培养模式探索——以广东省旅游协会投融资专业委员会为例[C].2022中国旅游科学年会，2022：765-777.

[4] 徐家良.双重赋权：中国行业协会的基本特征[J].天津行政学院学报，2003（1）：34-38.

[5] 刘奕，夏杰长.共享经济理论与政策研究动态[J].经济学动态，2016（4）：116-125.

[6] 黄俊辉，陈恺欣.新时代社会组织全面参与产业转型升级研究[J].辽宁行政学院学报，2021（2）：48-53.

前沿信息的敏锐捕捉，也为研究团队以兴趣营组织者的身份深入文旅产业一线实践奠定了基础。

（二）研究方法

行动研究（Action Research）由库尔特·勒温（Kurt Lewin）在19世纪40年代首次提出[1]，以提高行动质量、改进实际工作为首要目标，"边做边学边反思"[2]。与其他研究方法相比，行动研究注重研究者与行动者的合作，强调研究过程与行动过程的结合，同时要求行动者参与研究，对自己从事的实际工作进行反思。[3]行动研究关注的不是教育教学中的一般知识或普遍规律，而是教育工作者急需解决的实践问题。[4]

行动研究可分为四个主要阶段：①计划：制订改进计划；②行动：执行计划；③观察：观察和记录计划的效果；④反思：反思计划的过程、问题和后果，以便进一步规划和行动[5]，其中反思是一个环节的结束和下一个环节的开始。

行动研究适用于教育实际问题的研究及中小规模的实际研究，已被大量学者证明是探索教育方式的有效路径。[6]如前文所言，文旅融合下产业概念混淆、边界模糊，高校教育与行业脱节，导致青年尤其是正在接受高校教育的学生成长路径模糊、专业自信不足。对于这些问题的回应，实际应用模式和理论成果同样必要。行

---

[1] ADELMAN C. Kurt Lewin and the origins of action research [J]. Educational action research, 1993, 1 (1): 7-24.

[2] 郑金洲. 行动研究：一种日益受到关注的研究方法 [J]. 上海高教研究, 1997 (1): 27-31.

[3] CHEN L. Facilitating teacher learning in professional learning communities through action research: A qualitative case study in China [J]. Teaching and Teacher Education, 2022 (119): 103-875.

[4] 姚文峰. 走向生活：教育行动研究的本体意义 [J]. 教育研究, 2018, 39 (2): 95-102.

[5] ALTRICHTER H, KEMMIS S, MCTAGGART R, et al. The concept of action research [J]. The learning organization, 2002, 9 (3): 125-131.

[6] 吴宗杰. 行动研究：外语师资教育新途径 [J]. 外语教学与研究, 1995 (2): 48-53.

动研究的属性能够使研究团队充分考虑文旅深度融合的产业背景、青年现状及人才培养的复杂性。同时，研究团队所处的行业协会角色作为政府、企业、高校等多方的连接桥梁，为本次研究开展全面调研提供了便利性。

（三）研究设计

在此背景下，研究团队将参与式观察法、深度访谈法用于与学员长期相处的过程中，与政府人员、高校学者、企业代表的交流探讨中，深入理解不同主体对文旅青年产业人才培养及特征的感知、态度与行为。经验总结法作为发展研究领域的方法被引入本文的研究设计中，研究发现与实践运用相辅相成。研究团队以参与者和亲历者的身份进行过程呈现与经验总结反思，研究内在信度更高。

四、行动——实践分析

（一）招募学员，以共创聚拢青年

与大部分行动研究仅仅聚焦于某一专业、某一高校或某一地区不同，研究团队通过三种青年共创的方式，拓展了对文旅学子的研究广度、深度和长度。

第一，通过"青年+青年共创"的方式，学员构成更多元。以青年自组织的文化交流活动，如文旅奇葩说辩论赛、达人分享会、内部恳谈交流会等，构建自由探讨的社会空间与具有成长性的学习共创关系，连接更多青年参与。截至2023年10月，兴趣营已进行11次招募，累计录取国内35所高校的旅游管理类、工商管理类、新闻传播学类、经济学类、文学类等44个专业的186名本科及硕士在读学生（学员学校分布、专业与年级分布分别如图1、图2、图3所示），形成广泛的地域覆盖、充分的专业交叉和全面的年级跨度。

全国中青年学者文旅经济研讨会论文集 | 第一卷

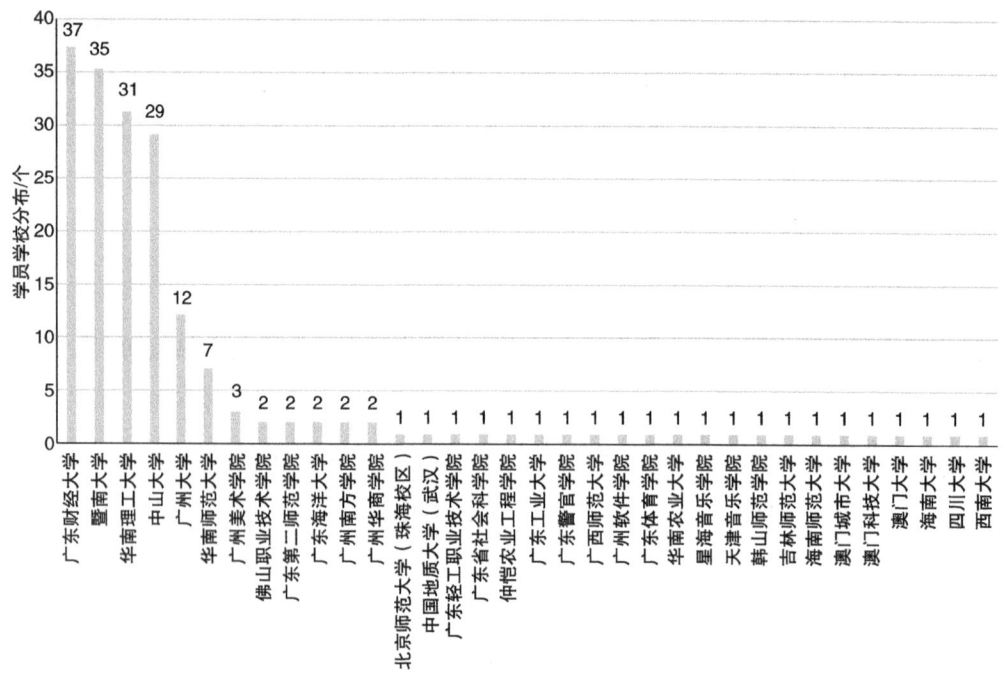

图1　兴趣营学员学校分布情况

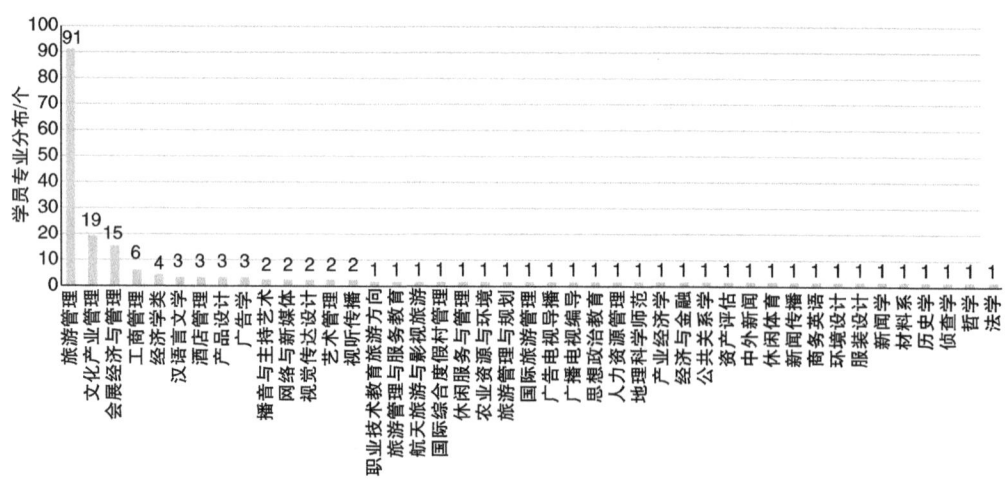

图2　兴趣营学员专业分布情况

284

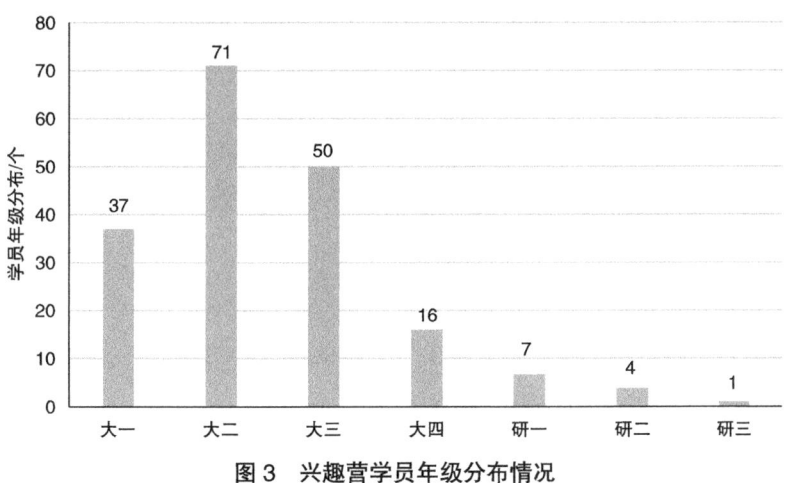

图 3　兴趣营学员年级分布情况

第二，通过"青年+产业共创"的方式，观察文旅学子的深度加大。以行业协会为通道，兴趣营将青年创新创造与产业需要充分结合，尊重青年主体性的同时，确保他们在与产业互动中实现平等，支持学生将在校的策划构想转化为可落地实践的文旅项目，具体如表1所示。通过学生在参与运营乡村文旅项目、策划落地省级大型文旅展会等过程中的表现，研究团队可从中发现其显现的优劣势，以更准确地进行能力评估、培养方向识别和成长方向引导。

表 1　兴趣营产业实践主要项目

时间	项目	共创单位
2021年7—9月	广东文旅产业派（"旅博月"线上直播、首届广东博物馆文旅融合发展峰会、首届广东文旅夜间经济产业峰会、2021广东文化和旅游产业投融对接会、县域文旅专场推介会）	广东国际旅游产业博览会组委会
2022年1月	"文旅新青年"线上文创节	—
2022年1—2月	"来花都过大年"造节行动（岁岁童真艺术周、"喜花里"春天表白大赛、新青年露营生活节）	怡境文旅
2022年7—8月	2022广东文旅夜间经济产业峰会	广东省文化和旅游厅
2023年3月	2023海南国际文创周	SMART度假产业平台
2023年7月	中国·光山首届乡村儿童艺术嘉年华	SMART度假产业平台
2023年8—9月	粤潮青年派（文创市集、分享会、探展行动）	广东国际旅游产业博览会组委会
2023年8—11月	2023"岭秀创享"路演大赛	广州岭南集团控股股份有限公司

第三，通过"青年＋兴趣营共创"的方式，观察文旅学子的时间跨度更长。兴趣营的开展主要由学生自运转，倡导自办结业典礼和节会活动，设计 VI 系统、IP 形象，从而更加深入地了解组织文化并主动成为传播者。此外还设计出"学员—共创成员—平台主理人"的成长路径，将个人成长与组织发展紧密结合。截至 2023 年 10 月，结业后持续参与共创的学员累计有 30 位，兴趣营均在不同程度上形成对文旅学子的扎根记录。

总体而言，学员的来源更多元、参与更深度、互动更持续，将有助于研究团队对文旅青年产业人才培养的探索更具现实意义。

（二）识别语境，立足产业前沿

当前高校对文旅融合的认知普遍停留在观念层面或初步行动，对于产业前沿的最新了解和真实接触较为缺乏。因此，研究团队在兴趣营中设计了三种与产业接轨的渠道：**一是"请进来"**，邀请文旅产业一线的中青年骨干和专家学者分享文旅新业态和新思路，截至 2023 年 10 月，累计策划 8 节"新文旅"公益精品课程、开展 26 节产业课程、49 场"深享 +"分享会，构筑丰富多元的内容体系；**二是"走出去"**，组织学生走访文旅项目，参与文创、夜游、非遗、城市艺术等细分领域的行业活动，深入现场进行学习和实践，不断丰富产业认知，构建可持续更新的前沿知识体系；**三是将"请进来"与"走出去"相结合**，自主策划和举办文旅融合细分领域沙龙，邀请企业代表和高校学者进行主题演讲，创造青年对话产业的机会，围绕夜间文旅、非遗、文创、乡创、动漫、音乐等 14 个方向开展探讨，促进多方思考融合与观点交流。

总而言之，相较于过往从某一时间横切面展开讨论的研究，本文通过长时间、有针对性的追踪与观察，更具深度地归纳了产业一线发展现状和人才需求特征。

（三）搭建路径，青年与产业切实互动

相较于固定的校企合作与直接的"订单式"输送，兴趣营所搭建的青年与产业互动路径由行业协会起到缓冲单元的作用，从而改善高校、企业等各主体的互动交

流。在聚拢青年、探知产业需求的同时,兴趣营也一边认识一边实践,形成"产业学习+产业实践+产业研究"的互动链条,既有先后顺序又可接续循环(见图4)。

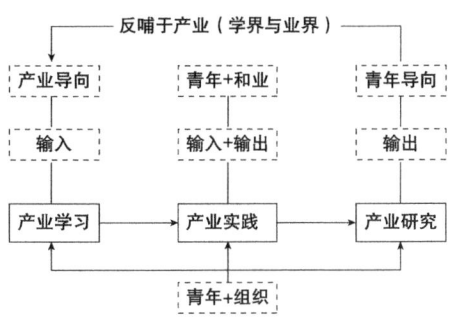

图 4　青年与产业互动路径

青年通过对细分领域的探知贴近产业,在一定的认知基础上走进产业,最终实现反哺产业。在实际的互动中,青年完成从学生思维到产业思维的转换,企业也更加深入了解青年的认知、能力和行为。可见,青年与产业之间可通过真正的实践弥补认知缺漏、拉近距离,将有助于研究团队的观察结果更符合实际情况。

在兴趣营的实践上,研究团队的行动过程主要有三方面的创新:**第一**,在培养对象上,实现从单一院校或地区转向多元构成,发挥了青年与青年、青年与产业、青年与组织本身的共创优势,使观察更具全面性;**第二**,在语境上,实现从宏观论述转向微观探知,立足文旅融合的前沿动态,使观察更具时效性和动态调整性;**第三**,在路径上,实现从顶层设计转向实践摸索,促进青年与产业的直接互动,使观察更具落地性。

五、观察——文旅深度融合与青年旅游人才

本文并不希望将青年产业人才培养的探索局限于模式的构建,而是试图围绕"培养怎样的人"展开更具颗粒度的反思。因此,通过招募学员、识别产业语境、搭建青年与产业互动路径,研究团队归纳出对文旅深度融合的认识,进而发现产业对青年人才的新需求与学生的成长困境,并立足双方的主体性分析,试图洞察文旅深度融合背景下的青年产业人才的特质与发展趋势。

（一）文旅深度融合的产业特征

对于文化和旅游的关系讨论，学界与业界均有充分的长期共识。2018 年文化和旅游部的组建，在公共管理层面上成为文旅融合的新起点，自此，全国各地的文旅融合步伐不断加快，融合领域不断拓展。[1]基于这样的行业背景，研究团队也在兴趣营中开展了夜间文旅、非遗、文创、博物馆、产融等趋势性领域的持续观察（见表 2），带领青年以调研走访企业和项目、关注自身体验等方式，对话超过 90 位业界专家与高校学者。

表 2　兴趣营重点关注的文旅融合细分领域

领域	关注话题	调研业态或项目企业
夜间文旅与都市文商旅	国家级夜间文旅消费集聚区的年轻化运营 城市夜体验的文化价值 年轻潮流与夜间文旅 沉浸式演艺与文旅新场景 旧中焕新夜生活的改造密码 长安十二时辰的"年轻"逻辑 当超级商业遇上广州	剧本杀 沉浸式演艺 全息餐饮 城市更新 文商旅娱综合体 啤酒文化创意艺术区 国家级、省级夜间文旅消费集聚区 国家级文化产业示范园区
乡创	乡村创新实践 乡创、文创与文旅 乡村民宿实践 乡村呼唤年轻文旅人 从田野调查到产品再造的乡创实践 乡村振兴中的文化自觉与道德振兴 青年乡创实践 旅游扶贫的落地实践与个人思考 走向公共，走向田野 艺术推动乡村振兴的势道术 乡村振兴中的文化创意情境营造	艺术文旅 特色小镇 田园综合体及美丽乡村 乡村新兴文旅产业园区 精品乡建全程服务商 乡村文旅创意创新中心
非遗	让非遗传承走进现代生活 非遗文创产品设计	历史文化街区 工艺美术行业省属企业

---

[1] 范周. 文旅融合的理论与实践［J］. 人民论坛·学术前沿，2019（11）：43-49.

续表

领域	关注话题	调研业态或项目企业
产融	文旅产业投资基金——重资产类项目投融资新方向 新经济下的旅游投资和能力体系构建 就业、创新与旅游投资	产业基金 旅游投资 以旅游为核心主业的大型央企
音乐	音乐的真善美 音乐文旅的时代探索 电音与云游 "天南地北"音乐漫谈会	民谣乐队 乐评人 音乐经纪人 音乐制作人 音乐财经媒体
文创	博物馆文创的新业态和新模式文创的进化 青年文化与文创IP 文创力激活新文旅 波普艺术与时尚潮流	文创IP 波普艺术 文化创意全产业链服务商 中医药、酒店、自然科学类民营博物馆 广州文化企业30强
数字文旅	数字化文旅前世今生 文化科技融合赋能 数字文创的天府实践与年轻化探索 探索文旅元宇宙发展新思路 文旅内容创新创业——数字化进程中的机遇和挑战	数字文创 文旅科技 元宇宙 全球旅行文化内容知识平台 上市景观设计公司
其他	文旅采写 文旅视频 摄影新视界 文旅青年人的职业发展 蜡像艺术赋能城市文旅 如何快乐地做研究 露营+的场景创新与模式思考 以创变应万变的文旅发展之道 知行合一赋能文旅新生 研学旅行的专业化演进	设计周 酒店节 动漫行业协会 动漫文化企业 国际公共艺术博览会 省级文旅投融资对接会 国际旅游产业博览会 影视城（小镇）

目前，文旅融合已从初步的试探期和磨合期进入深度发展期，呈现出政策导向与市场驱动并行、边界宽泛与多元融合共生的局面，产业特征主要有以下三点：一是意识形态属性增强，文旅深度融合作为繁荣发展文化事业和文化产业的重要举

措，与人民对美好生活的需求和向往紧密相连，对于增强民族文化自信、丰富人民精神文化生活、实现社会效益和经济效益相统一具有促进作用；**二是**内容创意价值凸显，在新时代高质量发展的根本要求下，在文旅产业进入存量时代、发力转型升级的变革期，行业涌现出内容为王、数字赋能、文创激活、运营盘活、IP撬动等创新理念、实操路径与商业模式，且更加注重文旅服务和产品的内容品质、文化内涵与创意表达；**三是**行业边界泛化加深，文旅呈现跨界融合广泛连接、细分领域百花齐放的局面，如露营、乡创、夜间文旅、音乐文旅、自然博物文旅等多元领域向跨界延伸、朝纵深发展，垂直化、精细化、差异化的特征明显。

（二）市场需求与学生现状

在文旅深度融合趋势背景下，为进一步探究青年人才如何更好地适应产业发展变化，研究团队在兴趣营中开展了"跨界融合背景下文旅人才的培养和发展""新文旅与新青年"等系列专题研究。

首先，研究团队对25位文旅领域头部企业负责人和高校学者进行了访谈（部分关键文本如表3所示），将访谈文本中的高频词划分为三个维度：在内驱力上包括"热爱""感兴趣""情怀""初心""信心""好奇心"；在理念上包括"人文素养""潜心深耕""跨界创新""追求真善美""独立思考""纵观全局"；在技能上包括"数字化技术""产融知识""运营传播""执行能力"等。

表3　文旅产业对青年人的期待

受访者	关键文本
国内知名双一流高校旅游学院教授	一横一纵的构建关系，一横是指严密的知识结构，一纵是指在最擅长的兴趣爱好里做到极致
大型央企旅游投资板块总裁	练心，不忘初心、坚定信心、拿出真心；练手，躬身入局、不断实践、掌握真的本领；练眼，面向未来、超前判断趋势、探索新的模式、做出好的产品
大型市属旅游国企总裁	要让知识沉淀文化，让世界听懂国潮，让科技带上温度，让文旅融入生活，让能量发光发热

续表

受访者	关键文本
上市民营文旅综合服务商董事	要有宽泛的人文素养，形成创造的核心能力，点石成金的策划能力，带产品和带品牌的运营能力，审美能力，精细化的运营管理能力
头部OTA平台研究院执行秘书长	要有爱学习的心态，会学习的能力，还有将知识转化为解决当下业务问题的能力；也需要有效运用团队的杠杆，有人际敏感度，更高效盘活跨部门的资源
文旅咨询公司创始人	要有全局的眼光，更需要具备扎根到一个细分领域里把它吃透的专业能力，建立自己的稀缺价值
省级旅游行业协会原副会长	要追逐阳光、心系祖国、胸怀世界、知识渊博、兴趣广泛、思维缜密、意志坚定、敢言敏行、善于发现、勇于创新、身体健康、热爱生活、做有责任有担当有情怀的人
国家一级博物馆副馆长	有审美的眼光，有一种文化的情怀，真正把文化和旅游结合起来，抱着一颗文化的心去看待自然，形成更深层次的对文化和旅游相融合的认识
国家文化和科技融合示范基地夜间经济品牌主理人	有刷新力，有故事力，连接跨行业、跨专业、跨艺术、跨技术的所有对文旅产生价值的一切带来创新革命的内容
国内大型音乐节总制作人	最重要的是洞见的能力，洞见的背后是耐性和拆解的能力

总体而言，文旅产业对于青年人的期待可以概括为热衷文旅事业，既能纵观全局，具备政策及市场敏感度，也能扎根细分领域并有所创新，同时还需兼具人文素养和实践能力的复合型产业人才。

其次，研究团队也重点关注青年这一主体，围绕"专业学子个人认知现状""专业认同感与择业意向""新兴领域的观察"等方面进行了问卷调查。[1]

结合对旅游高等教育的观察发现：**一**是大部分旅游专业都设置于管理学院之下的二级单位，强调将旅游作为项目管理，缺乏人文素养的熏陶，导致学生的能力发展并不全面；**二**是其知识教授往往局限于景区、酒店、餐饮、旅行社和会展行业等传统旅游行业，且多局限于教材，实践机会不足，前瞻性不够；**三**是社会中对服务行业的偏见，如"学旅游，出来就是做导游"等言论，也导致学生对未来发展感到

---

[1] 问卷发放时间为2022年1月9—13日、2022年6月7—11日，共回收有效问卷290份，覆盖18个省份44所高校的本科、研究生在读及职场人士（入职3年内）三个群体。

迷茫，不愿留在旅游行业，研究团队的问卷调查结果也从数据上验证了上述观察。学生在专业实习、大众认可和家人理解等方面有着较低的满意度，尽管对行业前景保持乐观，但落实到个体专业层面，不少学生仍处于成长困境之中，倍感踌躇自卑，也没有清晰的职业认知与规划。

（三）青年产业人才的特征与趋势

通过对参与兴趣营的学生进行长期跟踪、观察和访谈，研究团队发现，学生们普遍呈现出"打开产业认知—发现自身兴趣—提升专业能力—明确未来方向"的成长轨迹。兴趣营不少往期学员在参营后坚定了对文旅细分领域的热爱，选择继续深造或就业，如成功考研至文博方向、保研至旅游规划与旅游资源开发方向或乡村旅游社区方向、直博至数字文创方向或从事文旅运营等；也有部分学员继续保留在兴趣营中探知产业、持续共创。

基于以上依托兴趣营对产业特征、市场需求、学生现状进行的实践检验，研究团队试图将未来的青年产业人才特征总结为"思想性""文化性""专业性"。思想性指既要有深度思考、理性辩证的精神，也要有关心产业发展、关注美好生活的长期情怀；文化性指既要有坚定的文化自信，也要有厚植文化的创新精神和审美素养；专业性指既要具备专业学习与实践落地的能力，更要培养融会贯通的跨界思维和创造力。

六、反思——研究讨论

本文的着重点不在开展形式与效果本身，而在于通过发现、总结文旅深度融合背景下的青年产业人才特征，从而为文旅人才培养提出更为明确的导向。同时，本文认为青年产业人才不应局限于业界，无论是学术科研人员还是市场从业者都需要具备产业属性。《中国旅游人才发展报告（1949—2021）》中对旅游人才培养提出了若干对策建议，包括牢固树立人才是建设现代旅游业体系、促进旅游业高质量发展第一推动力的观念；要注重的是分类育人才，坚持问题导向，坚持培育一批扎根实践，把成果应用于旅游业高质量发展等。兴趣营的实践在一定程度上回应了这一报告的期望，以产业一线探索的方式将政策期许落实落细。

（一）凸显学生主体性在人才培养中的重要性

与以往站在管理者立场、视学生为被动的培养对象不同的是，本文坚持以人为本，充分尊重了学生作为人才培养对象的主体性。通过大量扎实的观察、访谈与互动，研究团队更好地了解了学生在文旅融合发展过程中对于专业和行业的感知变化、认知程度、态度倾向与发展需求。研究团队发现，学生群体在学习、就业和未来发展方面存在不少困境，但在兴趣营"自我培养"成长路径的引导下，学生的主动性得以提升，能在学习和实践的过程中探寻自己在文旅领域的兴趣方向，提升发展信心。这些结论能为文旅融合背景下的青年产业人才培养提供更直观、更有说服力的依据和参考，弥补过往人才培养过程中由培养者定义被培养者、忽视对被培养者的个体关怀的不足。

（二）丰富旅游学的话语体系

本文所立足的行业背景、所产生的互动内容、所形成的实践过程、所触达的研究对象，都来源于当前文旅深度融合语境下正在发生的、较受关注的、新兴的或有一定代表性的领域、业态、企业、项目和人，这为旅游学科与其他学科的交叉、叠加提供了更多具有现实意义的实际参考和系统性的支撑，丰富了旅游学科的内涵与外延。

一方面，本文所关注的文旅融合作为旅游学的新突破点，使得学科触角更广泛，而文化性也为旅游学的发展提供了更扎实的立足点。**另一方面**，旅游是一门应用学科，而兴趣营所聚焦的文旅融合中的产业前沿现象，可通过学生观察快速反馈至高校，增强学术科研的时效性与贴合度，推动理论学习与产业发展相结合，促进个人实践与专业方向有机统一。

（三）发现人才培养议题的成长性与延展性

本文将人才培养议题从培养方法论层面深入特征发现，进一步拓展了研究团队已有的探讨。

一方面，正如行动研究所秉持的"计划—行动—观察—反思"的循环性一样，人才培养议题的研究本身呈现出一定的成长性，需长期关注、不断验证、推进理论创新，再反馈到实践当中，与时俱进，不断深化理解。**另一方面**，人才培养的实践挑战既为理论研究提出了新问题，也为理论创新提供了广阔空间。人才培养议题的研究呈现出一定的延展性，衍生出了若干在本文内尚未完全解决的新议题，如不同文旅融合细分领域的人才需求、不同专业背景的人才向旅游跨界培养、文旅融合背景下新型职业或岗位发展等问题，仍待下一阶段的行动研究予以积极探讨和有效回应。

在文旅深度融合进程中，青年人才是未来产业发展的生力军，其培养与发展任重道远。在政府、行业组织、企业、社会等各方协同施策下，通过引导青年正确认识文旅融合与现实社会的关系，实现积极有序、理性参与，推动文化产业和旅游业高质量发展。